イソクラテス

弁論集 2

西洋古典叢書

凡　例

一、本書は『弁論集1』とあわせてイソクラテスの全著作を収録する。著作配列は、Jerome Wolf（1570）による最初の全集刊本のそれを踏襲して弁論番号順に並べるが、原文テキストの底本としては、G. Mathieu et É. Brémond ed., *Isocrate. Discours* (Paris: Les Belles Lettres, vol.1, 1929, vol.2, 1938, rev. et corr. 1967, vol.3, 1942, vol.4, 1962）を使用し、これと異なる行文を採った箇所は註に示した。

二、ギリシア語をカタカナで表記するにあたっては、

(1) θ, φ, χ と τ, π, κ を区別しない。

(2) 母音の長短の区別については、固有名詞のみ原則として音引きを省いた。

(3) 地名の表記は慣用に従った場合がある。

三、訳文中『 』は書名を表わす。イソクラテスの著作に限り著者名を省略した。「 」は成語、決まり文句、強調、間接話法の直接話法への置き換えなど、読みやすさを配慮して訳者が適宜補った。ダッシュは底本の校訂に従うが、かえって読みにくくなる箇所についてはその限りでない。（ ）は訳者の付けたものである。ゴシック体の和数字は、伝統的に踏襲されている節番号を示す。また、段落分けはロウブ版（G. Norlin & L. Van Hook, London/Cambridge, Massachusetts, 1928-29, 1945）を参考にした。

四、索引は本書の巻末に収載する。

目次

イソクラテス　弁論集　1

イソクラテス
弁論集 2

小池澄夫訳

九　エウアゴラス

一　ニコクレスよ[1]、貴君が父上を祀り、供物の数と美によってのみならず、舞踏、音楽、体育競技により、さらにはまた競馬、競艇[2]を催して、余人の及びえない贅をつくすのを見て、二　私は思った、もし死者にもこの世の光景が見えるならば[3]、さぞやエウアゴラスは上機嫌でこれを受納し、貴君の孝養と豁達さをみとめて喜んでいるであろう。しかしもし、数々の死地をくぐりぬけたその生涯を過不足なく語り聞かせることのできる者がいたなら、父上は他の誰よりもその人に感謝するであろう。三　大望を抱く気宇宏大な男子は、いつの世もそのような賞讃を欲するものであり、またそれのみならず、死を泰然自若として受け入れ、生命よりも名声を真剣に求め、自らについて不滅の記憶をとどめるためにあらゆる努力を惜しまない。四　財貨の蕩尽はしかし、これらを何ひとつ実現するものでなく、ただ富貴の徴となるにとどまる。また音楽文芸その他の技を競う人びとは、あるいは体力の強さを、あるいは技芸の巧みを披露することにおいて、ひとりおのれ自身を顕揚している。しかるに、故人の業績を讃える演説は、もしこれがみごとに語りつくされたならば、エウアゴラスの徳を万人の胸に永劫に刻印するであろう。

五　そもそも他の弁論家もまた、同時代のすぐれた人物を賞讃すべきであった。さすれば、人の業績を言葉の綾で飾ることのできる者は、事実を知る聴き手の前で、その人物について真実だけを語ることになったであろうし、また若い世代も、自分たちの顕彰が劣った人物の下風に立つことのないのを知って、徳を競うようになったであろう。六　しかるに、かかる現状を目の前にするとき、誰が落胆しないであろうか。トロイア遠征の戦士やさらに前代の英雄ばかりが頌歌に謳われ悲劇に上演される。よしんば彼らの徳を凌駕しても、自分がふさわしい賞讃を得ることはけっしてないと初めから知れている。この沈滞をもたらした元凶は嫉妬であり、その唯一の取り柄といえば、これを抱く者にとって獅子身中の虫であることのほかに何もない。たしかに、世にはこのような鬱魂にとりつかれた者がいて、実在の怪しい人物が誉められるのは喜んで聴くが、同時代の功労者を賞讃する声には耳を塞ぐ。七　しかしながら正気の人間ならば、このように歪んだ心情に屈してはならない。かかる輩は論外とし、讃えてしかるべき人物についての話を聴く習慣を人びとに植えつけなければならない。とりわけ、技術であれ他の何であれ進歩は、旧習を墨守する人びとによってではなく、これを正し、欠陥が見つかればこれを除く勇気ある人びとによってなされるものなのだから。

八　さて私は、以下の試み、すなわち散文による一男子の徳の頌辞が困難な業であることを承知している。何よりの証拠に、言論の精練(4)に携わる人びとは、実に大胆にさまざまの話題を取り上げているが、この主題

(1)『エウアゴラス』はおよそ前三七〇年、ニコクレス王が亡き父を追悼して開催した祭礼のために書かれた。東キュプロスの支配者エウアゴラスの生涯のほとんどは、この演説によって後の世に伝えられた。エウアゴラスは一子プニュタゴラスとともに前三七四／三年、さる宦官の手で殺害されている。ディオドロス『世界史』第十五巻四七がこの殺害者の名をニコクレスと記しているのは誤伝であろう。

(2)三段櫂船の競漕。

(3)『アイギナ弁論』四二、『プラタイコス』六一、またプラトン『ソクラテスの弁明』四〇Cを参照。

(4)原語は「哲学（φιλοσοφία）」。

にかぎっては誰ひとり著述を企てることがなかった。そして私はそれは無理もないと思う。九　詩人であれば、さまざまの装飾技巧が許されている。神々が人間のかたわらに登場し、言葉をかわし、また気に入りの者の戦いを助けるなどの情景を描くことができる。また、通常の語法のみならず、外来語、新造語、比喩その他をこらし、あらゆる表現技法を駆使して作品を彩ることが可能である。一〇　しかるに散文には、そのような技巧は何ひとつ許されず、簡潔を旨とし、また言葉は日常的なものを、意想・論法は当該の事実を直叙するものだけを用いなければならない。これに加えて、詩人が全体を韻律やリズムにあわせてつくるのに対して、散文作者はそれらを全然利用できない。音楽的魅惑というものはまことに強烈であって、措辞や着想が凡庸でも、快いリズムと韻律とによって聴き手の心を誘導することができるのである。一一　詩の威力を知りたければ、名高い詩作品から言葉と考想のみを残し、韻律を取り除いてみればよい。その作品が現にいまもっている名声に比べ、よほど貧相な姿を呈するだろう。詩の利点はこれほど大きなものであるが、しかしこれに怯むことなく、すぐれた人物を歌や韻律にのせて謳歌する詩人に劣らず、散文で讃えることができないか、その可能性を試すべきときである。

一二　まずエウアゴラスの出自について、その祖先が誰であったかは、かねて多くの人びとの知るところであるとしても、不案内の人のためにこれを審《つまび》らかにすることは、私にふさわしい仕事であろう。彼がこの上なく美しく偉大な模範を相続し、しかも祖先に寸毫も引けを取らなかった事実を、あまねく世に知らせたいと思う。一三　神々から生を享けた英雄たちのうち、ゼウスの直系こそは最も高貴な血筋と認められているが、しかしなかでもアイアコス一族にまさる家系はない。他の末裔には暴慢な者、陋劣《ろうれつ》な者が混じっているのに対して、この一族はすべてその同時代において名だたる人びとであったからだ。一四　まずゼウスより生まれ、テウクロス一族の始祖となったアイアコス(1)はまことに冠絶した英雄で、ギリシア全土を干魃が襲い多数の人命が失われたとき、災害に苦しむ各国の指導者はこぞって彼のもとへ嘆願者として訪れた。というのも、彼がゼウスの血筋をひき、またその敬神の心が篤いことから、彼を仲立ちにすれば、たちまちに現在の惨禍を逃れる策が神々から授かると信じられたからである。一五　救済の願いがかなって後、彼らはアイギナの、先にアイアコスが祈りを捧げた場所にギリシア共同の神殿(2)を造営した。アイアコスは人の世にある間は、比類のない美しい名声を博し、生を終えると最高の栄誉に包まれて、プルトンとコレー(3)の傍らに座した(4)。

(1) ゼウスと仙女アイギナの間に生まれる。その子はテラモン(アイアスの父)とペレウス(アキレウスの父)。神を敬うこと篤く、ゼウスはその報償として、彼の領地アイギナ島の住民が疫病で絶滅したとき、蟻(ミュルメーケス)から人間をつくり島を再興した。新しく生まれたこの住民は蟻にちなんでミュルメドン人と呼ばれ、ホメロスの詩においてアキレウスの率いる軍勢として登場する。

(2) ピンダロス『ネメア祝勝第五歌』五三、パウサニアス『ギリシア案内記』第二巻二九を参照。

(3) 冥府の王と王妃(ペルセポネ)。

(4) アイアコスは、ミノス、ラダマンテュスとともに、冥府の裁判官を務める。

一六　そのアイアコスの子が、テラモンとペレウスで、前者はヘラクレスの出征に同行しラオメドン(1)と戦い、輝かしい武勇の褒賞を与えられ、後者は半人半馬のケンタウロス族との戦《いくさ》で武勲の誉れを挙げ、また数々の冒険にその名を轟かせたので、死すべき人の身でありながら、ネレウスの姫テティス、すなわち不死なる女神を妻に迎えた。かつて生を享けた人間のうちただ一人、その婚礼の席で神々によって寿ぎの歌がうたわれたという。一七　続いてそれぞれ、テラモンからはアイアスとテウクロスが生まれ、ペレウスからはアキレウスが生まれたが、この者たちこそはその剛勇の証を壮大かつ華々しく立てた英雄である。生国において、またその居住地において第一人者となったばかりではない、異民族征伐(2)が行なわれたとき、敵味方いずれも大軍勢が結集し、名高い戦士を多く擁したが、一八　この危難のときにおいて、アキレウスは無双の勇士として全軍を圧倒し、アイアスは彼に続く武勲を挙げたが、テウクロスもまた彼らと同じ血族の名を辱めず、他の誰にも劣らぬはたらきをした。そしてトロイア攻略に力をつくした後、彼はキュプロス島に至りサラミスという、彼の母国と同名の城市を創設し、また今なお続く王家を残した。

一九　かくて、はじめにエウアゴラスが父祖より継承した遺産はかくも偉大であった。このようにして城市が建設されてより、当初はテウクロスの直系が王として支配していたが、後の時代にフェニキアからある男(3)が落ちのびて来て、当時の王の信頼を受けて強大な権力を獲得したのであるが、感謝の心を知らず、二〇　おのれを迎えてくれた者には忘恩の徒、貪欲を満たすことにかけてはおそるべき策略家であって、恩人を追放し自身が王座についたのである。だが、王権簒奪の結果に自信がなく、地位を盤石にしようとして、城市を東方風にし全島をペルシア大王(4)に献上したのであった。

二一　このような国情のもとで簒奪者の子孫が権力を掌握していたとき、エウアゴラスが生まれたのであった。その生誕にまつわる瑞兆、託宣、夢の示現などは、彼の超人性を明らかにするものであるけれども、私はこれらを省略する。伝承を疑うにあらず、彼の業績について、どれほど潤色を遠ざけたかを万人に明らかにするためであり、確かな事実であっても、少数の者だけが知り全市民の知るところでないことは、ここでは割愛したい。続いて、彼について広く一般に認められていることから話を始めよう。

二二　少年エウアゴラスは、美と強健と克己心という、その年齢に最も似つかわしい長所に秀でていた。克己については、ともに教育を受けた同胞市民を、美については、かつてその姿を目撃したすべての人を、強健については、彼が同世代の少年たちを打ち負かした競技の数々を、その証人として挙げることができよう。二三　長じてこれらすべての美質はさらにもまして、加えて勇気と知恵と正義が、しかも他の人びとの場合のように凡々たる程度にとどまらず、どれも並外れた高みに達した。かくも身体と精神の徳において秀でた者となったので、二四　彼と対面するとき、世の支配者は衝撃を受け、これほどの天稟《てんぴん》に恵まれた者が

（1）神話上のトロイアの王。城壁建設にあたってアポロンとポセイドンの神を使役し、完成後に報酬の支払いを拒んだので、ポセイドンは海の怪物をしてトロイアに襲わせる。ラオメドンの娘ヘシオネを怪物の生贄に捧げるほかに危地を回避する方策はなかった。このときヘラクレスはラオメドンが名馬を譲ることを条件に怪物を退治するが、ラオメドンは約束を破る。ヘラクレスは兵を挙げ、トロイアを占拠し、この戦で名をあげたテラモンにヘシオネを与える。

（2）原語はバルバロイ。トロイア人のこと。

（3）この人の名は不詳。

（4）アルタクセルクセス二世（在位前四〇四―三六一年）。

庶人で終わるはずはないと考えて、権力の維持に不安を覚える一方で、その性格を考慮に入れるとき、実に頼もしく思い、もし反逆者が現われて彼らを倒さんとしても、エウアゴラスの救援を信じることができたのである。

二五　これほど乖離した予想ではあったが、いずれも過たなかった。エウアゴラスは庶人のまま終わることも、また支配者たちに危害を加えることもなかったからである。神霊が彼のために名誉ある王権掌握を実現すべくはからっていたのであろうか、神を蔑ろにすることなくしては不可能な工作は他の者の準備するところとなり、二六　敬虔と正義とに則って支配の座を獲得する道は、ひとりエウアゴラスのためにのみ残されたのである。すなわち、王族の一人(1)が陰謀をめぐらし僭主を殺害し、さらにエウアゴラスを逮捕しようとしたのであるが、それはエウアゴラスを除かなければ、支配の座を維持することができないと判断したからである。

二七　エウアゴラスはこの危地を脱し、キリキアのソロイ(2)に逃れたが、同じような不運に遭った者と考えをまったく異にした。亡命者の境涯は、もとは専制君主の地位にあった者でさえ、運命の転変に意気消沈させるものだが、彼は逆に闘志を燃やし、それまで一介の私人の身に甘んじていたのが、亡命を強いられて後は、王座奪還を決意するに至ったのである。

二八　あてどなく亡命の旅を続けることも、他人の力を頼んで帰国の方途をさぐることも、またおのれよりも劣った者の臣下となることもエウアゴラスは軽蔑した。敬虔な人間がとるべき鉄則に従い、防衛に徹し先制攻撃を控えること(3)を基本として、首尾よく成功すれば王位を獲得するか、さもなくば死ぬかの途を選び取り、伝えられる最大の数でも五十名にすぎない同志を糾合し、彼らと力を合わせて帰国を準備した。

二九　この一事から、エウアゴラスの天稟と、さらに人びとの間でかちえていた名声のほどをうかがうことができるだろう。わずかの手勢を率いて、あらゆる危険の迫るなかを、強大な城市[4]に向けいざ出航の時に至っても、彼の志気はまったく衰えず、また召集に応じた人びとも誰ひとり危険を回避しようとしなかった。彼らがこぞって、あたかも神に従うかのごとく約定を固く守れば、彼もまた敵よりも強力な軍を率いているか、あるいは結果を予知してかのように不撓の決意を貫いた。

三〇　それこそは実際の行動が明らかにしたことであった。島[5]に上陸したとき、常人ならば、有利な地形を押さえて身の安全を確保すべきだと考えたであろう。しかしエウアゴラスは、市民の加勢があるかもしれないと漫然と待機したりはせず、例によって時を移さず、その夜のうちに城壁の小門を突破し、そこから同志を率いて王宮を攻撃したのである。

三一　このようなときに生じる混乱や同志の恐怖、またエウアゴラスの発した叱咤激励について、言葉を

---

(1) 後出三〇節以下、帰国したエウアゴラスが王位を奪還するが、そのときサラミスを支配していたのはテュロス出身のアブデモンであるという（ディオドロス『世界史』第十四巻九八）。おそらく僭主殺害者と同一人物であろう。

(2) ソロイという都市はキュプロス島北方にもあるが、これは対岸の大陸キリキア地方沿岸に位置するアテナイ植民市。

(3) 亡命以後のエウアゴラスの行動はすべて防衛と解されている。

(4) サラミスはキュプロス最大最強の都市であった。

(5) キュプロス島。

費やす必要はないだろう。[1] 僭主の支持者は敵側にあり、一般の市民は静観をまもっていたが——というのも彼らは、一方の権力と他方の勇徳とをともに恐れて、おとなしくしたのである——、三二 この状況でエウアゴラスは、ただ一人で多数を相手に、あるいは少数の同志とともに全軍と渡り合い、王宮を占拠するまで戦いをやめることなく、敵に報復し味方を救出し、さらにかつての父祖の名誉を一族のために回復し、自らをこの都市国家の王座につけたのである。

三三 かくて、ここで演説を打ち切って他には何も言及しなくとも、以上のことだけでもエウアゴラスの勇徳とその偉大な功業を容易に知ることができよう。とはいえ、私はこれに続く出来事によって、そのいずれをもさらに確かに示すことができると思う。三四 時のはじめからこれまで数多くの君主が現われたが、このような栄誉をエウアゴラス以上に美しく獲得した者はいない。もしエウアゴラスの業績を彼ら一人一人のそれと比較するとすれば、この演説はおそらく場所柄をわきまえないものとなるであろうし、またそれを語りつくすための時間もない。しかしいま、そのうちの最も名高い支配者を選び出し、エウアゴラスの実績と比較対照するならば、網羅的検討に劣らない吟味が可能になり、また論議自体も手短にすむであろう。

三五 さて、父の王権を継承しただけの者と比べて、誰がエウアゴラスの経験した数々の危険を高く評価しないであろうか。先にエウアゴラスのしたように権力を獲得して子孫に残すことよりも、父祖から受け継いだ支配の座に安住することのほうをよしとするような、それほどに無気力な人はいない。三六 さらに、古《いにしえ》の王座奪還の中で最も名高いそれは、われわれが詩人たちから語り聞かされているものである。詩人はかつてあった最も輝かしい出来事を報告するにとどまらず、おのれの技量によって新たなものを創作する。

にもかかわらず、エウアゴラスよりも驚異的なまた恐ろしい危険をくぐりぬけて復位した人の話は、いかなる詩人もつくってはいない。大方は、幸運によって王権を掌握した者の話であり、その他は謀略とからくりで敵の裏をかいたという話である。

三七　さらにはまた、近い時代に生まれた人びとのうちで、あるいはおそらくはすべての人びとのうちで、メディア人から支配権力を奪い、ペルシアのためにこれを維持したキュロスこそは、世の驚嘆を呼ぶ最大の人物であろう。しかしながら、キュロスがペルシアの軍隊をもってメディアに勝利したのは、ギリシア人も異民族も多くの容易になしえたところであるのに対し、エウアゴラスは明らかに自己の精神と身体だけによって先に述べた偉業の大部分を成し遂げたのである。

三八　次にまた、キュロスの遠征をみても、はたして彼がエウアゴラスの危難に耐ええたか定かにならないが、翻ってエウアゴラスの成し遂げたことからすれば、誰が見ても、彼が容易にキュロスの事業にも着手しえたであろうことは明らかである。加えて、エウアゴラスの行動はすべて敬虔と正義に従って行なわれたが、キュロスのいくつかの成功は神の掟を踏みにじって結実したものであった。すなわち、一方が滅ぼしたのは敵であったのに対し、キュロスは母方の祖父(2)を弑《しい》したからである。かくて、もしひとが結果の大きさではなく、各人の徳を判定しようとするならば、正当にエウアゴラスをキュロスよりも賞讃することになる

(1)『民族祭典演説』九七でも同じ趣旨のことが語られている。また『ピリッポスに与う』九三―九四を参照。

(2) 母マンダネの父にあたるアステュアゲス。ただしキュロスのアステュアゲス殺害は、イソクラテス以外に記録がない。

だろう。

三九　簡潔に、またはばかりを捨てて嫉視もを恐れることなしに、率直に言うならば、いかなる死すべき者も、英雄半神も、神も、エウアゴラスよりも高貴にまた輝かしく、敬虔な仕方で王権を掌握した者を見出すことはできないだろう。ひとはこのことについては、絶大な確信をもつに至るだろう。もしいま言われたことが到底信じられないというのであれば、それぞれの者がどのようにして支配者となったかを調べてみるがよい。エウアゴラスについてのかくも大胆な発言は、私が表現を誇張しようとしたからではなく、事柄の真実に即したためだということが判明しよう。

四〇　さてもし、エウアゴラスの卓越した力が小事に関わるものであったなら、同じようにささやかな讃辞をあてるのが彼にふさわしかったであろう。しかるに実は、王道こそは、神的な善のうちでも人間的な善のうちでも、最も偉大で厳かなものであり、神人ともに競って求めるものであることは、誰もが認めるところであろう。されば、この最も美しいものを最も美しい仕方で獲得した人物を、詩人にせよ散文作者にせよ、誰がよくその業績にふさわしい讃美をなしうるであろうか。

四一　エウアゴラスは以上の点で不世出の人物であったが、その他においても欠けるところはなく、第一に天賦の知力に恵まれ、おおよそのことは成功に導く力をもっていたにもかかわらず、事にあたって軽挙妄動を戒め、探求と考察と熟慮に余暇の時間を費やした。それというのも、もし自分自身の思慮をよく練ることができれば、自分の王国もまたよく治まると判断していたから(1)であり、およそ他のことのためには魂の配慮をはたらかせながら、肝腎の魂そのものについては、何も思案しない人びとを不思議に思っていた。四二第二に、彼は国情についても同じ考え方をした。現実を直視して細心の注意をはらう人びとこそが、憂慮から最も遠く、また真の安堵は無為にではなく完遂と克己にあることを知って、何事も吟味なきままに放置せず、まことに精確に国内情勢を認識し、また市民の一人一人を熟知していた。ゆえに、彼の目をかすめて陰謀を企てる者はなく、また実直な市民が不遇をかこつこともなく、すべての市民が正当な報酬を得たのである。というのも、彼は伝聞に惑わされて市民の賞罰を行なうことはなく、みずから直接に知ることによって市民についての判定を下したからである。

四三　このような配慮に身を置いていた彼は、日々の不慮の出来事にあっても、一度も逡巡して判断を誤るということがなかった。神を敬い人を慈しんで国を統治したので、島を訪れた者はエウアゴラスの権力を羨まず、その善政ゆえに被治者のほうを羨んだほどである。その全治世にわたって、ただの一人たりとも不正に扱わず、すぐれた人びとを重んじて、厳格な支配を全市民に及ぼしたが、罪人を罰するときも法を遵守した。**四四**　彼は諫言を必要とする人でなかったが、しかしよく友人に諮《はか》った。味方にはしばしば譲歩し、敵にはあらゆる点で一歩も譲らなかった。威風堂々としていたが、それは渋面をつくることによるのでなく、その生活態度によっていた。何事についても乱脈無道を許さず、言葉だけでなく行為においても首尾一貫性を旨とした。**四五**　誇りとするところは、その幸運ではなく、おのれの力行《りっこう》であった(2)。恩恵を与えて友人を心服させ、寛容を施して敵を隷属させた。彼は畏怖されたが、それは多数の者に峻厳に接したからではなく、

(1)『ニコクレス』一〇を参照。

(2) この対比は『パンアテナイア祭演説』三二にも現われる。

きわだって英邁な天性のゆえにである。快楽を自己に従わしめ、断じてこれに翻弄されることがなかった。わずかな時を労苦にさいて多くの閑暇を得こそすれ、ささやかな安楽を保持するために大きな労苦を後に残したりはしなかった。**四六**　総じて王者の条件を完備し、それぞれの国制から最善の要素を選び抜いて、これを一身に集めた人物であった。多数者の保護育成という点では民主主義者であり、国家全体の統治の点では傑出した政治家、危機に対する万全の計らいという点で有能な将軍、またこれらすべてに冠絶することにおいて、遠大な精神であった。これらの資質がエウアゴラスのものであったこと、またこれらにもまして多くを兼ね備えていたことは、彼の功業から容易に認めることができるだろう。

四七　すなわち、エウアゴラスが王権を奪還したとき、この都市は東方化されフェニキア人の支配下にあり、ギリシア人を迎え入れず、技術も交易も廃れて港ももたないというありさまであった。まずこれらすべてを改善した上で、さらに領土を拡張し、城壁をめぐらし、艦船を建造し、その他の設備も整えて、ギリシアのどの都市にもゆうに匹敵する城市に増強して、以前には侮りを隠さなかった国々の多くが恐れを抱くまでに国力を高めたのである。**四八**　しかし都市がこれほどまでに発展するには、その統治が、エウアゴラスが堅持していたような、そして私が少し前に詳らかにしようと試みた方式によることなしには、不可能である。さればこそ、私はエウアゴラスの資質を誇張していると見られることを懸念せず、むしろ彼の業績をあまりに過小に述べていないかと気遣うのみである。**四九**　事実、誰がこれほどの天才を語って十全に至りえようか。この人は自国の重要性を高めただけでなく、周辺の全域を穏和で適正な気風に導いたのである。エウアゴラスが権力を掌握する以前において、住民は排他的かつ非友好的で、ギリシア人を苛酷に処する支配者こそが最上であると信じられていたほどであった。五〇　いまや事態は一変して、誰が一番のギリシア贔屓《びいき》と評判されるかを競い、住民の大多数はギリシアから妻を迎えて子を儲け、ギリシアの産物や制度を自国のものよりも愛好し、また音楽文芸やその他の教養にたずさわる人びとの多くが、彼らの旧地よりも、この地で時を過ごすことになった。(1)そしてこれらすべてに関して、その原因をエウアゴラスに認めぬ者はいない。

五一　エウアゴラスの人品と敬虔を示す最大の証拠は、ギリシアの多くの名士が祖国を捨て、キュプロス島に居を移したことであり、それはエウアゴラスの統治のほうが故国の体制よりも穏和で法が守られているとみなされたからである。これらの人びとの名をいちいち挙げる煩には耐えないが、五二　数々の武功によってギリシア随一と謳われたコノン(2)について、彼の故国が不運に遭ったとき、(3)誰よりもエウアゴラスを選んで身を寄せたことを知らぬ者はあるまい。エウアゴラスの庇護を仰ぐことが身の安全をはかる最も確実な手段であり、またエウアゴラスならばアテナイに助力を惜しまないことを疑わなかったのである。そしてコノンはこの時以前すでに多くの企てに成功してはいたが、このときほどにすぐれた思慮判断をしたことはなか

(1)　前四一三—四〇五年はアテナイは苦難の時期であり、また四〇五年以降はスパルタの直接支配下にあった都市では追放と財産没収が頻発した。エウアゴラスの統治初期におけるギリシアの情勢は、キュプロス島サラミスを亡命地として魅力的な場所にしたと推定される。弁論家のアンドキデスの領地もここにあった。彼の『秘儀について』四を参照。

(2)　『民族祭典演説』一四二を参照。

(3)　前四〇五年のアイゴスポタモイの海戦におけるアテナイ艦隊の潰滅。

ったと思われている。五三　なんとなれば、キュプロス到着の結果として、コノンは最大の成果を挙げ、かつまた受け取ったからである。まず、エウアゴラスとコノンはたちまちに意気投合し、互いにかつて友誼を結んだ人の誰よりも相手を高く評価した。次に、他の点でも終生意見の一致をみたが、とりわけてわれらの国について考えを同じくした。

五四　二人はアテナイがラケダイモン人に屈し大いなる転変に遭遇するのを眼の当たりにして悲憤慷慨したが、それは両人にとって当然の感情であった。コノンにとってアテナイは生まれながらの祖国であり、エウアゴラスも数々の偉大な功績により、のちに名誉市民とされたからである。[1]このアテナイの災厄をいかにして除去するか策を練っていた彼らに、まもなくラケダイモンがその好機を提供した。海陸にわたってギリシアの覇者となった彼らは、飽くなき欲望にとらわれて、ついにアジア侵略に着手したのである。

五五　彼らはこの機を逃さず、時あたかもペルシア大王麾下の将軍たちが事態の処理に悩んでいるのを見て、陸ではなく海でラケダイモン人に決戦を挑むことを教えた。歩兵軍団を組織して陸で優位に立っても、その成果は大陸部に限られるが、もし海で勝利するならば、その勝利の恩恵は全ギリシアに波及するであろうことを見通していたからである。五六　そして事態はまさにその筋書きどおりに運んだ。ペルシアの将軍はこの勧告に従い艦隊を集結し、海戦にラケダイモンは大敗して[2]覇権を失い、ギリシアは解放され、わがアテナイは往古の栄光の一部を取り戻し、同盟を結成しその指導者となったのである。そしてこの一戦を勝ち取った艦隊指揮官はコノンであり、勝利を準備し戦力の大部分を提供したのはエウアゴラスであった。五七　われらはこの功績に対して、最大の名誉をもって二人に報い、彼らの像を救済者ゼウスの神像の隣に並べて建立し[3]、その偉大な功業と両人の友情の記念としたのである。

五八 大王は、他のどこよりもキュプロスとの戦争に執心し、王位継承を争った王弟キュロスよりも、明らかにエウアゴラスを強大な敵対者とみなしていた。その何よりの証拠に、キュロスの反軍準備の報告を受けてもまったく意に介さず失念していたために、あわやキュロスが王宮の入口に立っても気づかなかったほどである[4]。しかしエウアゴラスに対しては前々から非常な恐れを抱き、味方につけておきながら、戦争をしかけたのである。正しい行為とは言いがたいが、しかしまったくの条理に合わない無思慮から出たものではない。

五九 なぜなら大王は、ギリシアにも異民族の間にも微賤の身から起《た》って、強大な王国を打ち建てた人間が多くいることを知っていたし、また他方でエウアゴラスの宏大な気宇と、その名声と実力が一気に上昇するのを感じとり、卓絶した天稟のみならず、運命も味方につけていると悟ったからである。**六〇** かくて、既往の出来事に怒ってではなく、将来の事態を憂えて、キュプロス島だけでなく、より広範にわたって重大な事態の招来することを恐れて、エウアゴラスに宣戦したのである。ともあれ大王は、このようにして一万五

(1) 前四一〇年もしくはその翌年あたりのこと。
(2) 前三九四年のクニドス沖の海戦。
(3) ケラメイコス区のバシレウス柱廊の近くに建立されたという(パウサニアス『ギリシア案内記』第一巻三-二)。
(4) 前四〇一年クナクサの戦いで、キュロスは落命するが、バビロンにわずか三六〇スタディオン(およそ六六キロ)の距離まで迫っていた。

千タラントンを費やすことになる遠征に突入した。

六一　しかしながらエウアゴラスは、戦力全体において劣るものの、自らの知力を巨大な軍備に対置して、[1]先に述べた危難においてよりも、まさにこの存亡の危機において、さらに驚異的な人物であることを天下に示した。なぜなら、敵が彼に平和な日々を許していたときには、彼は彼の城市のほかにどこも領有していなかったのだが、六二　いざ戦争を強いられるや、おのれの真価を発揮し、また一子プニュタゴラスをすぐれた幕僚に育てて、キュプロスのほぼ全島を占有し、フェニキアを劫掠し、テュロスを急襲し、キリキアを大王から離反せしめたからである。敵の人員の損失は膨大で、多くのペルシア人はおのれの不幸を嘆きつつ、エウアゴラスの武徳を想起した。六三　ついには、彼らの四方に戦火を蜂起させ、これまで大王は謀反者の身柄を意のままにしうる時に至るまで和平を結ばない慣行であったのが、この不文律を破り、一方でエウアゴラスの支配権力には毫も動揺を与えることができなかったにもかかわらず、このときばかりは喜んで和平に応じた。

六四　当時ラケダイモンは名声実力とも絶頂にあったが、大王はわずか三年間で[2]その覇権を砕いた。しかるに、エウアゴラスに対しては戦争を十年にわたって[3]続けながら、彼が戦前から支配していた領地を一片も削ることができなかった。何よりも驚くべきことに、エウアゴラスが五十名の手勢を率いて専制者から奪った都市を、大王はこれほどの軍勢を擁しながら屈伏させることができなかったのである。

六五　まことにエウアゴラスの勇気にせよ、賢慮にせよ、また徳全般にせよ、これらの危難に対処した行動以上に、これを鮮やかに明証するものはない。他の戦いのみならず、万人によって頌歌に謳われる英雄の戦いを明らかに凌駕する。なぜなら、彼ら英雄たちが全ギリシア勢を率いて攻略したのはトロイアのみであるのに対して、(4)エウアゴラスはわずかに一城市の主でありながら、全アジアを相手に戦ったのである。それゆえ、彼を讃えようとする人の数が彼ら英雄を讃える人の数に匹敵していたならば、はるかに高い名声を博していただろう。

六六　虚構の物語は措いて真実を直視するとき、往古の英雄の中に、これほどの偉業を成し遂げ、あるいはこれほどまでの事変をもたらした者が見出されるだろうか。エウアゴラスこそは、一介の市民から身を起こして君主の座に自身を据え、国家の中枢から放逐されていた一族郎党の名誉を回復し、東方民族化された市民をギリシア人に戻し、彼らを惰弱な者から勇士に、無名の境涯から輝ける名に引き上げた。六七　他方また、全土ことごとく排外的な国を引き取って、野蛮粗暴を穏和寛大の気風にあらため、加えてペルシア大王と戦火を交えたとき、勇戦して自国を守り、キュプロス戦争の名を不滅にした。逆に大王と同盟を結んでいたときは、他の誰よりも忠実な味方となって、六八　あまねく世に知られているように、クニドスの海戦

（1）ディオドロス『世界史』第十五巻二-一によれば、ペルシアはキュプロス戦に兵力三十万、艦船三百を投入した。一方エウアゴラスは、エジプト王アコリスと同盟を結び、カリアのヘカトムノスから資金援助を取りつけ、さらに反ペルシア連合を組織して対抗した。

（2）アゲシラオスが小アジアを転戦した前三九六年から三九四年のクニドスの海戦までの三年間。これはもちろん誇張で、たしかにスパルタは海上覇権はこのとき失ったが、レウクトラの会戦まではギリシアを支配していた。

（3）前三八五―三七六年と推定されている。

（4）『民族祭典演説』八三を参照。

に最大の貢献をなしたのである。この海戦によって大王は全アジアの支配者となり、ラケダイモンは大陸劫掠はおろか自国の存亡の危機に陥り、ギリシアは隷属に代えて自治独立を獲得し、アテナイの力は上昇し、かつて彼らを支配していた人びとが、(1)彼らに覇権を譲るべく使節を派遣するに至った。六九　それゆえ、もし誰か私に対して、エウアゴラスの偉業で最大のものは何か、いま述べたばかりの転変を引き起こしたところのラケダイモンに対する軍事的配慮ならびに準備か、それとも最後の戦争か、あるいは王座奪還か、あるいは国家統治全体かと問うならば、私は返答に窮するだろう。いずれに注意を向けても、どれもが最大の驚異に思われるからだ。

七〇　かくして、かつてもしその徳によって不死となった人があったとすれば、エウアゴラスもまた、かかる贈与に値すると私は思う。その証拠として、彼はこの世では生涯、かつての誰よりも好運に恵まれ神々に寵愛されたことを挙げたい。事実われわれは、半神の大部分の名高い英雄が最大の不運に陥っていることに気づかされる。しかるにエウアゴラスは、最初から最期まで、驚異の的であっただけでなく、この上なく幸福な人であった。

七一　実際、このような人に幸福の欠けるところがあろうか。彼こそは、同じ一族の者を除けば、誰も及びえない貴い祖先の血を承け、心身の両面において、ひとりサラミスにとどまらず、全アジアの君主たるにふさわしいほどに秀絶し、王権を輝かしい行動によって獲得した後は生涯その座にとどまり、死すべき者として生まれながら不滅の記憶を遺し、盛んな時を生きて、老いをあずかり知らず、(2)また老齢による病苦も分かちもたなかった。七二　それだけではない。何よりも稀有で困難に思われるところの、多くの優秀な子を儲けること、これをもまたエウアゴラスは逸することなく、この賜物もまたその得るところとなった。そして最大の幸福は、彼の遺児たちが一人として庶人の名で呼ばれる者とならず、ある者は王と、またある者たちは大公、あるいは公妃と呼ばれたことである。[3]かくて、もし過去の誰かある人物について詩人が誇張して、人間界における神もしくは死すべき神霊と語ったとすれば、すべてそのような修辞はエウアゴラスの天稟について語られるとき、最もふさわしいものとなるだろう。

七三　さて、エウアゴラスに対しては多くの語り足りない点があったと思う。なんとなれば、すでに私は壮年の時期を過ぎている。[4]昔日の私ならば、この讃辞をさらに精《くわ》しく労を惜しまずに仕上げることもできたであろうが。さりながらいま、私の力の及ぶかぎりで、彼は頌辞を捧げられたのだ。私は、ニコクレスよ、身体を写した像も美しい記念碑であるが、その偉業と精神を写すものこそは、はるかに高い価値を有すると思う。そしてそれは技巧をつくした言葉にのみ見ることができるであろう。七四　立像よりも私がこれをすぐれたものとする理由は、第一に、高貴なすぐれた人物というものは、功業や識見において他を凌ぐことを求めるほどには、身体の美を誇るものではないからであり、第二に、彫像はそれが建立された場所の人びとにしか見えないが、言説はギリシア中で公表され、また知性にすぐれた人びとの間で歓迎されるからである。

(1) クニドスの海戦以前のスパルタ。『アレイオス・パゴス会演説』六五を参照。

(2) エウアゴラスはおそらく前三七四／三年に暗殺されているが、当然ここでは死因は伏せられている。

(3) ニコクレスを指す。

(4) おそらく七十歳くらい。

この人びとに評価されるならば、世評は顧みずともよい。七五　さらに理由を挙げれば、その身体を彫塑や絵画に似せることは誰にもできないが、言葉のうちにおのずから反映する性格や思想は、安易な生き方を選ばず有為の人材たることを願ってきた者にとってみれば、これをまねることはたやすい。七六　ほかならぬ以上の理由から、私はこの著述を企図したのであり、貴君にも貴君の子たちにも、また他のエウアゴラスの子孫にとっても、この上ない励ましとなると考えたからである。

七七　なぜなら、われわれは人びとを哲学へと勧めるにあたって、模範的な人物を賞讃することにより、聴き手が讃えられた人と競い同じ営みを熱望するように仕向けるものだが、ここで私が貴君と貴君の一族に対して行なったのは、無縁の他人ではなく身内の人を模範として援用し、言行いずれにおいてもギリシア人の誰にも劣らぬ者となるよう、精魂を傾けるようにという忠告だからである。七八　これを叱責と誤解してはならない。同じことについてたびたび勧告しているにもかかわらず、いまそれを等閑にしていると言っているのではない。貴君が、君主の地位にあって富と贅を窮めた者の中で、哲学に励み努力を惜しまない第一の、そして唯一の人であることは、私だけでなく他の誰もが知るところである。また多くの王侯が貴君の教養を羨み、いま彼らが甚だ快を覚えているところの喜びを放棄し、この道の追求を願うようになることも疑いない。七九　しかしながら、私はそれを知るからこそ、競技の観客と同じことをし、またし続けるだろう。彼らが声援するのは、競走で遅れをとった走者ではなく、いままさに優勝をめざして走り続ける者に対してではないか。

八〇　それゆえ、いまも熱望する哲学の道に貴君がさらに邁進することを励ますべく、そのような言葉を語りまた書くことは、私はじめ友人たる者すべての義務であるが、貴君もまたこの道において後塵を拝してはならない。いま現にそうしているように爾後も精神の鍛練に怠りなく、父上ならびに父祖の方々に恥ずかしくない者とならなければならない。知恵を無上のものと尊ぶのは、誰しもがしてしかるべきだが、とりわけ貴君らのごとき最も多く重大な事柄を統べる者にこそ肝要なことである。八一　同時代の人間をすでに凌駕したからといって満足してはならず、卓絶した天稟を授かり、古くはゼウスの血筋を承け、近くは徳においてかくもすぐれた人物の子でありながら、自らは他にまさることなく、同じ名誉に甘んじるとすれば、これを嘆きとしなければならない。この点で過失を避けることは貴君の意志にかかっている。哲学に踏みとどまり、いまのような向上を続けるならば、たちまちに貴君は貴君にふさわしい者となるだろう。

一〇　ヘレネ頌

一　奇抜で意表をつく主題を思いついて、何とか聴くにたえる話が展開できれば、おおいに得意になる人びとがいる。老齢を迎えてなおかつ、あるいは「虚偽も反論もまた同じ事柄についての両論も不可能である」と主張し[1]、あるいは「勇気も知恵も正義も同じ一つのことである」と論じて[2]、本来われわれは、それらのどれも別に単独にもつものでなく、そのすべてにわたる知識は一つであると詳細に弁じ、またあるいは周囲の者を煩わすだけの無益な論争にうつつを抜かしている[3]。

二　私としても、このようなたわごとの類いが最近生まれた現象であって彼らはただ発想の新奇を追うものであると見ていたならば、これほどに彼らに驚きはしなかっただろう。しかし実のところは、いかに物忘れがひどくとも、プロタゴラスや彼と同時代のソフィストがそれとよく似た、またそれよりもさらに困惑させられる書き物を残していることを知らない人はいない。

三　たとえば、臆面もなく「存在するものは何もない」と論じたゴルギアス、「同じことが可能でありまた不可能である」と証明を試みたゼノン、自然に生じた事物は無数にあるのに「万物は一つである」という論証を発見しようとしたメリッソス、誰がこの点で彼らの上を行くことができようか。**四**　しかしながら、どのような主題についても偽りの論を組み立てることなどは、造作もないということが先人によってこれほど赤裸々にされたにもかかわらず、彼らは旧態然と月並みの話題に耽溺している。そのようなからくりは口舌の領域では反駁に成功しているかのごとく装えても、行為の場面ではすでに長い時間にわたって反駁されている。彼らはかかる詐術を放棄して、真実の追求に励むべきであり、**五**　すぐれた政治を実現する実践行為に門弟を教育し訓練しなければならない。有用な問題について適正な判断をもつことのほうが無用の業について厳密な知識を磨くことよりも、また重大な事柄においてわずかでも先行することのほうが何ら人生を益さない枝葉末節に抜きん出ることよりも、はるかにまさると心得なければならない。

六　しかし実のところ、彼らは若者を相手の金稼ぎにしか関心がない。もっぱら論争に関わる哲学[4]は、これを最も効果的になしとげるものにすぎない。なぜなら、私人の生活にも公的な課題についても何ら思案をめぐらすことなく、よりにもよっておよそ何ものにも役立たない議論を喜ぶものだからである。**七**　たしかに、年端もいかぬ者たちならば、そのような考えに染まっても大目に見てしかるべきであろう。世事万般において、年少者は常軌を逸した驚異的なものを見て喜ぶのが常だからである。しかし、教育を授けると称する人びとは非難を免れない。一方で私的な契約をめぐる係争で欺く者や不正に言論をもてあそぶ者を糾弾し

(1) キュニコス学派とその創始者アンティステネスへの言及。アリストテレス『形而上学』第五巻第二十九章を参照。アンティステネスは前三六六年に没。「老齢を迎えて」という箇所は、彼がまだ存命中であることを示唆する。後出三節から、ゴルギアスはすでに物故していたとみられる。だとすると、本著作の執筆は前三七〇年頃。プラトンの『パイドロス』とほぼ時期を同じくする。

(2) プラトン『プロタゴラス』三二九B—三三〇Eでソクラテスがこの説を開陳している。

(3) エウクレイデスに代表されるメガラ派。

(4) 『ソフィストたちを駁す』一を参照。

ていながら、自らはその者たちよりも恐るべきことをしている。後者が他人に損害を与えているだけであるのに対して、彼らは親しい門弟をことのほかに毒しているからである。八　しかるに、彼らは著しく虚言の技術を進歩させ、その結果いまや、彼らがこのような仕事によって利を得ているのを見て、「乞食や亡命者の生のほうが、ほかのどんな生よりも羨むべきものである」と平気で書きあらわす者、また「もし劣悪な事象について何事か言うことができれば、いわんやましてて立派ですぐれた問題について滔々と論じる材料に困ることはない」という屁理屈を証明に使う者さえ現われている。

九　何よりも噴飯物と思うのは、このような論法で説得を試みて、みずから喧伝している領域で弁舌の披露ができるのだから、自分らには政治を扱う知識もあるとわれわれに信じさせようとしていることである。しかし、思慮のありようについて自説を立て、知者の名を自称する人ならば、誰も相手にしない狭い領域においてではなく、すべての人が一家言をもっている主題でこそ頭角を現わし、素人を越えるのが至当ではないか。一〇　しかるに、彼らが実際にしていることは、ほかに一人として競うことを潔しとしない分野に退きながら、最強の競技者であると装う者とかわるところがない。思慮のすぐれた人であれば、いったい誰が災禍の讃美を企てたりするだろうか。彼らがそのような話題に逃れるのは、非力なるがゆえであることは明らかだろう。一一　その種の文章の作成には一つの定型があり、これを発見することも学ぶことも、また模倣することも難しくない。他方、一般的な価値をもち、信頼できる言論、またそれに類する言論は、習得困難なさまざまの表現形式と発言の場面とを通して発見され語り出されるものであり、その構成組み立ては、あたかも厳粛が揶揄よりも、また真剣な行為が遊びよりも骨折れるように、同じく難渋をきわめる。

一二　その最大の証として、蜂や塩その他を讃えようとする人[1]の誰も、かつて言葉に窮したことがないのに対して、一般に善もしくは美とみなされているもの、また徳の点での卓越について述べようとすれば、誰もが事柄そのものと比べて見劣りする語り方しかできない。一三　けだし、これらのそれぞれについて的確に語るということは同日の談ではなく、一方の主題は弁論でこれをしのぐのは容易だが、他方の偉大さに言葉をもって肉薄することは至難である。[2]名高い題材について先人の誰もが語らなかったことは稀であるが、卑俗な話題は何を口にしてもすべてが独創となる。

一四　それゆえに、よく語ることを意図した著者の中でも、私はとりわけヘレネについて書いた人[3]に賞讃を惜しまない。かくも、生まれと美と評判とにおいて比類なき女性について、その記憶を新たにしたからである。とはいえ彼もまた、わずかとはいえ手抜かりがあった。ヘレネの讃美を書いたと言いながら、その実は彼女の所業を弁明することに終始したからである。一五　頌辞は弁明と同じ発想、同じ素材からなるものではなく、対蹠に位置する。本来、弁明は悪事を責められている者について述べ、賞讃は何らかの美点で冠絶する者を対象にするものである。

だが、おのれの力量は不問にして他を難じるという、安直な所業にふけっていると誤解されないために、[4]

（1）プラトン『饗宴』一七七Bに無名氏による塩の讃辞が言及されている。『パンアテナイア祭演説』一三五を参照。
（2）『パンアテナイア祭演説』六を参照。
（3）ゴルギアス。
（4）『ブシリス』九を参照。

他の人びとの著述はすべて脇に置いて、私もここで彼女について語ることを試みようと思う。

一六　まずは論のはじめに、ヘレネの一族の始まりを取り上げよう。ゼウスより生まれた半神は数多いが、父と呼ぶことはひとりこの女性にのみ許された。ゼウスはアルクメネの息子(1)とレダの産んだ子ら(2)をことのほかに愛したが、ヘラクレスよりもヘレネをさらに慈しみ、前者には他を圧倒する強大な膂力《りょりょく》を授けたが、彼女にはその力をも支配する美を分け与えたのである。一七　だが輝かしい名の顕現は平穏な日々によってではなく、戦争と闘いから生じることを見たゼウスは、彼らがただに身体においてのみ神々の高みに達するだけでなく、名声も久遠に残すことを望まれて、ヘラクレスには危険をかえりみない苦難の生を定め、ヘレネには見る人がこぞって驚嘆しこれのために闘い競う魔力を授けたのである。

一八　その第一に登場するのは、名目上はアイゲウスの、しかし実はポセイドンの子であったテセウス(3)で、まだ初々しい年頃にしてすでにこの世のものと思えぬヘレネの姿を見て、無敵を誇ったこの人がその美しさに征服されたのである。偉大な祖国と盤石の王権をわがものにしていたにもかかわらず、彼女を妻とすることもなく現状に安住していては、生きる価値がないと思いつめたが、一九　彼女を保護者たちのもとから迎えることはできず、両親(4)は彼女が成長しピュティアの神託の答えが出るまで結婚を許さないという段に至って、ついにテセウスは、テュンダレオスの王権も眼下におき、カストルとポリュデウケスの力をあなどり、ラケダイモンのすべての勇士を歯牙にもかけずに、力づくでヘレネをさらいアッティカのアピドナ(5)に匿ったのであった。二〇　そしてこの略奪に協力したペイリトオス(6)に深く感謝し、この人がゼウスとデメテルの娘コレーに求愛しようとして冥府に降る同行者を呼び求めたとき、テセウスは忠告しても翻意することができないのを覚って、破滅が待ち構えていることが明々白々であったにもかかわらず同行した。先の恩義を強く感じていたテセウスは、ペイリトオスが彼のために危険をともにした行為の代償に、彼の命じることは何も断わるまいと決めていたからである。[7]

二一　さて、このような無謀に走った者が傑出した人でなく、凡庸な人間の一人であったならば、この論はヘレネの讃美であるのかテセウスの譏誹であるのか、定かならぬものになったであろう。しかし実際は、世に名高い人びとでも、あるいは勇気を、あるいは知恵を、あるいはそのような徳の別の部分を欠いているのが往々であるのに、ひとりテセウスのみはその一つとして不足することなく、徳を完備していたことをわれわれは知るに至るであろう。二二　また私の思うところでは、テセウスについてはさらに言葉をつくして弁じられることがふさわしい。もし彼女を愛し讃嘆する人が、彼自身もまた、世の誰よりも驚嘆すべき人物であることを示しえたならば、これこそヘレネを讃美しようとする者にとって最大の立証となるのではないか。さて、われわれと同時代のものについてはわれわれ自身の意見に基づいて判定して大過ないであろうが、

(1) ヘラクレスのこと。
(2) カストル、ポリュデウケス、ヘレネ。
(3) イソクラテスのテセウス観については『パンアテナイア祭演説』一二六以下を、テセウスについてはエウリピデス『ヒッポリュトス』八八七行以下、またプルタルコス「対比列伝」『テセウス』を参照。
(4) スパルタ王テュンダレオスと王妃レダ。
(5) アテナイ北東部の区。
(6) テッサリア北部に居住するラピタイ族の王で、テセウスの親友。
(7) テセウスはヘラクレスに救出されたものの、ペイリトオスはついに冥界から帰還することができなかった。

このように古い昔の事績については往時の最も賢明な人びとの判断に賛意を表明するのが適当であろう。

二三　テセウスの最も華々しい事功としては、ヘラクレスと同じ時代に生を享け、彼に匹敵する名声をかちえたことが挙げられよう。同じ武器[1]を携行したばかりでなく、同じく苦難の道を選び、その血筋に恥じない業績を挙げた。二人の父は兄弟であり、一方はゼウスから、他方はポセイドンから生まれ、その抱いた野望も兄弟のようによく似ていた。古人のうち、この二人のみが人間の生活を守るために戦った戦士となったからである。

二四　結果としては、一方の行なった冒険はより名高く苛酷なものとなり、他方のそれはより有益でギリシア人にとって死活を決めるものとなった。たとえば、ヘラクレスは、エウリュステウス[2]に命じられてエリュテイア島[3]からは牛を引き連れ、またヘスペリデスの黄金の林檎を手に入れ、冥府からケルベロスを連れ出すなど[4]、人びとを益する事業というより、ただ自身を危険にさらすべく定められた難業が待ち構え、二五　他方、テセウスは誰にも仕えることなく、やがて彼をギリシアと祖国の恩人とすることになる闘争をみずから選んだのであった。すなわち、ポセイドンに放たれて土地を荒らしまわる牛は、誰もあえて手向かう者がなかったが、ひとりテセウスのみがこれを降し、アテナイの住民を大いなる恐怖と困窮から解放したのである。

二六　この後ラピタイ人[5]を共闘者として、半獣半人のケンタウロス族を攻めた。彼らは並外れた脚の速さと体力の強さ、また大胆さをもって、各都市をあるいは略奪して荒らし、あるいはまさに荒らさんとし、あるいは脅威を与えていたが、これを戦いに破ってたちまちにその暴慢を制し、またほどなくしてこの種族を絶滅させた。
二七　同じ頃、クレタで、ヘリオスの娘パシパエの産んだ怪物(6)が成長して、これにアテナイは神託の命じるところに従って、それぞれ七人ずつの少年と少女を生贄に捧げていたが、テセウスは彼らが集められ、すべての民に見送られつつ非道な避けるすべのない死に送り出され、生きながら哀悼されるのを見ていたく嘆き、このように悲痛な貢納を敵に強いられる国にあって生きてこれを治めるよりは、死のほうが望ましいと考えた。
二八　テセウスは彼らとともに海を渡り、半人半牛の怪物と闘い、その合成された身体にふさわしい強大な力をものともせずに、これを倒して少年少女たちを救い、無事に親のもとに帰し、ついにかくも無法かつ残忍な、逃れるすべのない命令からアテナイの国を解放した。
二九　さて私は残りを語りつくしたものかどうか迷う。テセウスの功業を取り上げて、その話を始めた以上、途中でこれを打ち切って、盗賊スキロンやケルキュオンやその他の者どもの狼藉に触れないですますことに躊躇する。これらの賊を決闘に倒してテセウスは、多大の災厄からギリシア人を救ったからである。他

(1)テセウスも棍棒を用いた。
(2)ミュケナイの王。ヘラクレスに十二の難業を課した。『民族祭典演説』五六を参照。
(3)「ヘラクレスの柱」の西方、スペインの沿岸に近いところに位置する島。
(4)ヘスペリデスは西の果ての島に住まう「夜の娘たち」で、園に生える黄金の林檎を警護している。ケルベロスは冥府の番犬。
(5)三三頁の註(6)を参照。
(6)ミノタウロス。

方しかし、あまりに本題から離れてしまうとも確かに思われ、最初に掲げた主題よりも、このような話題のほうに熱を入れていると勘ぐられることを恐れもする。

三〇　そこで、二つの選択の妥協策として、聴き手の反撥を斟酌して細部のほとんどは省略するが、骨子をできるだけ一般的に要約して述べることにしよう。それは、一方では聴き手を、他方で私自身を満足させるとともに、日頃から妬みに駆られ、何が語られるにつけても難癖をつける人びとに全面的に屈しないためである。

三一　さて、テセウスは以上のみずから危険を引き受けた行為において勇気を示し、さらに戦争に対処する知恵は全市をあげて戦った戦闘において、神々に対する敬虔はアドラストスの嘆願[1]ならびにヘラクレスの子らの嘆願[2]に際会して――ペロポネソス軍を戦いに破ってヘラクレスの子らを救い、またアドラストスにはカドモスの城壁の下に斃れた者たちの亡骸を、テーバイ人の意向に逆らって引き渡した――これを証明し、またその他の徳、とりわけ克己節制は、先に述べた事功においてだけでなく、何よりもその国家統治においてこれを実証した。

三二　彼の見識は以下の点にあった。市民を強制的に支配しようとする者は、敵国に隷属することになり、人びとの生を危険にさらす権力者は、自分自身が大きな不安のなかに生きていて、そのため不可避的に、あるいは侵攻する外敵に対して市民とともに戦うことを、あるいは同胞市民に対してよその人間の助けを借りて戦うことを強いられるのだ。三三　さらにまた彼らは、神殿の聖物を掠め取り、市民の中の最上の人びとを殺し、血のつながりの最も濃い近親を疑う。戦々兢々と生きるさまは死刑を待つ囚人にまさるところなく、外面こそ世の人の羨むものであるが、心は誰よりも苦悩に苛まれている。三四　つねに、誰か身のまわりの人間に殺されるのではないかと疑心暗鬼になり、親衛隊を謀反人の一団と同じように恐れなければならない、これほどに悲惨な生があろうか。テセウスはかかる者どもは支配者ではなく国家の疾病であるとみなして軽蔑し、自らは最高統治者として支配すると同時に、平等な権利のもとで生活する市民にすこしも劣らぬ生き方をすることが平易な道であることを示したのである。

三五　そして手始めに、居住地が村邑ごとに散在していた国家形態をあらためて、一箇所に集中させ、その時以来今までギリシア最大の規模になる都市国家とした。続いて、祖国を共通のものとし、同胞市民の精神を自由に解放し、徳をめぐって平等に競わせた。市民が怠ければむろんのこと、力行しても自分の優位は揺るがないと確信していたが、栄誉の喜びは、奴隷のような人間からでなく誇り高い人びとから受けるほうがまさることを知っていたのである。

三六　テセウスはおよそ市民の意志に反して行動することがなく、その結果、彼は民衆を国家の主権者とし、民衆は彼のみを支配者と認めた。彼の君主政治のほうを彼ら自身の民主制よりも信頼性と民主性にまさると考えたからである。なぜなら、よその君主にあっては労苦を民に課し、快楽はおのれひとりが享受しているが、テセウスはこれと異なり、危険はひとり引き受け利益は万民に共通に配分したからである。

三七　その結果、テセウスは生涯、王座転覆の陰謀をめぐらす者にあわず、慕われ続け、外から引き入れ

（1）『パンアテナイア祭演説』一六八以下を参照。

（2）『民族祭典演説』五六を参照。

た兵力によって権力を守ることもなく、市民の親愛をおのれの親衛隊とし、[1] 絶対的な権限をもって政治を行なう点では君主であり、恩恵を施す点では民衆指導者であった。このように公正に美しく国家を統治したので、いまなお彼の仁慈の跡はわれわれの気風に残されている。

三八　さてヘレネは、ゼウスの娘という血筋もさることながら、このような徳と克己節制の主を征服したのであるから、かつて存在したすべての女性にまさると認めて、賞讃と栄誉を与えるべきではないか。実際またヘレネにそなわった美点については、テセウスの考えにもまして信頼できる証人、確かな審判者を召喚することはできないだろうからである。だが、私が材料に窮して同じ論題に拘泥しているとか、彼女を賞讃するために一人の人物の名声を濫用しているとか思われないように、これに続く論題について述べることにしたい。

三九　テセウスが冥府に降った後、[2] ヘレネはラケダイモンに戻され、やがて婚期に達すると、当時の諸国の王や君主はひとしく彼女について同じ考えを抱いた。彼らは自国で随一の婦人を娶ることができたにもかかわらず、国内での婚姻には目もくれず、ヘレネに求婚するためにスパルタを訪れた。

四〇　まだ将来の夫も決まらず、ヘレネを得る機会が全員に平等にあったとき、彼女が争奪の対象になるだろうことは誰の目にも明らかであった。ために一同は集って、もし彼女の正式の婿から彼女を奪う者があれば救援に駆けつけるとの誓約を互いにかわした。おのおのはこの援助が自分のために差し向けられるだろうと夢想したからである。

四一　それぞれに夢みた密かな期待は一人を除いて裏切られたが、そのときヘレネについてみなが抱いた危惧は過たなかった。というのも、それから時を移さず女神たちの間で美を競う争いが生じ、この判定者としてプリアモスの子アレクサンドロスが指名されたからである。[3]ヘラは全アジアの王権を、アテネは戦争における無敵の力を彼に与えようとしたが、四二 アプロディテがヘレネとの結婚を約束すると、アレクサンドロスは神体を比較判定することはできず、その姿には目が眩むばかりであったため、賜与されたものを判定するほかになく、他の何よりもヘレネと契りを結ぶことを選んだ。それは快楽に目を向けてのことではなく――とはいえ、それとて思慮浅からぬ人びとにとってはたいていのものよりも希求されるべきものだが、にもかかわらず彼が向かったのはそれではなく―― 四三 それよりも彼は、ゼウスの女婿となることを願った。それこそがアジアに君臨するよりも、はるかに大きな高い誉れであり、広大な支配や勢威はつまらぬ人間にも生じることがあるのに比して、これほどの女性にふさわしいとされる者は後の世にも出ないであろうし、加えてさらに、父方[4]のみならず母方もゼウスを祖とするように計らうことが、子孫に遺す最も輝かしい財産であると考えたのである。

四四 それというのも、一般に幸運はすみやかに変転するが、この高貴な血筋だけはつねに同じ人びとのもとにとどまり、したがってこの選択こそは、あらゆる世代を貫くものであるのに対して、その他の贈り物は彼自身の一生涯のみのものであることを知っていたからである。

---

(1)『ニコクレスに与う』一一を参照。
(2) 前出二〇節を参照。
(3) パリスの別名。
(4) パリスの父プリアモスの祖先は、ゼウスの子ダルダノス。

四五　さて、思慮のすぐれた人であれば誰もこのような計算を非難しないであろうが、目前の現実のほかは何も念頭になく起こった出来事だけを見る人びとは、アレクサンドロスに冷罵を浴びせてすでにひさしい。この人びとの愚かしさは、彼らのするアレクサンドロス誹謗を聞くだけで容易に看破できるであろう。四六　どうして彼らが嘲笑を免れえようか。女神たちが選んだ者よりもおのれのほうが充分な判断力に恵まれていると信じているのである。神々がこれほどの争いに陥ったとき、凡愚に審判をまかせるものだろうか。争いの種をめぐって心を砕いたのと同じような熱意をもって、最上の判定者を選んだことは明らかである。

四七　またアレクサンドロスがいかなる人であったか見なければならない。その真価を知ろうとするならば、審判に敗れた女神たちの怒りは参考にせず、女神たちが熟慮のすえ彼の判定に服することを選んだという事実によって判断しなければならない。なぜなら、不運はすぐれた人にも襲いかかり、罪咎なき人びとをも例外としない。しかるに、死すべき身でありながら神々の審判者となるような栄誉を受けることは、抜群の見識の持ち主のほかにありえない。四八　ヘレネを得て生きることを選んだ者が浅慮であったと思う人のいることに、私は驚きを禁じえない。彼女のために多くの半神英雄は、死さえ厭わなかったではないか。神々が美の勝利をめぐって争うのを見ながら、おのれは美を蔑んで、美こそが最大の賜与であることを認めないとしたならば、うつけの譏りを免れようか。女神たちもまたこれがために眦《まなじり》を決していたのであり、アレクサンドロスはその姿を目撃したのではなかったのか。

四九　ヘレネとの結婚を蔑み下すことのできる者がどこにいたというのか。彼女がさらわれるや、ギリシア人はギリシア全土が掠奪に遭ったかのように嘆き、アジアの異民族はわれわれ全員を征服したかのように得意になった。それぞれが抱懐した心情は明々白々である。以前には多くの係争の種[1]があっても、平和を維持することができたにもかかわらず、事がヘレネに及ぶとき、憤激の激しさのみならず、時間の長さ、兵力の多さにおいて、前代未聞の大規模な戦争が起こったのである。五〇　一方はヘレネを引き渡して、迫りくる災厄から逃れることができたにもかかわらず、また他方はヘレネを忘れて、平穏に残りの生涯を過ごすこともできたにもかかわらず、ともにそれを望まなかった。トロイア方は諸都市が廃墟とされ領地が掠奪されるのを見て、ついにヘレネをギリシアに返さぬ決意を固め、ギリシア方はヘレネを見棄てて祖国に戻るよりは、異国の地にとどまって老いを迎え二度と妻子に相まみえないことを選んだ。五一　彼らがそうしたのは、アレクサンドロスもしくはメネラオスの勝利を求めたからではなく、一方はアジアのため、他方はヨーロッパのため、ヘレネの現身が宿る地こそが幸福な土地となるだろうと信じたからである。

五二　戦いを求めて辛苦をものともしない激しいエロースは、ギリシア人とトロイア人ばかりか神々をも襲った。かくて神々は、わが子をトロイアの戦場から遠ざけることなく、ゼウスはサルペドンの、エオスはメムノンの、ポセイドンはキュクノスの、テティスはアキレウスの運命を予知していながら、彼らの出陣を助けて死地に送り出したのである。五三　それもまた、ゼウスの娘のために戦って最期を迎えるほうが、彼女をめぐる危難から取り残されて生きるよりも彼らの名誉であると、神々は考えたからである。わが子についてこのように考えたことに何の不思議があろうか。実に神々みずからが、かつて巨人族を相手に戦ったと

（1）ヘロドトス『歴史』第一巻一―三を参照。

きよりも、さらに大きな恐るべき戦闘に入った。先には互いに力を合わせて奮戦したのであるが、こたびはヘレネのために、互いを敵として戦ったのである。

五四　神々がそのように悟っていたのはまことに理にかなったことであり、ゆえに私もまたヘレネについて表現の限りをつくして述べることが許されよう。なぜなら、彼女こそは美の極みにあり、そして美は存在するもののうちで最も厳かで貴く、最も神聖なものだからである。美の力はたやすく知られる。勇気や知恵や正義は、これらにあずからない人びともまた、これらのそれぞれの徳よりも多くの点で貴く見せるだろうが、美を欠いたものに愛されるものは見当たらず、美の相(1)を共有するかぎりのものを除くすべてが軽蔑の対象になる。そして徳もまさにそれゆえに、すなわち人間の魂のあり方のうち最も美しいものであるがゆえに、とりわけ高く評価されるのである。

五五　美が存在するもののうちでいかに冠絶しているかは、存在する事物のそれぞれに対するわれわれの態度からも知られよう。われわれが必要とする美以外のものについては、われわれは獲得だけを望み、それ以上に魂に何の痕跡も残さない。しかるに、美に憧れるエロースは、美そのものが他のすべてにまさるのと同じように、いっそう強大な意欲の力としてわれわれに生まれついている。

五六　知性やその他の点で秀でた人びとについて言えば、彼らが日々われわれに親切をつくして引きつけ彼らを愛するように仕向けないかぎり、われわれは彼らを妬む。しかるに美しい人びとには、これを一目見るなりわれわれは好意を感じ、彼らに対してだけは神々に対するごとく奉仕をやめないで、五七　このような人びとを支配するよりは、喜んで僕となり、何も命令しない人によりもあれこれ指図する人に感謝する。

またわれわれも、他の力に唯々諾々と従う者であれば、これを冷罵し追従者と呼んで嘲るが、美に隷従する者は美を愛し刻苦を厭わぬ者と認めてこれを評価する。

五八 われわれは大きな崇敬と配慮を美の相に捧げ、ために容姿の美しい人びとの中に、おのれの華を考え違いして鬻《ひさ》ぐ者のあるとき、他人の身体に危害を加える者よりもこれを貶めるが、盛りの季節を大切に守り、卑しい輩には神殿のごとく不可侵のものとする人びとは、国家に貢献した人びとに対するのと同様に、その最期の日まで深くこれを敬う。

五九 しかし、人間の思惑にこれ以上時を費やす必要があろうか。万物を統べるゼウスはあらゆる他の領域でその力を誇示するが、しかし美に近づくときだけは身を低くしてへりくだることを至当としている。たとえば、アンピトリュオンに姿を似せてアルクメネのもとに行き、黄金の雨となってダナエと交わり、白鳥に姿を変えてネメシスの膝に避難し、また再びこの姿でレダに求愛した。明らかに、美の狩猟はつねに暴力を排し術策だけによってなされたのである。**六〇** 美は人間界においてよりも、むしろ神々の世界で深く崇敬されたのであり、神の妃ですら、これに魅惑されても赦しが得られたほどである。不死なる女神にして、死すべき人間の美貌に負けた方々は少なくないが、一人としてこれを恥とみなして隠そうとはされず、その行ないを美しいものと考え、これについては黙視されるよりも頌歌を望まれた。以上述べたことの最大の証拠を挙げよう。われわれは、他の徳ゆえによりも、美ゆえに不死とされた者のほうを数多く見出すであろう。

---

(1) 原語はイデア。この箇所はプラトンのイデア論の表現に近似する。

六一　ヘレネがその人びとよりはるかにまさったことは、その容姿が彼らよりもすぐれていたのと同様であった。というのは、彼女は不死を獲得したばかりではない。神に等しい力を得て、まず第一にすでに運命の女神の手中にあった双子の兄たちを神々に昇格させたのだが、その変貌を確かなものとしたいと望んで、彼らに目にも著き栄誉を授けた。これによって海難に遭遇して、心から敬虔に双子の神に祈る者の眼に現われて、遭難者が救われることになったのである。六二　次にメネラオスに対して、彼女のために堪えた艱難と危険のゆえに深く感謝して、ペロプスの一族は滅びて、癒しがたい呪いに包まれていたが、彼をこの災厄から解放したのみならず、死すべき身に代えて神とし、末長く彼女の夫とし補佐役ともしたのであった。六三　そして以上については、スパルタの国が最もよく古事を保存しているので、事実の証人として召喚することができる。いまもなお、ラコニア地方のテラプナイ(1)では、彼らを半神としてではなく、神として父祖伝来の神聖な犠牲の式を執り行なっている。

六四　またヘレネの力は、詩人のステシコロス(2)にも顕現した。歌のはじめにヘレネについての誹謗を入れたところ、翌朝起きるとすでに視力は失われていた。しかしこの災厄の原因を覚り、いわゆる反歌をつくると、もとの視力を取り戻したという。六五　またホメロス語りたちの間の言い伝えによれば、ヘレネがホメロスの夢寐《むび》に立ってトロイアに出征した人びとについて詩作するよう指図したが、それは彼らの死のほうを一般の人の生よりも羨むべきものとしたいと願ったからだという。一部はホメロスの天才により、大部分は彼女によって、あれほどに魅惑的な世に名高い彼の詩が生まれたのである。

六六　このように信賞必罰の神であるのだから、財貨に富める者は奉納物や犠牲やその他の祭礼によって彼女を宥め崇敬すべきであり、哲学する者は彼女について彼女の属性に釣り合った言葉を綴らなければならない。教養ある人にはそのような最初の捧げ物をすることがふさわしいからである。

六七　語り残されたものは、語られたものよりはるかに多い。技術と哲学とその他有用なものには、ヘレネとトロイア戦争に帰すことのできるものがあるが、それを措いても、われわれの異民族への隷従を断ち切った原因は、ヘレネにあると認めて正当であろう。なぜなら、ギリシア人が彼女ゆえに心を一つにして、こぞって異民族の征服に向けて出兵し、はじめてそのときヨーロッパがアジアを降した戦勝碑を打ち建てたことをわれわれは知るであろうから。**六八**　これによってわれわれは、劇的な変化を遂げた。トロイア戦争以前の昔は、アジアの異民族の間にあって不遇の者がギリシアの都市を支配する権利を主張した――ダナオスはエジプトから逃れてアルゴスを占領し、カドモスはシドンより来たりてテーバイの王となり、カリア人は島嶼に植民し、(3) タンタロスの子ペロプスはペロポネソス全土を支配した――が、戦後はわれらの民族は長足に進歩して、巨大な都市と広大な領地を次々に異民族から奪い取ったのである。

六九　さても誰か、この主題を徹底的に究めて、さらに長大な論をなそうとするならば、以上述べたほ

（1）スパルタの近郊、ここにメネラオスとヘレネの墓地が（パウサニアス『ギリシア案内記』第三巻一九-九）、また彼らの聖地があった（ヘロドトス『歴史』第六巻六一）。

（2）前六四〇－五五〇年、シケリア島ヒメラの抒情詩人。同じ逸話は、プラトン『パイドロス』二四五A－Bにも紹介されている。

（3）トゥキュディデス『歴史』第一巻四を参照。

かにも、ヘレネを讃える材料に不足はない。彼女については多くの新たな論をひとは見出すであろう。

一一　ブシリス

一　ポリュクラテス、(1)あなたの公正な人柄と突然の不遇(2)のことは、よそながら伝え聞いて私の知るところであり、またあなたの著述をいくつか拝読したので、強いてあなたが生業とせざるをえなかった学問教養の全般について、率直な意見を喜んで表明すべきところであったでしょう。不当な運命に翻弄されながら、しかし哲学(3)によって生計を立てる途を選んだ人びとのためには、同じ仕事でより広い経験を積み詳細に通じた者が、そのような義捐《ぎえん》をなすべきであると考えるからです。二　しかし、われわれはまだ互いに面識もないので、他の事柄はいつか対面する機会があれば充分に議論するとして、さしあたって私があなたの役に立てることだけでも綴って、私信を送呈し一般の眼にはできるだけ触れないようにしようと思いました。三　ところで、生来、たいていの人は忠告を受けてもその利益には眼を向けず、誤りの指摘が正確であればなおさら、これを素直に聴くことを厭うものであることを私は知っております。しかしながら、好意から忠告する者はそのような反感に怯んではならず、とかく忠告者に反撥的な態度をとる人びとの意見を変える努力をしなければならない。

四　さて見受けしたところ、あなたは『ブシリスの弁明』と『ソクラテスの告発』にことのほか自信をもっているようですが、私はこの両著作においてあなたが本旨を大きく逸脱していることを明らかにしようと思う。人を賞讃しようとするならばその人の美点を実際以上に水増しし、告発しようとするならばその反対をしなければならないことは誰知らぬものもないのに、五 あなたはこの弁論の常道を踏むことなく、ブシリスを弁護すると言いながら彼が浴びせられている誹謗中傷を取り除くこともせず、かえってほかには例のない残虐きわまる無法行為を彼になすりつけている。実際、彼に汚名を着せようとする人びとにしたところで、到来した異国人を生贄にした(4)という一点を非難しているだけであるのに対し、あなたはさらに食人の罪をブシリスに帰している。またソクラテスを告発しようと企てていながら、かえって賞讃を意図する人のように、アルキビアデスを彼の弟子に数え入れている。しかしアルキビアデスがギリシアで抜群の人物であったことは広く世に公認されている事実であっても、ソクラテスの教えを受けたとは誰もあずかり知らぬこと

（1）イソクラテスがここで駆け出し扱いしているポリュクラテスは、前三八八年頃にはアテナイで最も著名な弁論術教師として知られていた。ポリュクラテスの『ソクラテスの告発』は前三九三年のコノンによる長壁再建に言及（ディオゲネス・ラエルティオス『ギリシア哲学者列伝』第二巻五-三九）しているので、三九三から三九二年にかけて書かれたと推定される。同人の『ブシリスの弁明』もそれほど時をおかずに公表されたであろうから、イソクラテスの本著作の成立も前三九二年頃であると思われる。

（2）生業の破産かと思われるが、具体的なことは不詳。

（3）弁論術を教えることを指している。

（4）エジプトで九年にわたって凶作が続いたとき、異邦人を殺してゼウスに捧げるならば不作はやむという予言者に従って、ブシリス王はまずその予言者（異邦人であった）を生贄にし、続いて来訪する異邦人を殺した（アポロドロス『ギリシア神話（ビブリオテカ）』第二巻五-七）。ただし、ヘロドトスはこの伝承を疑っている（『歴史』第二巻四五）。

である。(1) 六　したがって、もし死者たちがここに語られた内容について判定することを許されたとしたら、ソクラテスは常連のいかなる賞讃よりもあなたの告発に感謝し、他方ブシリスは（実は外来の客にこの上なく親切な人であったという仮定を入れても）ことあなたの話に関しては立腹して、いかなる報復も控えないだろう。まことに、自分が讃辞を呈した人びとよりもむしろ非難を浴びせた人びとの間で歓迎されることは、恥じることであっても自慢すべきことではない。

七　そのようにちぐはぐな話をしても無頓着なためか、あなたはブシリスがアイオロス(2)やオルペウスの名声と競おうとしたと言っておきながら、彼が彼らと同じ生き方をしたことを何ひとつ証明していない。ブシリスをアイオロスについて語り伝えられていることと比較してみようか。しかし、アイオロスはその地に流れ着いた異国の者を祖国に送り返したのに対し、あなたの言うところを信じるべきであれば、ブシリスは犠牲に捧げた上で食したのではないか。八　では、オルペウスの仕事になぞらえるべきか。しかしオルペウスは冥府から死者を連れ戻したの(3)に対し、ブシリスは運命の定めた日が来る前に生者を殺している。こうして、ブシリスが彼らの徳に驚嘆していながら、しかしまったく反対のことを人目もはばからずに行なったことになるが、では、かりに彼らを軽蔑していた場合には何をしたであろうか。ぜひとも知りたいところである。何よりも奇妙なことは、あなたは系譜論を真剣に学んだにもかかわらず、ブシリスが彼らを羨み競おうとしたと断言していることである。ブシリスの時代にはまだ、彼らの父たちでさえ生まれていなかったではないか。

九　がしかし、論述のあら探しばかりで易きに終始していると思われないように、それ自体は重大な主題でもなければ荘重な論調を要するものでもないが、同じ題目を取り上げて、どのように賞讃や弁明を組み立てるべきであったかを手短に説明しよう。

一〇　ブシリスの貴い血筋を述べることは、誰にでも簡単にできよう。父はポセイドン、またその母リビュアはゼウスの子エパポスの娘(4)であり、伝説によると初代の女王で、彼女の名にちなむ地方(5)を統治した。このような親のもとに生まれたブシリスは、血統を誇るだけで満足せず、おのれの徳の記念碑を永劫に残さなければならないと考えた。

一一　母から継いだ支配圏はおのれの才幹に不足するとみなして目もくれず、多くの国々を征服し強大な権力を掌握したが、エジプトに王国を築いたのは、ここが彼の旧領はもとより世界のいずこの土地と比較しても、最良の居住地であると判断したからである。一二　というのも、彼の見るところ、他の地方はどこも

(1) この発言は注目される。若年のアルキビアデスとソクラテスの親交はアンティステネスやアイスキネスの著作に、またプラトンの（前三八七年以降の中期著作群に属する）『饗宴』に活写されている。またアルキビアデスについてイソクラテスが高く評価していたことは『競技戦車の四頭馬について』にもうかがわれる。アルキビアデスは毀誉褒貶相半ばするというよりは、非難されることのほうが多かった人物である。

(2) 浮島アイオリアの領主で、風のはたらきを支配する神人。

ホメロス『オデュッセイア』第十歌一七―二七を参照。

(3) オルペウスが冥界に降り、亡くなった妻のエウリュディケを連れ戻そうとした話のこと。

(4) エパポスはゼウスとイオの息子。アイスキュロス『縛られたプロメテウス』八四八―八五二を参照。アポロドロスによる伝承では、ブシリスの母の名はリュシアナッサになっている。ただ、この女性もエパポスの娘の一人である。

(5) リビュア、すなわち現在の通り名でいうところのリビア。

季節に恵まれず、四元自然の調和が乱れ、ある場所は豪雨による洪水を起こし、ある場所は干魃に苦しめられている。しかるに、このエジプト[1]だけは世界の最も美しい場所に位置して、どこよりも豊富な産物をつくり出し、さらにはナイル川という不壊の城壁に囲まれている。一三　この川はその自然の性状によって、防御の役目を果たすだけでなく、充分な食糧も供給し、外から侵攻を企てる者にとっては難攻不落の要害、内に住む者にとってはさまざまの要求をみたす便路となっている。たとえば、いま挙げた便益に加えて、エジプト人の土地耕作力を神にも等しくした。雨と干魃は他の地域ではゼウスの意のままであるが、ここでは各人の支配下に置かれているからである。一四　エジプトの幸福は至大で、一帯の豊沃な土壌と広大な平野によって大陸からは収穫を得る一方で、余剰を輸出し不足を搬入する川のはたらきによって彼らの居住地は島の様相を呈する。[2]すなわち、川が全土を囲むとともに蜘蛛手状に分流し、大陸と島との両者の利便が広大に及んでいる。

一五　こうしてブシリスは、思慮に秀でた人が始めるべきところから着手し、まず最も美しい土地を占有して充分な食糧を臣民のために確保した。次に、民をそれぞれ階級に分けて、ある者は神官に任命し、ある者は技術に向かわせ、ある者には軍事訓練を強制した。[3]必需品と余剰産物は土地と技術によって生み出されるが、これを最も安全に守るのは軍事の配慮と神々の崇敬であると考えたからである。一六　また各階級の人数を共同の財産が最もよく管理されるように定め、同じ人が同じ職種にとどまることを命じたが、それは職業を転々とする者が一つの仕事すら精巧にこなせないのに対して、倦まずたゆまず同じ職種に携わる者たちは、それぞれ完璧に仕上げることを知っていたからである。一七　さればこそ、技術に関してエジプト人が他民族における同じ技術知識の専門家よりまさること、職人が素人にまさる以上であるのをわれわれは見出すであろう。さらに、エジプトの王権ならびに国家体制一般を護持している組織形態は、まことにみごとにできていて、哲学者の中でも国家体制を論じる者は、(4) これこそ随一の国制と賞讃し、またラケダイモン人はエジプトの国家組織の一部をまねただけで、国家統治の実をあげているほどである。

一八　たとえば、戦士たる市民が当局の許可なしに出国することを禁じ、また共同食事と体練を行ない、さらに生活の困窮ゆえに国家の指令がおろそかにされることを未然に防ぎ、またいっさいの熟練仕事を排して武器と軍事行動にのみ専念させているが、すべてこれらはエジプトから(5)取り入れられたのである。一九　しかしながら、運用の実態はラケダイモンにおいて劣化し、彼らはすべての正市民が戦士となることで他人の財産を強奪する権利を主張するに至った。これに反してエジプトの戦士階級は、自分の本業を怠らず、また他人の財産をつけねらうこともない人びとと同じ暮しを営んでいる。さらに、おのおのの国制の違いは次のことから知られるであろう。二〇　すなわち、もしわれわれすべてがラケダイモン人の遊惰と貪欲をまねるならば、日々の糧の不足と内乱とによって、たちまちに滅びるであろう。だがもしエジプトの法を採用し

(1) ナイルのデルタ地帯を指す。同じようなエジプト讃美は、ヘロドトス『歴史』第二巻一四、プラトン『ティマイオス』二二Dに見られる。
(2) デルタ地帯のこと。
(3) プラトン『ティマイオス』二四A―Bを参照。
(4) プラトンの国家論が念頭にあるようにみえるが、確かではない。
(5) ヘロドトス『歴史』第二巻八〇、第六巻六〇を参照。

て、一方の階級に生産の仕事を、他方の階級には生産者の財産を守るように定めるならば、それぞれが自分の持ち分を維持して幸福に生涯を送ることができるだろう。

二一　さらには知恵の涵養ということについても、ブシリスがその元祖であると認めてよい。彼は神官階級のために、供犠から得られる収入によって生活の安定を、浄化の儀式を法制化することにより節制を、また戦争の危険やその他の仕事から免除することによって閑暇を準備してやったのである。二二　神官たちはこういった条件に恵まれて生活しながら、身体のために医術の助けを発見した(1)。これは劇薬を用いるものではなく、毎日の食事のように安全な、しかもきわめて健康的な薬物による療法であって、エジプト人がどこの人びとよりも健康で長寿であることは広く知られるに至っている。他方、魂のためには哲学の修練を世に出し、これによって法律の制定と同時にまた存在の探求を可能にしたのである。二三　またブシリスは、年長の人びとを重要な政務に任命する一方で、年若の者には快楽を打ち棄てて、天文学、計算、幾何学に励行することを説き勧めた。これらの学問のはたらき(2)については諸説あり、ある人びとはいくつかの分野での有用性を推奨し、またある人びとは徳性に最も貢献するものであることを証明しようとしている。

二四　だが何よりも賞讃と驚嘆に値するのは、エジプト人の敬神と神々への奉仕である。世上には表面を飾りたてて、おのれの知恵ないしその他の徳を実際以上に大きく思わせている人びとがいて、彼らはこれに欺かれた人に害をなす。しかし神事に深く通暁し、神々の加護や報復を実際以上に大きく見せている人びとは、人間の生に裨益するところ最も大である。二五　実にまた、その昔われわれに神々を畏れる心を植えつけた人びとは、われわれが互いに獣のように振る舞うことをやめる原因となったからである。エジプト人のこれに関する態度はきわめて敬虔かつ厳粛で、彼らの聖域で立てられる誓約は世のいかなる所でかわされるものよりも権威がある。また罪については、懲罰がただちに下り、この世で神の眼を逃れたり、罰を息子の代に延ばすことはできないと信じている。二六　彼らがそのように信じるのには、しかるべき理由がある。それはブシリスが彼らに多くのさまざまの宗教儀礼を定めたからであり、また彼はわれわれの社会では軽蔑されているいくつかの動物についても、その崇拝を命じる法律を布いたが、それは動物の力に幻想を抱いていたからではない。一つには大衆は支配者の発した命令は何でも守ることを習慣とすべきであると考え、二七　また一つには、彼らが不可視の存在についてどのように考えているのかを、眼に見えるものを使って試したいと思ったからである。ブシリスは、これを見下すような者は、おそらくより重大なものも軽蔑するであろうが、すべてについて同じように指令を遵守する者は、敬神の心を堅持するであろうことが証明されるとみなしたのである。

二八　先を急ぐ必要がない人であれば、エジプト人の敬虔についてはまだ多くの驚くべきことを語ることができるであろう。これに注目したのは私が唯一の人間でも、また最初の人間でもなく、現在だけでなく過去にも多数いて、サモスのピュタゴラスはその一人である。彼はエジプトを訪れて彼らに学び、はじめて哲学をギリシアに持ち帰った人であるが、何よりも特徴的なことは、とりわけ聖域で行なわれる犠牲と浄化の

(1) エジプト医学については、ヘロドトス『歴史』第二巻八四、第三巻一二九でも言及されている。

(2)『アンティドシス』二八五、『パンアテナイア祭演説』二六―二七を参照。

儀式の修業に励んだことである。これによって神々から褒賞は何も下賜されなくとも、少なくとも人間たちの間では、最大の名声が得られると考えたのである。そして事実そのとおりになった。ピュタゴラスの名声は冠絶し、若者はこぞって彼の弟子となることを願い、長上の者は子が家のことを配慮するよりも、ピュタゴラスの謦咳《けいがい》に接することを喜んだという。二九　この伝承は疑いえない、というのは、いまなおピュタゴラスの弟子と称する人びとは、名高い雄弁家よりも、その沈黙によって驚嘆の対象とされているからである。

三〇　以上述べられたことに対し、あるいはあなたはこう反論するかもしれない[1]。エジプトの土地や法律や敬虔性を、さらには哲学を私は賞讃しているけれども、しかし、ここで主題に取り上げられた人物がこれらを創始したという証明は、何ひとつできていないではないか、と。私としては、もし他の人がそう攻撃してきたならば、なかなか学識のある批判だと考えただろうが、あなたにはそのような批判をする資格はない。三一　なぜなら、あなたはブシリスを讃えようとして、彼によってナイル川がその地を経巡るとともに蜘蛛手状に流れるようになったと言い、また外来者を捕らえて生贄に捧げた上で食したとも言っているが、彼が事実それをしたという立証をしていない。自分自身が少しも実行していないことを他人に要求するのは、笑止の沙汰ではないか。三二　いや、あなたがどれほど私より信じがたいことを述べているか、次の点に注目してみるとよい。私はブシリスにいかなる不可能事の原因も帰してはいない。ただ法律や国制の創始者としているだけであり、これらは立派なすぐれた人びとの事業である。しかるにあなたは、そのいずれについても、いかなる人間でもしないような行為を創り出したと主張しているが、一方は獣の蛮行であり、他方は神々のみがよくする業である。三三　次に、かりにわれわれの双方が間違ったことを述べているとしても、少なくとも私は讃辞を呈する者が語るべき論をなしているのに対し、あなたは悪罵を浴びせる者に似つかわしい立論をしている。したがって、あなたは真実のみならず、賞讃が踏まなければならない一般的な形式からも外れている。

三四　以上のこととは別に、あなたの弁論は措いて私の論だけを吟味するとして、誰からも正当な非難を受けるものでない。なぜなら、もしブシリス以外の人がこれらの事功を行なったことが明白な事実であり、にもかかわらず、私は彼がそれをなしたと主張しているのであれば、私は周知の事柄について人びとの見解を覆そうと、あまりに大胆に試みたことを認めよう。三五　しかし実は、この問題はすべての人の解釈に委ねられていて、推測しかできないのであるから、ありうべき事柄に基づいて考察したとき、エジプトの諸制度の創設者として、ポセイドンを父とし、その母方の血筋がゼウスに連なり、同時代において最大の権力を有し、その名が後世の人びとの間にも知られている人物よりも、さらに有力な候補を認めることができるだろうか。よもや、以上のすべてにおいて遅れをとる人びとが、ブシリスをさしおいて、これほどに偉大な善の発見者にふさわしいということはないであろう。三六　また年代の考証によっても、ブシリスを貶める論の虚偽を示すのは造作もないことである。なぜなら、同じ人びとが、ブシリスの異国人殺害を糾弾するとともに、また彼がヘラクレスによって落命したと主張しているからである。三七　しかしすべての著述家が認

(1) ポリュクラテス。

めているように、ヘラクレスはゼウスの子ペルセウスとダナエから[1]五世代後の人であるのに対し、ブシリスはペルセウスよりも二百歳以上年長である。[2]ブシリスに着せられた汚名を雪《すす》ごうとする人がこれほど明白で決定的な証拠を脇にのけるのは、奇妙というほかにない。

三八　それはともかく、あなたは真実にはまったく顧慮せずに、詩人たちの誹謗に同調した。彼らは不死の神々から生まれた者が、最も不敬な人間から生まれた者たちよりも酷い行ないをしたり、受けたりしたと広言する一方で、神々自身について、敵を罵るときでさえ誰もあえて口にしないような話を語っている。盗み、姦通、また人間の世界で賃仕事をしたと悪罵を浴びせているだけではない。子供を食べ、父を去勢し、母を縛《いまし》めたとかのほかにも多くの無法行為の物語を神々について捏造している。[3]三九　詩人たちはこれらの誹謗中傷に相応するだけの罰は受けなかったが、しかしまったく罰を免れたわけでもない。ある者は日々の糧にも窮して放浪の乞食となり、ある者は盲い、またある者は祖国から亡命し、血を分けた人びとと生涯戦い続けたが、[4]これらの話に最も触れることの多かったオルペウスは八つ裂きにされて最期を遂げた。四〇したがって、もしわれわれに思慮分別があるならば、詩人たちの拵えた物語をまねるべきでなく、また相互の口汚い誹謗について法律で規制する一方で、神々に対する放言を軽視することがあってはならない。われわれは警戒を怠ることなく、そのような物語作者もこれを信じる者も、ともに同様に不敬とみなすだろう。

四一　私の考えるところでは、神々のみならず神々の子らも、いかなる悪にも染まっておらず、生まれながらに徳をそなえ、人に最も美しい生き方を指導し教える者である。実際、われわれが子供の幸運の原因を神々に帰していながら、神々は自身の子供の幸福にまったく無関心であると信じるのは、理に合わないだろう。四二　いや、もしわれわれの誰かが人間の本性を思いのままに変えることができたとするならば、彼は奴隷が劣悪であることすら許さないであろう。しかるに神々については、自分たちから生まれた者がかくも不敬虔で無法なままでいるのを見過ごしているとわれわれは難じるのだ。またあなたにしても、まったく縁故のない者であっても入門を請えば、これをよりすぐれた人間にしてやろうと思うはずなのに、神々ともあろう者がわが子の徳について何の配慮もしないなどと考えている。四三　まことに、あなたの論に従えば、神々は二つの恥辱のいずれからも免れえない。もしわが子にすぐれた者であれと要求しないというのであれば、神々は人間よりも劣った考えの持ち主である。またもしそれを望んではいるのだが、どうすればよいのかわからず途方に暮れているというのであれば、神々の力はソフィストにも劣ることになる。

四四　ブシリスの賞讃も弁明もさらに長く続ける材料は多くあるが、私はこれ以上引き延ばすべきではな

(1) ゴルゴンを退治した英雄。その伝説はギリシアの英雄説話の最も初期に属する。

(2) エパポスの母でブシリスには祖母にあたるイオから、ヘラクレスまでは十三世代、また同じイオから、ペルセウスの曾祖父アバスまでは六世代離れている。アイスキュロス『縛られたプロメテウス』を参照。

(3) アポロンの牛を盗んだヘルメスの話は『ホメロス讃歌(ヘルメス)』に、アレスとアプロディテの姦通はホメロス『オデュッセイア』第八歌二六六―三六六に語られている。アポロンはアドメトスの下僕として働いた(エウリピデス『アルケスティス』)。クロノスが子を呑み込み、父ウラノスを去勢した物語はヘシオドス『神統記』一四七―二〇六、四五三―四九一を参照。「母を縛めた」というのはヘパイストスについて語られている。

(4) アルカイオスとアルキロコスは亡命者。ホメロスは盲目となって放浪したという伝承がある。

いと考える。というのも、私は大勢の前で弁舌の披露をするためでなく、それぞれについてどう語るべきかの範をあなたに示したいと思って、これについて論じてきたのである。実際、あなたの書いた論はブシリスを弁護するものではなく、むしろ告発内容に同意するものだとみなされて、けっして不当でない。四五　なぜならば、あなたはブシリスの冤罪を晴らさず、罪人にとって最も安直な逃げ口を見つけ出して、ほかにもまた同じことをした者がいると言明しているだけだからである。前代未聞の犯罪を発明することは容易でなく、またもしも有罪判決を受けた者の罪状がいかなるものであっても、別に前例のあったことが判明した場合には、われわれはこれを恐るべき罪とは思わないのだとすれば、どんな犯罪者にも使える釈明を見つけ出すのは造作もないことであり、悪事をたくらむ人間に勝手気儘な自由を用意してやることになるだろう。

四六　あなたの立論がどれほど稚拙なものかは、何よりも自身の場合を想定してみれば、たちどころに判明するだろう。考えてもみよ、もしあなたがきわめて重大な恐るべき罪に問われていて、誰かがそのような仕方で弁護するとしたならば、あなたはどう感じるだろうか。むしろこの弁護人を告訴者たち以上に強く憎むだろうことを、私は疑わない。では、自分のためになされたならば憤激するであろう弁明を、他の人のためにすることが、どうして恥ずべき行為でないだろうか。

四七　また以下のことも考察検討して自問してみられるといいだろう。もしあなたの門弟の一人が、あなたの賞讃しているところの犯罪を、この讃辞に鼓舞されて実行に及んだとしたならば、今も昔も、これ以上に惨めな人間はいないだろう。はたして、さいわいにして聴く者のひとりも説き伏せることができなかったならば、それが最大の功徳となるような弁論を書くべきであろうか。

四八　いや、おそらくあなたは言うであろう。それは先刻承知であって、ただ哲学者たちのために、醜悪で弁護の余地のないような犯罪についても、どのように弁明すべきかを模範として示してやっただけである、と。しかしながら、以前は気づかなかったとしても、いまはもうあなたにも明白となったと思う。そのような弁明をするよりは、むしろ沈黙を守ったほうが、すみやかに救われる可能性が高いのである。四九　ならばまた、このことも明らかであろう。哲学(1)が僻目《ひがめ》で見られ危険な状態にさらされている今、そのような弁論によって一般の人びとはいっそう哲学を嫌忌することになるだろう。

（1）四八節の「哲学者」と同じく、言論の研鑽教養を指している。

一二　パンアテナイア祭演説

一　少壮の頃のわたしは神話伝説の類いを避け(1)、多くの人びとがかえって彼ら自身の安寧をはかる論説(2)よりも喜ぶところの怪奇や虚妄の言を斥け(3)、また古のギリシア人の功業や戦いも正当に讃美されてしかるべきことを認めこそすれ、著述の主題に取ることはなく、さらにまた平明な語り口、技巧を排した文章(4)は、法廷訴訟の猛者《もさ》たちが初心者に勧めて、二「いやしくも反対陣営に対して有利に闘わんとするならば習熟すべくんばあらず」と説くところのものであるが、それもわたしの選ぶ道でなく、これらすべてをよそにまかせて、あのような論説に鋭意努力したのである。すなわち、わが国をはじめギリシア諸国の利益をはかる政策を進言し、その文章にはふんだんに考想を盛りこみ、少なからぬ対置法、等長文節法(5)またその他演説に光彩をそえ、聴衆に拍手喝采をしいる修辞形式を取り入れたのだ。がしかし、今はもうそういった演説を完全に放棄した(6)。

三　考えてみれば、わたしのように九十四の齢を数える者が、またそもそも髪もすでに白くなった者がそのような語り方を続けるのは不似合いであり(7)、それよりは誰でも意欲さえあれば可能な、ただ労を惜しまず精神を集中する人でなければ難しい語り方をすべきであろう。

四　このような前置きをしたのはほかでもない、これから披露する論説が以前に公にされたものよりも弱々しく思われたとしても(8)、かつての文辞の華麗と比較せず、いまこの場にふさわしいとわたしが認めた主題に照らして判定していただきたいのである。

五　この国の功業と父祖の徳をこれから論じるにあたり、ただちに主題に入る前にわたしの身にふりかかった出来事を話しておきたい。実のところ、こちらのほうこそが緊急に言うべきことに思われるからである。わたしはこれまで、つとめて過ちを犯さぬよう、また他人に苦痛をもたらさぬように生きてきた。にもかかわらず、その間、群小の陋劣《ろうれつ》なソフィストから誹謗中傷の絶えたためしはなく、またその他一般の人びともわたしがどのような人間かも知ろうとせず、噂に聞くとおりの者と誤解している。**六**　そこでわたしはまずわたし自身について、またわたしに対してそのような態度をとる人びとについて前置きを述べて、できるものならば一方の側には誹謗中傷をやめさせ、また他方の側にはわたしが心血を注いでいる事業に目を開かせたい。もしそれが首尾よく言論によって達成できたなら、余生を苦痛なしに過ごせるだけでなく、以下の論説に聴き手もいっそうの注意を払ってもらえると期待できるからである。(9)

(1) しかし、『民族祭典演説』ではデメテル神話を、『ピリッポスに与う』でヘラクレス伝説を扱っている。
(2) 『アレイオス・パゴス会演説』一を参照。
(3) 『ヘレネ頌』四以下を参照。
(4) リュシアスがその模範となっていた。
(5) パリソーシス (*παρίσωσις*)。
(6) これは誇張で、たしかに過度の修飾は減ったものの、本著作にも上述の技巧が駆使されている。
(7) プラトン『ソクラテスの弁明』一七の反響がある。
(8) 同様の弁明が『ピリッポスに与う』一四九、『アンティドシス』九、『書簡六』(イアソンの子ら宛) 六でもなされている。
(9) 『アンティドシス』四―八を参照。

七　わたしは逡巡を去って、いまわたしの心のうちに生じている動揺も、このような機会には場違いな感想も、またわたしのすることが適切かどうかの当惑も、隠さずに語ることにしよう。わたしはすべての人があずかろうと願う最大の幸福を享受してきた[1]——まず第一に、心身ともに並外れて強健で、そのいずれにおいても最も恵まれた人と競えるほどであったこと[2]、次に暮しが豊かで、かつて適正な充足に欠けたことはなく、正気の人の欲するところの何ものにも窮乏したことはなかったこと、**八**　さらには、蔑みの対象となったり無名の闇に埋もれたりすることなく、むしろギリシアの最も教養のある人びとが記憶し話題にあげる人物の一人に数えられたこと。これらすべてが過分もしくは充分に、わたしの身の上に生じたのであるが、しかしそれでもなお、わたしはこのような生を快々として楽しまない。老境にあって気むずかしく些細なことに目くじらを立て、あら探しをしている。他に誰ひとりとして軽侮するもののないにもかかわらず、おのが素質を呪い運命を嘆くこともすでに稀でない。**九**　運命に対しては、わたしの選んだ哲学に不運と讒謗《ざんぼう》が生じた[3]ことのほかに申し立てる苦情はないが、生来の素質について行動力という点で見れば、覇気にとぼしく柔弱の憾《うら》みがあり、また弁論の適性はといえば、完璧とも万事に有用とも言いがたい。なるほど個々の事柄について真実を判断する点においては、むしろ知を自負する人びとよりもまさるが[4]、同じその判断を大衆の集会において発言する段になると、すべての人に遅れをとると言って過言でない。

一〇　このようにわたしは、いずれもわが国では最大の力をもつ二つのもの、充分な声量と豪胆[5]との両方に、おそらく同胞市民の誰よりも不足していた。これに恵まれない者は、公の認知に関するかぎり、国庫に借りをつくっている人間[6]より以上に、権限を剝奪されて右往左往するほかない。というのも、後者には宣告された罰金を支払う希望が残されているが、前者の人びとはもって生まれた性質を変えることができないからである。一一　とはいえわたしはこれに挫けて、みすみすおのれが無名のまま世に埋もれていくことに甘んじなかった。政治家の道は閉ざされたので哲学研究[7]に避難し、刻苦精励して抱懐するところの志を文章に綴った。その題材は矮小な事柄を排し、私人の訴訟沙汰や一部の人のする空論を斥けて、全ギリシアに関わる、真の王ならびに政治家の扱う問題を論説の主題に選んだのであった。これによってわたしは演壇に立つ弁論家よりも、題材がより偉大で美しいものであるのだから、より大いなる名誉を受けてしかるべきだと思ったのである。一二　しかし、そのようなことは何ひとつとして現実にならなかった。だが、弁論家の多くが国家の益のためでなく、私利私欲の皮算用から民衆を煽動して恥じない者ども[8]であることは、すべての人

（1）プラトン『法律』六三一C、アリストテレス『弁論術』第一巻第五章を参照。
（2）バッキュリデス『祝勝歌第一』一七以下を参照――「死すべき者にして、もし健康に恵まれ／家産によって生きていくことができるならば、第一人者と競うがよい」。
（3）『アンティドシス』冒頭部を参照。
（4）『ソフィストたちを駁す』七以下を参照。
（5）『ピリッポスに与う』八一、『書簡一』（ディオニュシオス宛）九、『書簡八』（ミュティレネの支配者たち宛）七を参照。
アリストパネス『騎士』二一七以下に「何よりもおまえには民衆煽動家の素質があるぞ。神経を逆なでする声、血筋の悪さ、広場での受け、政治をやるのに必要なものがすべてそなわっているではないか」とある。
（6）罰金刑の宣告を受けて未払いの者は、その間、公権を剝奪された。
（7）弁論修辞の研鑽のこと。
（8）『アレイオス・パゴス会演説』一四を参照。

の知るところではないか。しかるにわたしは、他の誰より財産の公私混同を避けているだけでなく、さらにその能力を超えて国家の必要のために私財を投じている。(1) 一三　さらには、彼らが民会で委託金をめぐって悪罵の応酬に終始し、(2) あるいは同盟国を虐げ、(3) あるいは手当たりしだいに誣告をなしているのに対して、(4)(5) わたしの唱導する言論はギリシア諸都市の協和を説き、ペルシア征討を勧めるとともに、一四　この広大な土地に全ギリシアが共同植民団を派遣することを進言するものであった。この地域は、これを耳にした者なら誰でも同意するように、もしわれわれが節度を持して互いに向けた狂気をやめるならば、瞬く間に雑作なく、危険も冒すこともなく占拠することができるし、しかもそこはギリシアの生活に窮した人びとをすべて受け入れるに充分な余裕がある。もしこれの実現を全ギリシア人が一致団結して求めるならば、それ以上に美しく偉大でまたわれわれすべてを益する壮挙は、今後けっして現われることはないだろう。

一五　しかしながら、彼我の見解の懸隔がこれほどに大きく、またわたしの選び取った仕事が真剣さにおいてこれほどまさるにもかかわらず、多くの人びとはわれわれについて正しく理解しようとせず、理に合わない錯乱した見方をするだけであった。他の雄弁家の流儀を非難しておりながら、その彼らを国家の指導者に選んで万事に全権を付与するのに対して、わたしの論説は賞讃しても、著者本人は嫉視してやまない。その理由はほかでもない、彼らが是認しているところの論説にある。不幸にもわたしは、彼らの思いに翻弄されている。

一六　しかしまたどうして、すべておのれに優越するものを、ひたすら妬むような人間に驚くことがあろうか。とりわけ才能を誇り、わたしと張り合って同列に並ぶことに執心している人びとの中には、一般の人びとよりも強い敵意をわたしに抱いている者があるのも不思議ではない。これ以上に陋劣な手合いをひとは見出すことができようか。――年甲斐もなく激しく恨みがましい語り方をしているると思われるかもしれないが――わたしの論説の片鱗すら、おのれの門弟に示すことができずに、ただわたしの論説を手本とするだけで生計を立てていながら、感謝するどころか、むしろまったく黙殺すればよいものを、わたしについてたわごとを言いつのる。

一七 さて、彼らがわたしの論説を不当に扱い、悪質きわまる手口で彼ら自身の著作と比較し、間違った箇所でバラバラに寸断し、あらゆる方策をつくして効果を台無しにするといったことを続けているかぎりは、わたしは彼らの所業を聞かされても意に介さず、鷹揚にかまえていた。ところが、パンアテナイア大祭(6)の少し前に、わたしは彼らのためにはなはだ不愉快な思いにさせられた。一八 わたしの友人がやって来て、こう言ったのである。リュケイオンで、あらゆることを知っていると吹聴し、どこにでも顔を出す群小ソフィストが三、四人腰を据えて、詩人たち、とくにヘシオドスとホメロスの詩について議論を始めた。彼ら自身

(1)『アンティドシス』一四四―一五二を参照。
(2)『民族祭典演説』一八八を参照。当事者の一方が相手方のために保管することを約してある物を受け取ることは、銀行がこの業務を吸収する以前は、よく行なわれた取り引きで、しばしば民事裁判を引き起こし、ときには民会に訴えられることもあった。
(3)後出一四二節、『アンティドシス』三一八を参照。
(4)『アンティドシス』三一八。
(5)イソクラテスと他の弁論家との対比については、『アンティドシス』一四七―一四九を参照。
(6)アテナイア祭は毎年開催されていたが、四年ごとに特別に壮麗に行なわれる慣習となっていて、これが大祭と呼ばれた。

の言葉で語ることはなく、ただ詩人たちの詩を吟唱し、またその他先人の語った言葉のうちで洒落た感想を記憶から呼び出していただけであったが。一九　彼らの談論をまわりの聴衆が好意的に迎えたところ、そのソフィストの一人が大胆にもわたしを中傷しようとしたという。なんでもわたしは、そのような詩の解釈の類いをすべて軽蔑している、そして他の人びとのたずさわる哲学や教育をすべて廃棄しようとしている、またわたしはわたしに教授されたことのある人を除いて、誰もかれもたわごとにふけっていると主張している。このようなことが語られ、居合わせた何人かはわたしに強い反感を覚えるようになったのである。

二〇　このような話を本気にした者がいたと聞いて、わたしがどれほど衝撃を受け困惑したかは言葉につくせない。というのは、わたしが空疎な言をふりまく輩とたたかい、自分自身については節度を守って、というよりむしろ謙虚に語ってきたことは、衆目に明らかなことと思っていた。したがって、そのわたしがそのような駄法螺を吹聴したという話を信じる者がまさかあろうとは思ってもみなかったからである。二一　しかし実のところ、わたしが冒頭で、こういった事柄において常時わたしの人生につきまとってきた不運を慨嘆したのは、ゆえなきことではなかったのだ。これこそが、わたしについての流言《りゅうげん》蜚語《ひご》と中傷と妬みとの原因であり、またわたしの真価が一般から認められず、わたしの謦咳に接して研鑽をつくした何人かの門弟が得ている名声にも及ばない理由である。二二　しかしこれは是非もないことであり、すでに起こったことはこれに堪えなければならない。

さまざまの想念が去来し、わたしはどうしたものか迷った。わたしについて虚言をふりまき、攻撃的言辞を常習とする者に、反撃の鉾を向けようか。しかし、誰からも取るに足りないと思われている者どもを相手に、本気になって多くの言葉を費やす姿をさらしたりすれば、烏滸《おこ》の沙汰と思われてもしかたがないであろう。二三　では、これらのソフィストは見逃し、一般の不当な嫉視に抗して弁明し、そのような偏見の不当とゆがみを彼らに諭すべきだろうか。しかしそのとき、わたしに大馬鹿者の診断を下さない人があるだろうか。彼らがわたしに反感をもつ理由は、わたしが事を論じるにあたって典雅な語り口を印象づけるからだというのに、その彼らに対して従来と同じ語り方をして、彼らがさらにいっそう苦痛を覚えることにならず、わたしの語る論説にいらだつことをやめてくれると思っているとすれば。まして、わたしは今これほど齢を重ねても妄言にふけっていると見られている。

二四　しかしまた誰も、これらの誹謗は拘泥せずに中途で打ち切り、ただちにわたしの選んだ本題を完成せよと勧めはしないだろう。わたしは本論において、わが国がラケダイモンよりもギリシア人にとってより多くの善の原因をなしたことを証明しようと思う。しかしここで、これまで書きつらねたことの結末をつけず、またこれから語る本論の冒頭を、以上の序論の終わりにぴったりと接合することもしなければ、思いつきを無雑作に荒削りのまま垂れ流す者と変わらないと思われよう。それこそ避けるべきことである。

二五　これらすべての事情に鑑みて最上の方策は、わたしを誹謗しようとした最近の試み(1)について所感を述べ、引き続いて当初から温めていた見解を表明することであろう。なぜなら、思うに、もし著作において教育と詩についての考えを明示しておけば、彼らが偽りの責めを捏造して勝手な放言をすることもやむであ

(1)前出一七節を参照。

ろうから。

二六　さてわたしは、祖先から受け継いだ教育を蔑ろにするものではないが、またわれわれの時代に確立した教育についても賞讃を惜しまない。それは幾何学、天文学、また「争論的」と呼ばれる問答法(1)のことであり、この最後に挙げたものは若年の者が度外れに愛好するものであるが、年長者でこれを我慢できると言う人は一人もいない。二七　しかしわたしは、これに邁進する者に対して、以上の学問すべてに刻苦精励することを勧めたい。その真意は、かりにそれらの学問が他に何の善ももたらさずとも、少なくとも若者をさまざまの過誤から遠ざけてくれるからである。畢竟、これらより以上に年少の者にとって有益かつ適正な学業はないことをわたしは認めるものであるが、二八　しかし長じて成人男子の資格を認定された後は、もはやこれらの習練は似つかわしくないと言わざるをえない。なぜなら、わたしの見るところ、これらの学業を究めて他に教えるまでに至った人びとの中には、その体得した知識を適切な機会に応じて活用することができず、生活上の他の営みにおいては弟子よりも思慮の点で劣る者がいる。二九　奴隷にも劣ると言うのは控えることにするが。

わたしはまったく同じ意見を、民会演説に長けた人びとにも弁論の著述にかけて名高い人びとにも、また一般に技術や知識や能力に卓越したすべての人びとについても抱いている。彼らの多くは、彼ら自身の家をまともに管理できず、また私的な交際においては傍若無人、同胞市民の評判に無頓着で、他にもさまざまに重大な欠陥をかかえている。したがって、このような人びともわたしの論じている教養をそなえた者とは考えることができない。

三〇　では、技術と知識と特殊能力からその資格を剝奪してわたしは、いかなる人を教養人と呼ぶのか。第一に、それは日ごとに生起する問題をてぎわよく処理し、時機を的確に判断し、ほとんどの場合において有益な結果を過たずに推測することのできる人である。[2] 三一　第二に、周囲の人びとと礼儀正しく信義にもとることなく交際し、他人の不躾や無礼は穏やかに機嫌よく迎え、自分自身はできるだけ柔和に節度を保って相手に接する人である。さらに第三に、つねに快楽に克ち[3]不運にひしがれることなく[4]、逆境にあっても雄々しく人間性にふさわしく振る舞う人である。三二　そして第四に最も大事な点であるが、成功に溺れて有頂天になったり傲岸に走ったりすることもなく[5]、思慮にすぐれた人の隊列に踏みとどまり、生来のおのれの素質と知慮が生みだす成果を喜ぶ以上に、僥倖を歓迎することのない人である。これらの一つだけでなく、すべてに魂のありようを適合させている人、これをわたしは思慮に秀でた完全な人、すべての徳をそなえた人と言うのである。

三三　教養人についてわたしの知るところは以上である。次に、ホメロス、ヘシオドスならびにその他の詩人の作品については、語りたい気持ちは強くあるのだが（というのも、リュケイオンで彼らの詩を朗誦し、

（1）『アンティドシス』二六五を参照。
（2）『ソフィストたちを駁す』三、一六、一七、および『アンティドシス』一八四、二七一を参照。
（3）『デモニコスに与う』二一、『ニコクレスに与う』二九を参照。
（4）『デモニコスに与う』四二を参照。
（5）後出一九六節、一九七節を参照。

それについてたわごとを並べる人びとを黙らせることができると思うから)、しかし序論に割り当てられた分量を大幅に超過することになりそうである。三四　正気の人ならば、同じ主題について他の人びとよりも多くを語ることができるからといって、ありあまる言葉に酔い痴れてはならず、どのような主題を論じる場合にあっても、時機を考慮すること。これを踏むべき鉄則としなければならない。そこで、詩人については後日機会を改めて論じよう。もっとも、それよりも重要な事柄について語るべきことが残されているうちに、老いが先にわたしをさらわなければであるが。

三五　以下では(1)アテナイ国家のギリシアへの貢献について論じるが、むろん、これまで詩人や弁論家のすべてを合わせたよりも多くの讃辞を、この国に捧げてこなかったと思うからではない。今回は従来とは一線を画そうとするものである。先にわが国に言及したときは(2)別の主題にかこつけてであったが、今般はアテナイを主題とするのである。三六　だが、わたしほどの年齢にとって、これがどれほど過重な仕事に着手することになるかを失念しているわけではなく、重々承知している。またたびたび言ったことでもあるが(3)、小事業は言葉によって膨らますことが容易であるが、偉大さと美において冠絶した功業は、これに匹敵する讃辞を見つけることが難しい。三七　しかしそれでもなお壮途の前に臆してはならず、これの完遂に努めなければならない。とりわけこれを書くようわたしをせきたてる事情が多くあるからだ。第一に、暴言をつらねてわが国を告発してやまない者たち、第二に、わが国に好意を抱いているが、顕彰の腕が未熟で非力な者たち、三八　第三に、人間の埒外のおおげさな頌辞を敢えてして、かえって多数の反感を買う者たちがあり、最後に何よりも、他の人の場合にはこの企図から遠ざける理由になったであろうが、わたしの年齢がせきたてている。わたしは実のところ、首尾よく完成すれば今よりも大きな名声を獲得し、また論が力不足の結果になっても聴き手の寛恕を請うことができると楽観している。

三九 わたし自身とその他のことに関して、合唱隊のように歌いあげるつもりでいた序曲(4)は以上である。わたしの考えるところ、ある国家の頌歌を厳密に正しく歌おうとする者は、対象とする国にのみ注目して讃辞をつくるだけでは充分でない。紫の染料や黄金を見て鑑別するとき、別によく似た外観の同じように価値の高い物を並べて見なければならないが、**四〇** それと同じように、小国と大国とを、創設以来他に従属してきた国と支配を慣《なら》いとしてきた国とを、保護救援を必要とする国と庇護する力のある国とを比較するのではなく、力も拮抗し、同じ事業にたずさわり同じような権限を行使してきた国家と国家とを比較しなければならない。**四一** わが国をそのようにして、任意の国家とではなくスパルタと比較して眺めるならば、このスパルタこそ多くの人びとが節度ある賞讃を惜しまず、またある人びとに至ってはかの地に国をつくったのは神々の子らであるかのごとくに言及するところ(5)であるのだが、力と功業とギリシアへの貢献とにおいて、彼らが他国を引き離しているのに劣らず、はるかにわが国は彼らの国に先んじていることが明らかになるだ

(1) ここで前置きが終わり、以下一九八節まで本論の「アテナイ頌」が続く。
(2) 『民族祭典演説』、『ピリッポスに与う』において。
(3) 『ヘレネ頌』一三を参照。
(4) アリストテレス『弁論術』第三巻第十四章を参照。
(5) クセノポン『ラケダイモン人の国制』が念頭にある。

ろう。

四二　ギリシアのために行なわれた古の戦闘についてはのちほど述べることにして[1]、まず今はスパルタ人についての論を、彼らがアカイアの諸都市を占領し[2]、アルゴス人とメッセニア人とともにこれを分割統治した以後の時から始めることにしたい。彼らを論じるには、ここから着手するのが至当だからである。当時、われらの父祖はギリシア人に対する協和心のみならず、アジアの異民族に対する敵意をトロイア戦争のときから継承して、この同じ方針を堅持していた。そのことは、以下の点から明白になるだろう。四三　まず、キュクラデス島嶼をめぐっては、クレタのミノス王の統治の時代に多くの争闘があったが、これが最終的にはカリアの占有に帰していたのを[3]、われらの父祖はカリア人を追放したのち、この諸島を領有せず、ギリシアの窮民を移住させた。四四　そののち、多くの大都市を両大陸のそれぞれに[4]建設し、アジアの異民族は海から掃蕩し、ギリシア人には彼ら自身の祖国をいかに統治するかを教え、いかなる方面と戦うことがギリシアを偉大にするかを諭したのである。

四五　同じ頃ラケダイモン人は、われらの父祖がアジアの異民族と戦い、ギリシア人には恩恵をもたらしたのにひきかえ、平和な生活を嫌って他国の領土を侵し、充分にどころか、ギリシアのいかなる国もなしえないほどに占有して、しかもこれに飽きたらず、四六　事の経緯をかえりみて、国家も領地も正しい合法的な所有者に属するとされるのは法律上の建前で、現実は軍事の鍛錬に長じて敵を破る戦力をそなえた者の手に帰することを学んだ。これを知るや、彼らは農業も技術もまたその他の何もかも擲《なげう》って、ペロポネソスの都市を次々に攻城包囲し撃破して、ついにはアルゴスを除く全都市を服従させるに至ったのである。

四七　こうして、われらアテナイ人の行動によってギリシアは発展し、ヨーロッパのアジアに対する優位がもたらされ、さらにはギリシアにあって窮乏にあえぐ人びとが都市と領地を獲得し、傲りに慣れた異民族の者らはもとの領地から追放され、慢心の鼻をくじかれた。他方、スパルタ人の行動からは、ひとり彼らの国だけの強大化が結果した。彼らはペロポネソスの全都市を支配して他国を脅かし、そこから多くの奉仕を獲得することとなったのである。四八　さて、おのれ以外の者に多くの善をもたらす原因となった国家こそが賞讃され、自国の利益のみを追求する国家は脅威とみなされるのは当然である。自他のわけへだてなく対処する人びとは愛されるが、他方、内では親睦をつくすが外には敵対し戦争準備を怠らない人びとは、恐怖と不安の的となる。二つの国家はそれぞれ、このように対照的な出発点をもったのである。

四九　のちにペルシア戦争(5)が始まると、ときの大王クセルクセスは、三段櫂船千三百隻、また陸軍の総勢五百万、うち戦闘員七十万を糾合し、かかる大兵力をもってギリシアに進軍したが、五〇　スパルタはペロポネソス諸都市の盟主でありながら、全戦の帰趨を決定する海戦に臨んでわずか十隻の艦船を集めたにすぎない。しかるにわれらの父祖は、当時は城壁が未完成であったために城市を打ち捨て家郷を失っていたにも

---

(1) 一九一節以降。
(2) ペロポネソス半島北部。いわゆるドリス人の侵入。『アルキダモス』一六を参照。
(3) ヘロドトス『歴史』第一巻一七一を参照。
(4) ヘレスポントスを挟んで、北がヨーロッパ、南がアジアになる。
(5) 『民族祭典演説』七一―七四、八五―九八を参照。

かかわらず、危難をともにした同盟軍すべてを合わせたよりも多くの艦船と兵力を差し出した。五一　そしてスパルタ側はエウリュビアデスを指揮官に任命したが、もしこの人の意図どおりに戦いを進めたならば、ギリシアは破滅を免れなかったであろう。(1)他方われらの父祖が総指揮を委ねたテミストクレスこそは、海戦の帰趨ならびにこの時のすべての勝利に貢献した大功労者であったことが万人に認められている。五二　その最大の証拠に、同盟軍はラケダイモンから主導権を剝奪し、われらの父祖にこれを委ねたのである。当時の行動について最も確かな信頼できる判定者は、同じその戦いの現場にあった人びとのほかにない。そして、この全ギリシアの救済を果たした行動より大いなる貢献は、誰も挙げることができないだろう。

五三　さてこののち、双方が入れ替わりに海上覇権を掌握し、いずれが制覇したときも都市国家の大部分を膝下に収めた。総じていうならば、わたしはいずれも賞讃できない。実際、非難すべき点は双方ともに少なくないからである。とはいえ、その管理体制は、少し前に述べた功績に劣らず、われらの側がまさっていた。五四　というのも、われらの父祖は同盟国を説得し、彼ら自身が長く大切に維持してきた国制と同じ政治体制を採用させたからである。ひとが他に採用を勧めるものが、ほかならぬ自分たちにとって有益とみなしているものであれば、それは好意と友情の証である。一方、ラケダイモン人が従属国に樹立したのは、彼らの国制と似たものでもなければ、どこかよそにあった国制でもなく、それぞれの都市国家に十人の全権を配置したにすぎなかった。(2)これについて三日ないし四日連続で弾劾を試みても、彼らの犯罪行為の一部さえ語りつくせると思われない。五五　このように膨大な数にのぼる凶悪な行為について、逐一たどるのは愚かしい。短い言葉ですべての弾劾を代弁し、過去の犯罪に対する当然の怒りを聴き手にひきおこす言葉を見つけ出すことは、おそらくわたしも若い頃ならばできたであろうが、いまわたしに思いつけるのは、誰の胸中にも浮かぶありきたりの表現以上に出ない。すなわち、彼らは蒙昧と貪欲とにおいて彼らの父祖を凌駕することまことに大で、ために自らも友人も祖国も破滅に追いやったばかりか、同盟国に対してラケダイモン人の悪評を定着させて、かつて誰も彼らについて予想もしなかったほどの悲惨な境遇に堕ちたのだ。

五六　何よりも以上のことから、どれほどにわれらの政治配慮が節度ある穏やかなものであったかを知ることができるであろうが、次に語ることからも知られよう。スパルタが辛うじて覇権を維持しえたのは十年間(3)であるのに対し、われらは六十五年絶えることなく支配を続けた。誰もが知るように、服属国は苛酷に扱うことの最も少ない国の側に最も長くとどまる。**五七**　さて覇権支配によって、いずれも怨嗟を買って戦争と動乱に巻き込まれたのであるが、その間、われらはすべてのギリシア人とペルシアからの攻撃にさらされながら、十年間これに対抗しえたという事実をひとは見出すであろう。しかるにラケダイモン人は、陸においては依然優位にあったが、ひとりテーバイを相手取って、ただ一度の決戦に敗れると、もてるすべてを失

(1) エウリュビアデスとペロポネソス軍は艦隊をサラミス湾からイストモス地峡に移動することを主張したが、テミストクレスによって阻止された。ヘロドトス『歴史』第七巻五七以下を参照。

(2) 十参政官(デカルキアー)の悪政については『民族祭典演説』一一〇―一一四を参照。

(3) ペロポネソス戦争終結(前四〇五/四年)からレウクトラの戦いまでだと三十三年にわたるが、イソクラテスは前三九四年のクニドスの海戦をスパルタ支配の終焉と見ている。『ピリッポスに与う』四七を参照。

い敗戦時のわれらと酷似した不運と災禍に遭遇した。(1) 五八　加えてわれらの国は、戦いに疲弊し敗れるに至った歳月よりも短い期間で復興したが、スパルタは敗戦後その何倍もの年月が過ぎても、転落以前の旧状に復帰できず、いまなお復興の見通しもない。

五九　さて、対ペルシア関係についても、(2) 両者がどれほど隔絶しているかを明らかにしなければならない。まだそれがこの比較検討の最後に控えているからである。われらの覇権時代には、ペルシアの陸軍はハリュス川(3)を越えて西方に進むことができず、また艦隊をパセリス(4)以西に航行させることもできなかった。しかるにラケダイモンの支配する時代になると、ペルシアはどこへなりと望むところに陸海の軍隊を進める自由を掌握したばかりか、多くのギリシア都市の主人として君臨するに至ったのである。**六〇**　そのときここに一つの国家があって、ペルシア大王と名誉ある堂々たる条約を結び、ペルシアには損害を、ギリシアには繁栄を、最多最大の規模につくりだし、さらにはアジアの沿岸や多くの地方を敵から奪い、盟邦のために獲得することにより、**六一**　一方の傲りと他方の困窮とに終止符を打ち、加えてさらに自らのために戦って、軍武の誉れ高い人びとよりも鮮やかな戦果を挙げ、また同じその人びとよりもすみやかに災禍を免れた。かかる国家が、すべてこれらにおいて後塵を拝した国家よりも、正当な賞讃と栄誉を受けてしかるべきであろう。アテナイとラケダイモンの業績を比較し、またともに同じ相手と戦った危難について比較して、さしあたって言えることは以上である。

六二　思うに、以上の話を聴いて不快に感じた人びとは、語られたことの真実を否定することも、また別な功績を挙げてラケダイモン人がギリシアのために多大の善をもたらしたと言うこともできず、窮して弾劾の鉾先をわれらの国家に向けようとするだろう。六三　それは彼らの告発の定法であり、海上覇権時代の苛烈きわまる政策を事細かにあげつらい、アテナイで行なわれた同盟国の裁判と判決(5)、さらには貢税の徴集(6)を誹謗し、とりわけてメロス島とスキオネ(7)とトロネ(8)の受難を縷々述べたてて倦むことを知らない。この告発によって先にわたしの述べたアテナイの功業に泥を塗ることができると踏んでのことである。

六四　わたしは、すべて正当にわが国を咎めるものであれば、これを反駁することはできないし、また反駁しようとも思わない。なぜなら、すでに以前にも言ったことであるが(9)、世には、神々さえ過ちを犯すこともあると認める人もいる。しかるに、いまだかつて一度もわが国が正道を逸脱したためしはないと言いつのり説得しようと試みるなどは、わたしの恥とするところだからである。六五　とはいえ、次のことだけは明らかにしておきたい。いま言われたような政策については、スパルタ国家はわれらよりもさらに峻厳苛酷で

(1)『平和演説』一〇五を参照。

(2)このトピックについては、『民族祭典演説』一〇〇－一三二が詳しい。

(3)『民族祭典演説』一四四を参照。

(4)『民族祭典演説』一一八、『アレイオス・パゴス会演説』八〇を参照。

(5)デロス同盟参加国は、とくに同盟条約違反にかかわる係争をアテナイの法廷で決裁を仰がなければならなかった。『民族祭典演説』一一三を参照。

(6)『アレイオス・パゴス会演説』二を参照。

(7)『民族祭典演説』一〇〇、一〇九を参照。

(8)前四二二年クレオン率いるアテナイ軍の手に落ち、成人男子は捕虜としてアテナイに送られ、婦女子は奴隷とされる。トゥキュディデス『歴史』第五巻三を参照。

(9)『書簡二』（ピリッポス宛(1)）一六。

あったこと、またスパルタを弁護してわれらを冒瀆する人びとは、愚昧のきわみであり、かえって彼らの友人[1]がわれわれによって悪評を立てられる原因をつくることになるだろう。六六　というのは、そのような罪状はラケダイモン人にこそ該当するものであり、われらについて取り沙汰されたものよりもさらに大きな犯罪を挙げて、彼らを糾弾する材料に窮することはないからである。たとえばいま、彼らが同盟国のためにアテナイで行なわれた係争を引き合いに出すとしよう。これに対して反論の種を見つけ出せないほど頭の鈍い人間がいるだろうか。ラケダイモン人は、わが国で建国以来の裁判と判決にかけられた人間よりも、さらに多くのギリシア人を裁判手続きなしに殺した[2]ではないか。

六七　また貢税の徴集についても同様で、告発者が何を言ってきてもわれわれは反論することができる。わが国はラケダイモン人よりもはるかに、貢税を納めた諸都市のために行動してきたことを示そう。まず第一に、同盟国はわれらに指令されて納めたのではなく、海上の主導権をわれらに委ねた際に自らの決断でしたのである。六八　次に、彼らはわれらの国家の保全のために納めたのではない。それは、彼ら自身の民主制度と自由のためであり、また十参政官とラケダイモンの支配統治のもとでのそれに匹敵する大きな災厄が、寡頭制の樹立によって引き起こされることを恐れて、これを未然に防ぐためであった。さらに、彼ら自身の蓄えを割いてではなく、われらの援助によって獲得した資産の中から貢納したのである[3]。六九　この獲得資産については、同盟国に少しでも利害を計算する力がそなわっていたならば、われらに感謝して当然であったろう。なぜなら、諸都市を引き取ったとき、そのあるものはペルシアによって廃墟と化し、あるものは略奪をほしいままにされていたのを、われらがこれを導いて立て直した結果、収入のわずかな一部をわれらに納めこそすれ、彼らの所有する家産は、ペロポネソスの鐚《びた》一文貢税を払っていない都市のどこにも見劣りしないものとなったからである。

七〇　都市の無人化は両国家のいずれによってなされたことであるにもかかわらず、われらのみに悪罵を投げる人びとがいる。しかし、はるかに恐ろしい事実は彼らが讃嘆してやまないラケダイモンのほうにあったことを示そう。われらが過ちを犯したのは、ギリシアの多くの人がその名も知らない小島に対してであったが、彼らはペロポネソス半島で最大の、あらゆる点で第一等の諸都市を寇掠し、その富をわがものとしたのである。七一　これらの都市は、かりにそれ以前は何の取り柄もなかったとしても、トロイア遠征ゆえにギリシア人から最大の褒賞を受け取る資格を有していた。この遠征において彼らは首座を占め、またその仰ぐところの指導者は、通常の人間の多くが共有している徳ばかりでなく、卑賤の徒のあずかり知らない徳をそなえていた。七二　すなわち、メッセネは知恵において当時並ぶもののないネストルを、ラケダイモンはひとり克己節制と正義のゆえにゼウスの女婿(4)たるにふさわしいメネラオスを、アルゴス人の都市はアガメムノン、一、二の徳ではなく、ひとの挙げうるすべての徳を、それも並の程度でなく極度にすぐれたかたちで

---

(1) スパルタのこと。

(2)『民族祭典演説』一一三を参照。

(3) このデロス同盟についての記述はかなり公平なものと評されている。参加国は艦船もしくは貢税の醵出が義務づけられていたが、割当て分はアリステイデスの決定によるところが大であった。トゥキュディデス『歴史』第五巻一八、アリストテレス『アテナイ人の国制』二三、二四を参照。

(4) メネラオスの妻ヘレネはゼウスの娘。『ヘレネ頌』一六を参照。

有した人を将としたのである。七三　この世に誰ひとりとして、彼らよりも驚異的な美しい偉業をなした者はなく、またさらにギリシア人を益し、より大いなる賞讃に値する者は見出せないであろう。ただ美点を数えあげるだけでは、人びとが不信を抱くのも無理からぬことであるが、わたしの言の真実を万人が承認するのに、おのおのについて短い説明をするだけで足りるであろう。

七四　だがしかし、(1)次にどのような論に進んだならば、正しい熟慮の成果を示すことになるのか、わたしは見きわめがつかず困惑のなかにある。というのも、アガメムノンの徳について先にあれほどにも言葉を費やしながら、彼の成し遂げた業績について一顧だにせず、大言壮語や思いつきを喋る者の同類だと聴き手に思われることを、恥じる気持ちが一方にありながら、本題から逸脱した事功を論じたならば、讃嘆されることはおろか、無用の混乱をまねくと評されるだけであることも承知している。脱線を濫用する著者は多いが、これを非難する人はさらに多いからである。七五　それゆえ、わたしの場合にもそのような結果を案じるのである。しかしわたしは、わたしやほかにも多くの人びとと同じ難に遭い、本来受けるにふさわしい名声を奪われた人物に助勢するほうを選ぼう。彼こそは古にあって最大の善の基《もとい》をなしたにもかかわらず、語るに値する何事もなしたことのない人びとよりも讃えられることが少ない。

七六　かくも大きな栄誉をになう、この英雄に欠けるものはない。すべての人が集ってこれよりも高い栄誉を求めても、けっして見出すことはできなかったであろう。彼こそ全ギリシアの総帥と認められた唯一の人物だからである。万民によって選ばれたか、それとも自らの手でこれを獲得したのか、わたしは言うことができない。しかしそれがどのようにして成ったにせよ、彼は他の傑出した人びとに、彼自身の名声をしのぐ栄誉の余地を残さなかった。七七　彼がこの権力を掌握してのち、ために呻吟したギリシアの国は一つもなく、これを侵すどころか、戦争や動乱その他の災厄の渦中にあったギリシア人を配下に収めると、彼らからこの不幸を取り除いて一致団結に導き、数奇な人目を奪う行為、また人びとを何ら裨益しない事業は眼中になく、アジアの異民族を討つべく軍を編制してこれを率いた。七八　これよりも美しい戦略を実行に移してギリシアの利益をはかる者は、往時の名高い人びとのうちになく、また後の世にも誰ひとり現われないであろう。彼はこのような大事業を世に示しながら、善行よりも驚異を、真実よりも虚構を珍重する人びとがいたために、ふさわしい声望を得ることなく、これほどの英雄でありながら、彼をまねることもよくしない人びとよりも低い名声をしかもっていない。

七九　ひとは彼をこの点においてのみならず、その同じときに成し遂げた功業にも賞讃を惜しまないだろう。アガメムノンの広大な気宇は、望むかぎりの兵卒を各国から徴集して軍を編制するにとどまらず、領国で思いのままに振る舞い指図する王たちを説き伏せた。かくて彼らは彼の股肱となって、彼の導くところに従い、彼の指令するところを行ない、王宮の生活を放棄して軍旅を続け、八〇　さらには生死を賭して戦いの場に向かうことになった。しかも彼ら自身の祖国や王国のためではない。メネラオスの妻ヘレネのためというのは言葉の上でのこと、その実は(2)ギリシアがアジアの異民族より同じその辱めに遭わぬため、またかつ

(1) 以下八七節まで本論からはずれて、アガメムノンの頌辞が述べられる。

(2) 『ヘレネ頌』五一を参照。

てギリシアに起きたところの、ペロプスによる全ペロポネソスの、ダナオスによるアルゴスの首都の、カドモスによるテーバイの占領と同様な出来事の再来を阻むためであった。このようなことを予見し、あるいはこのような事態の出現を未然に防止する者は、ひとりアガメムノンの器量と力を除いては、後の世にも現われることはないだろう。

八一　これに続く出来事は、先に述べられたものよりも小事であるが、しばしば賞讃される功業よりも偉大なものであり、さらに語るに値する。あらゆる都市から集まった軍勢は、当然、想像されるように膨大な数にのぼり、軍営は、神々の血筋に連なる者、また神々の子であって(1)、その気性は並の人間のそれでなく、誇りも一際高く、怒りと気概と第一人者たらずんばやまない名誉心にあふれた者を多数擁していたが、八二しかしそれにもかかわらず、アガメムノンはこのような軍隊を十年にわたって掌握したのである。しかもそれは高給で誘ったり(2)、今日の権力者が基盤としているところの散財によったのでもない。ただ卓絶した思慮と、兵士のために糧秣を敵から徴発する能力と、何よりも彼が他の者の安全を計る知力が、他の者がおのれ自身について計るよりもすぐれているとみなされていたからであった。

八三　さらには、彼がこれらすべての冠石とした最後の仕上げも、以上に劣らず感嘆すべきものである。すでに述べられた功業にふさわしく、それを辱めるものでないことが判明するだろう。名目上は一つの城市との戦いであるが、その実は小アジアの全住民のみならず、他の多くの異民族を相手に生死を賭して倦むことなく、不敵な犯行に及んだ者(3)の所属した城市を奴隷の境涯に落とし、異民族の傲りに止めを刺すまで撤退しなかったからである。

八四　わたしはアガメムノンの徳について、長々と文辞をつらねてしまったことを失念してはいない。またたしかに長くはなったが、一つ一つについて、どれが斥けられるべきかを検討すれば、省かれるべき一句たりとも指摘できる人はいないであろうけれども、しかし漫然と読み上げたときには、誰もがこれを冗長と非難するだろうことも承知している。八五　わたしとしては、もしうっかりと話を引き延ばしてしまったのであれば、ほかに試みられた例のない論題について書きながら、そのように無神経であったことを恥じたであろう。しかし実のところ、多くの人びとがこれに非を鳴らすことは、あえてわたしを咎める人びとよりもわたしのほうが正確に知っている。いや、この部分が機会を逸脱しているという印象を与えるとしても、これほどの人物を論じて、その人が具備するところの、またわたしが言及するにふさわしい美点を、どれであれ削除すること以上に忌むべきことがあるとは考えなかった。八六　また、この箇所のほんとうの主題は徳であり、わたしの眼目とするところが徳にふさわしい立論にあって、構成上の均衡にないことを明らかにするならば、情理をわきまえた聴き手からは理解の得られることを、頼みにもしていた。以上の脱線はわたしの評判を落とすにしても、人の行動に関する確かな評価をつまびらかにすることによって、ひいては顕彰の対象となっているアテナイの父祖を益するであろうことも、わたしは明確に認識していたからである。とにかく、わたしはおのれの利益を排して、正しい道を選んだ。八七　ひとはわたしのこのような考えが、いま

(1)『ヘレネ頌』五二を参照。
(2) イソクラテスがこの著作を執筆した当時のアテナイは、市民軍が解体し傭兵制度に変質していた。
(3) ヘレネをかどわかしたパリスのこと。

語られたことに限らず、万事にわたっていることを知るであろう。たとえばわたしが喜ぶ門弟を見れば、雄弁家の評判をとっている者よりも、むしろ生き方と行動において名声を博している者であることが認められよう。もっとも、よく語る者にわたしが何ひとつ貢献していないとしても、世間はわたしの陰の力を認めるであろうし、わたしが正しい行為をする者に助言していることが世の知るところとなっても、だからといって正しく行為する当人を賞讃しない者はあるまいが。

八八 それはそうと、脱線はどこから始まったのか。(1) 先に言われたことにじかに連絡する文をつなげるべきであると、いつもわたしは考えているのに、主題から遠く逸脱してしまった。そこで、わたしとしては老いに責任を転嫁して、その年齢に生じがちの物忘れと繰り言に赦しを請い、この長話に逸れた軌道を元に戻すほかにない。**八九** どこからさまよい出たのか、いまとなってその地点が見えてきたように思う。われらの国家を非難してメロス島その他の小都市の惨禍を挙げる人びとに、わたしは反論したのだった。それが犯罪行為でないという理由からではなく、彼らの贔屓してやまない国家がわれらよりはるかに多くの大きな都市を荒廃せしめたことを示そうとしてであり、そしてこの途中でアガメムノンとメネラオスとネストルの徳について論じた。偽りは何ひとつ述べなかったが、あるいは適正な長さを越えていたかもしれない。**九〇** わたしがそうしたわけは、いまもなお多くの美しい言葉で讃えられる英雄を生み育てた諸都市に対して、これを荒廃化する挙に及んだ人びとのそれよりも、大きな罪過はないと確信するからである。しかしともかく、一つの事件にいつまでも拘泥するのは愚かであろう。あたかもそれが稀な出来事で、ラケダイモンの野蛮と苛酷について言葉に窮しているかのような誤解を生みかねない。

九一　彼らは、以上の都市と英雄とに対して罪を犯すだけでは飽きたらず、同じ国から共同で遠征に出立し、同じ危難[2]に参加した人びと、すなわち、アルゴス人とメッセネ人をも同様に扱った。彼らをラケダイモン人は前代の住民と同じ災厄に投げ込もうとしたのである。メッセネ人を攻城し、その土地から追放するまで包囲を解かず[3]、アルゴス人とは、同じ目的で今日もなお戦い続けている。九二　さらにプラタイアに対する仕打ちがあり、以上のような旧悪を述べていながら、これに言及することを避けるとすれば、おかしなことになるだろう。ほかならぬこのプラタイア人の領内[4]にラケダイモン人はわれらや他の同盟軍とともに軍営を敷き、敵に対して互いに隊列を組み、プラタイア人の祭る神々に犠牲を捧げてのち[5]、ギリシアの解放を成し遂げ、われわれに味方した者だけでなく、九三　敵方に協力を強制された者にも自由をもたらしたのである。このときボイオティア諸国のうちでわれわれと共闘したのは、ひとりプラタイアのみであった[6]。その彼らを、ほどなくしてラケダイモンはテーバイの歓心を買うために[7]籠城攻めにし、脱出に成功した者を除く全員を殺戮した[8]。プラタイアにわれらの国家がこのような所業に及んだことはない。

(1) この種の修辞上の疑問については、『アンティドシス』三一〇に類例がある。
(2) トロイア戦争。
(3) 『アルキダモス』二二六以下を参照。
(4) ペルシア戦争の決戦となったプラタイアの戦場。
(5) トゥキュディデス『歴史』第二巻七一―七二を参照。
(6) ボイオティアの大国テーバイは戦線離脱し、これが長く彼らの汚名となった。
(7) 『プラタイコス』六二を参照。
(8) トゥキュディデス『歴史』第三巻五七を参照。

九四　ラケダイモンがギリシアの功労者に、また彼ら自身の同族(1)にかかる罪業を控えなかったのとは対照的に、われらの父祖はメッセネの生存者をナウパクトス(2)に住まわせ、プラタイアの生き残りをわれらの市民とし、彼らの享受していた権利をすべて保証した。(3)かくして、両国家について他に言うべきことがないならば、以上のことからそれぞれの性格を、またいずれがより多くより大きな都市を灰燼に帰したか、たやすく見てとれよう。

九五　わたしはいま、最前に述べたのとは正反対の感情に襲われている。というのは、先ほどは無明と迷いと忘却に陥ったのであるが、いまや、はっきりと自覚しつつ、この著述を始めたときの穏やかな論調から離れている。わたしは先には思ってもみなかったことを語ろうとして、気分もいつになく猛々しく、いくつかの論点については、言葉が奔流となって押し寄せて抑制がはたらかない。**九六**　そこで、率直に発言しようと思い立って舌の縛りを解き、またそもそも取り上げた論題の性格からして、もしもわれらの国家がギリシアに関して、ラケダイモンよりも高い価値をもつことを証明するに足る事実があるならば、これを放置して通り過ぎるのは立派なことでも許されることでもないのであるから、いまだ口外されたことはないが実際にギリシアにおいて行なわれた、ほかの非道についても沈黙すべきではなく、それらの犯行は、われらの父祖がこれを学んだのはのちのことであり、そもそもはラケダイモン人が先鞭をつけ、あるいは独擅場としたものばかりであることを明らかにしなければならない。

九七　おおかたの人は、両方の国家に弾劾の鉾を向けて、いずれもギリシア人のために異民族を相手に危険を顧みなかったというのは口先のことで、諸都市が独立しそれぞれ自国のために政策を実行することを許さず、あたかも戦争捕虜のごとくに、これらの都市すべてを山分けして奴隷の境遇に落としたが、そのやり口は、自由を名目に他人の家の奴隷を奪って、自分たちに隷属を強いる者と変わらないと非難するだろう。**九八** だが、以上の告発の、またそれよりもさらに多くの厳しい糾弾の責めを負うのはわれらではなく、いまはこの演説において、過ぐる日はすべての行動において、われらの反対陣営にある人びとが真の元凶である。なぜなら、はるかな過去にさかのぼっても、われらの父祖が大小を問わず、一個なりとも他国の支配を企てたと証明できる者はいない。他方ラケダイモン人は、あまねく人の知るように、ペロポネソス侵入以来、全世界を征服し、それが不可能なら、ペロポネソス全島を支配しようとすることのほかに、何ひとつ行動も計画もしなかったと言ってよい。**九九** さらにまた、内乱、殺戮、体制の変革をめぐって、その原因を両国家に帰する人びとがいるが、ラケダイモン人こそがわずかの例外を除いて、ほとんどすべての都市をそのような災禍と病苦で充たしたのであり(4)、われらの国家については、ヘレスポントスにおける不運な敗北(5)以前に、同盟諸国の間でかかる所業に走ったとは、あえて誰ひとり言う者はないだろう。

一〇〇 しかし、ギリシアの覇者となったラケダイモンが一転して権力の座から滑落してのちには、たし

(1) ドリス人。前出九一節。
(2) コリントス湾沿いに位置する。トゥキュディデス『歴史』第一巻一〇三を参照。
(3)『民族祭典演説』一〇九を参照。
(4)『民族祭典演説』一一四を参照。
(5) 前四〇五年アイゴスポタモイの海戦。

かにその例があった。内乱がこの機に乗じて諸都市を席巻し、わが国の二、三の将軍が[1]――真実を隠さないで言おう――そのいくつかの都市に対して、スパルタのやり方をまねれば雑作なく制圧できると期待して、凶行に及んだのである。一〇一 したがって、誰もが正当に告発できるのは、ラケダイモンこそがこのような犯行の創始者であり教師であったことであり、他方われらの国は、いわば空しい約束に欺かれ、期待を裏切られた生徒のようなものであり、赦されてしかるべきだろう。

一〇二 最後に、誰もが知るところの、ひとりラケダイモン人のみが自発的に行なったことがある。ギリシアがアジアの異民族とその王たちに対する共通の敵であったとき、われらアテナイは各地で戦争の渦中にあり[2]、ときには大きな災厄に陥って、しばしば領地を荒らされ破壊されたが、断じてペルシアとの友好や同盟に目を移すことなく、このときわれらに暴虐をふるう当面の敵よりも、ギリシアに策謀をめぐらすペルシアを憎んでやまなかった。一〇三 しかるにラケダイモンは、被害にもあわず、また将来にその懸念もなかったにもかかわらず、飽くなき欲に駆られ、陸の支配に満足せず海上覇権を掌握しようと望んで、時を同じくして、一方ではわれらの盟邦に自由を約束して離反をそそのかし、他方、ペルシア大王と修好同盟の交渉をし[3]、アジアに住むすべてのギリシア人を大王に引き渡すことを約言した。一〇四 だが、両者に保証を与えてわれらを戦いに破ったのちは、自由解放を誓約した諸都市に対しては、農奴[4]にも劣る隷属状態にこれを縛りつけ、大王にはその恩に報いるに、王弟キュロスを説いて王位継承に異議を唱えさせ、その支援部隊を徴集して、これを率いる将にクレアルコスを任命し大王打倒の軍を派遣した。

一〇五 この企てに失敗して、彼らの下心も知れわたり、すべての陣営から憎しみを浴びることになって戦乱に突入したが、その規模たるや、さすがにギリシアとペルシアの双方に背信行為をはたらいた国だけのことはあった。これについては、一点を除いて、さらに言葉を費やす必要を認めない。大王の軍とコノンの指揮によって海戦に敗れてのち、和平を結んだが、一〇六　かつてこれほど屈辱的で非難の的となった条約はなく、またこれほどギリシア人を蔑ろにし、ラケダイモン人の徳について語られるところに反する条約は、誰も示すことができないだろう。彼らは、大王が彼らをギリシアの盟主としていたときには、その帝国の栄耀栄華を奪おうと画策していたのが、ひとたび大王によって海戦に降されると、一部少数のギリシア人ではなく、アジアに居住する全ギリシア人を大王に譲渡し、大王の思うがままに処分すべきことを条約に公然と書き込んだのである。一〇七　かかる合意に供せられた犠牲者は、ラケダイモンがその助力を得てはじめて、われらを凌いでギリシアの覇権を奪い、全アジアを占拠する野望を抱くことのできた人びとであったにもかかわらず、これを恥じるどころか、条文を銘に刻んで彼ら自身の神殿に奉納し、同盟国に承認を強制したのである。

一〇八　かくして、思うにひとはもはやこれ以上の所業は聞くまでもなく、これまでに語られたことだけで、両国家によるギリシア人の処遇がそれぞれどのようであったかを充分に学んだと認めるであろう。しかしわたしはそれに同感しない。わたしの立てた論題は他にも多くの立証を必要とするが、とりわけ、ここに

（1）『平和演説』四四を参照。
（2）ペロポネソス戦争。
（3）前四一二年のミレトスの条約に結実。
（4）ヘイロータイ（Εἵλωται）。

語られたことに反論を試みる人に対して、その愚かしさを証明しなければならない。そしてそのような議論を見つけ出すことは難しくない。

一〇九　一部に、ラケダイモン人の行動すべてを歓迎する人があるが、そのうちでも分別のある優秀な人びとはスパルタの政治体制について賞讃し、これについては従来の意見を変えないとしても、思うにギリシア人に対する所業についてはわたしの述べたことに同意するであろう。一一〇　他方、これに比べて劣るだけでなく、一般の人よりも一段と劣悪な人びとは、他の事柄についても聴くにたえる発言をよくしないが、ことラケダイモン人が話題になると黙っていることができない。彼らについておおげさな讃辞を呈すれば、自分たちよりもはるかにすぐれた強者の評判をとる者と、同じ名声が得られるかと錯覚している。一一一　おそらく、このような人びとはあらゆる論点が押さえられ、ひとつも反論できないと覚ると、国制を論じてスパルタの制度をアテナイのそれと比較し、とりわけ克己節制と軍規の遵守をわれらの弛みと対照して、スパルタを讃えるであろう。

一一二　もし彼らがこのようなことを試みるならば、思慮ある人は彼らが空言を弄しているとみなすであろう。というのも、わたしがこの論題を設定したのは国制について論じるためではなく、われらの国家が全ギリシア人との関係でラケダイモン国家よりも高く評価されることを示すためだったからである。それゆえ、もしこれらの立証のどれかを打ち砕くか、あるいは別に両者に共通の業績を挙げて、ラケダイモン人がわれらよりもすぐれていたと論じるならば賞讃もされようが、しかしわたしが一言も触れなかった論題で議論するならば、頭が鈍いと評されても致し方ないであろう。一一三　とはいえ、彼らが国制論を中心に据えてくるだろうことは予想に難くないので、わたしもこれを臆することなく論じたい。実際のところ、すでに語られてきたこと以上に、まさにこの点でわれらの国がはるかにまさることを証明できると思う。

一一四　ここでわたしの主張が、変革を強いられて今に至っている体制を擁護するものと誤解しないでもらいたい。以下は父祖の国制(1)について述べるものなのである。ただし、われらの父の世代(2)が現在の体制を築いたのは、旧体制を蔑んだからではなく、もろもろの政治運営の点ではよりすぐれたものと評価しながらも、海軍力に関しては今の体制が有利にはたらくとみなしたからである。事実、海を制覇し配慮を怠らなかったからこそ、スパルタの工作も全ペロポネソスの軍事力も阻むことができたのだ。これらの勢力と戦って優位を維持することこそが、当時は緊急の国策であった。一一五　したがって、誰もこの体制を選択した人びとを正当には非難できない。たしかに、それは期待に違わず、また父たちも、いずれの支配権力にもともなう長短に盲目でなく、これを知りつくしていた。秩序と節制と規律の遵守の類いの長所は、陸の覇権を強化こそすれ、海軍力を増強するものでなく、一一六　艦船を建造し操舵する能力と、さらには自分の所有は失っても他から生活の糧を略奪することに慣れた兵士(3)とによる。これらの要因が国家に集まれば、国家の秩序は明らかに以前よりも弛むだろう、またいまは好意を寄せている同盟国も、アテナイが以前には都市と土地を

(1)『アレイオス・パゴス会演説』でも讃美されている、ソロンとクレイステネスの民主制度。
(2)アリステイデスとテミストクレスがその代表者。
(3)故郷を喪失した人びとが、給料を目当てに、またそこでは略奪が黙認されたために、海軍に徴集されて兵士となった。『平和演説』四四以下を参照。

分け与えた人びとに献金や貢税を強制し、これを兵士の給料にあてるのを見れば、たちまち態度を豹変させるであろう、と。一一七　しかし、彼らはいま述べた欠陥に気づかぬわけではなかったが、これほどの規模と名声をもつに至った国家は、ラケダイモンの支配を受けるよりは、あらゆる艱難に堪えるほうが良策であり適切であるとみなしたのであった。二つのいずれも至上とは言いがたい政策が目の前にあった。苛酷な処分を他に下すか、自らが甘受するか。正義に目をつぶって他国を支配するか、不正の責めは逃れてラケダイモンに従属を強いられるか。そして前者を選んだのである。一一八　この政策は、正常な人間すべてが選び望んだものであり(1)、あらためて是非を問われてこれを否定しえた者は、ただ少数の知者を自負する人びとだけにとどまったであろう。われらの国制が万人の賞讃するものから、一部で非難されるものへと変化した原因は、いささか長きにわたったが以上のとおりである。

一一九　ようやくにして、論題に立てた国制ならびに祖先について、論をはじめる段に至ったが、わたしは寡頭制も民主制も名前すら呼ばれたことのない時代、すなわち、異民族もギリシアの国家もすべて君主制によって統治されていた太古の時期を取り上げたい。一二〇　はるかな昔にさかのぼる理由は、第一に徳を誇るからには、梅檀は双葉より芳しかったにちがいなく(2)、第二にいかに英邁であっても縁もゆかりもない人物について(3)多すぎる言葉を費やしながら、この国を最もみごとに統治した祖先について、わずかな言及もしないのを恥じる気持ちからである。一二一　われらの祖先が専制支配者よりどれほどすぐれていたかは、あたかも人にして最も思慮深く穏健な者が、獣のうち最も獰猛で凶暴なものにまさる度合いに比せられる。いったいに、われわれは他の国々、とりわけ今も昔も大国とみなされている国々に、はなはだしい瀆神と残虐にふける者を見出さないだろうか。兄弟や父や客人の殺害がしきりに行なわれていなかったか。一二二 母を弑し、また近親相姦によって子を儲けることがなかったか。父親が謀計をめぐらしてわが子の肉を宴席に供することがなかったか。実の子を追放し、海中に投棄し、眼を潰す、これら残虐行為は数知れない。かつて起こった災厄を毎年の恒例行事として劇場に上演する者は、材料に窮することがない。

一二三 以上事細かに挙げたのは、彼らの国家を痛罵しようとの魂胆ではなく、(4) われらの国においてはその類いのためしがなかったことを示すにすぎない。なぜならこれは徳の証拠にはならず、ただ神聖冒瀆をほしいままにする人びととは生来の素質が異なることを証するだけだからである。口をきわめて人を賞讃しようと試みる場合、その人が堕落した人間でないことを明らかにするだけでは充分でない。すべての徳において、古今の人物を凌ぐ者であることを示さなければならない。われらの父祖についてはそれが可能であろう。一二四 われらの父祖は際立って敬虔にまた美しく、国家とおのれ自身を治め、あたかも神々に由来する生まれの者が、はじめて国家を建設し法律を施行して、つねに神々には敬虔を、人には正義を励行して、雑種でも外来人でもない、ギリシアでひとり「生え抜き」の人びとに(5)ふさわしいものであった。一二五 この土

---

(1) ここでイソクラテスは『平和演説』二八以下で開陳された見解を撤回し、実際的現実的な立場に帰っている。デモステネス『ロドス人弁護』二八、二九を参照。

(2)『民族祭典演説』二五を参照。

(3) 前出七二節以下を参照。

(4) 前述の事件は、アルゴスのペロプス家とテーバイのラブダコス一族にまつわるもの。

(5) ヘパイストスがアッティカの大地に蒔いた種からアテナイ人が生まれたという伝説にちなむ。『民族祭典演説』二四を参照。

地を生みの親とみなし、最上の人びとが父や母にするように大切に思い、加えて神を愛する者であったので、最もあることの困難で稀であるように思われること、つまり僭主や王の家が四代もしくは五代続くのを見ることが、われらの父祖においてのみはあったのだ。

二六　エリクトニオスは、ヘパイストスとゲーより生まれ、ケクロプスが男子に恵まれなかったことから、その家と王位を継いだ。ここより始まって、彼の後に生まれた者は、その数は少なくなかったが、おのれの資産と権力をその子に遺して、テセウスに至ったのである。テセウスについてわたしはできるものならば、これより先にはその徳と偉業に触れないようにしたかった。[1] なぜなら、われらの国家についての論においてこれを詳述するほうが、はるかにふさわしかったからである。二七　しかしながら、当時の出来事に話が及んだとき、それをいつ訪れるやもしれない機会に繰り延べすることは、難しい、というより不可能であった。それゆえ、目下の用途には言葉を使い果たしてしまった以上、この論題は割愛するが、ひとりテセウスを除いて、かつて語られたことも、また為されたこともなかったただ一つの偉業に言及しておきたい。これこそ彼の徳と叡智を証する最大のものなのである。二八　すなわち、盤石の揺るぎない最大の王国を支配して、戦争にまた国家の統治に数々の偉業を打ち建てたが、これらを取るに足りないものとみなし、むしろ苦難と闘争による永劫に輝く名声を選び、現在の王権がもたらす安逸と幸福を捨てた。二九　しかもこれは、齢を重ねて持てる善を享楽しつくしたからではなく、伝説では力壮《さか》んな年に、国家の統治を民衆に譲り、このアテナイと残りのギリシア人のために、おのが生命を危険にさらし続けたのであった。

三〇　テセウスの徳について、わたしは今できる範囲で言及したが、以前には彼の全偉業について詳しく論じたことがある。他方、彼が譲渡した国家の統治を引き継いだ人びとについては、わたしは彼らの構想を述べるほかに、ふさわしい賞讃の言葉を知らない。彼らはさまざまの国制の経験がなかったにもかかわらず、選択を誤らず、万人の承認するであろうところの、最も公共的で正義にかない、しかもまたすべての人びとにとって最も有益で、その制度のもとで生きる者には最も快適な国制を採用した。一三一　彼らは民主制を、といっても無計画に運営し、放恣を自由とみなし、欲するがままに行なう我儘を幸福と考える制度[2]ではなく、そのような了見を排撃する、実質は最上者支配の体制[3]を打ち建てたからである。民衆はこれを財産評価に基づく体制と同じように、最も有用なものとして確たる国制のうちに数えあげたが、無知のゆえに誤ったのではなく、権利に注意を払ったことがなかったからである。

一三二　わたしは、国制の形態は、寡頭制、民主制、君主制の三つのみ[4]であると主張するものだが、これらの国制のもとで生活する人びとが、同胞市民のうちから最も有能で、最もすぐれた正しい仕方で政務にあたることのできる人物を選んで、統治やその他の業務に任用する慣例をつくるならば、彼らはどの国制のもとにあっても、内政外交とも立派な統治を実現するだろう。一三三　しかし彼ら市民が、無謀で劣悪な者をこれに登用するならば、このような者たちは国家全体の益を何ら考慮せず、私利私欲を充たすためにはいか

(1)『ヘレネ頌』一八以下でテセウスが讃えられている。
(2)『アレイオス・パゴス会演説』二〇を参照。
(3) アリストクラティアー。
(4) プラトン『国家』五四四C以下、アリストテレス『政治学』第三巻第六章以下を参照。

なることをも甘受する輩であるので、国家は指導者の悪徳と相似た仕方で統治されることになるだろう。また、この国家において善悪いずれでもなく中間的な人びとは、意気壮んなときは甘言で誘う者を重用し、挫けたときは最も優秀な賢慮をそなえた者に救助を求めるので、そのときどきに不幸と繁栄が交替する。一三四　国制の本性と機能はかくのごときであるが、この問題をいま述べたよりももっと大がかりに論ずることは別の人に委ねて、わたしとしては国制すべてについてはこれ以上に踏み込まず、父祖の国制に絞って委細を論じなければならない。なぜなら、この国制がスパルタに樹立されたそれよりもすぐれたものであり、より多くの善の源であることを証明するとわたしは約束したからである。

一三五　以下でわたしが行なうすぐれた国制についての詳論は、これを喜んで聴くことのできる人びとには退屈でも時季はずれでもなく、分量も適切で、また先に述べたこととも調和したものとなるだろうが、精魂傾けて彫琢された言論を厭い、むしろ祭典で行なわれる口汚い悪罵に快感を覚え、またそのような狂気のふるまいを離れても、およそくだらないものや過去の極悪非道人を讃える弁論を喜ぶ、そのような人びとには、これが必要以上に長いと感じられるだろうと思う。一三六　しかし、そのような聴衆を顧慮したことは、わたしも他の思慮深い人びとと同様に、かつて一度もあったためしはなく、むしろ聴き手として想定しているのは、わたしがこの演説の冒頭で述べたことを念頭に置き、論の長さは、たとえ千万言に達しても咎めだてすることなく、自分の自由で好きなだけ朗読を聴いて精査しようと考えている人びとであり、とりわけ、人の徳や立派に統治された国家を論じる言論を何よりも喜んで聴く人びとである。一三七　実際、このような言論こそまねようと望み、またまねることができたなら、その人自身も大いなる名声に包まれて生涯をおくり、同時にまたその国家をさいわいならしめるであろう。

さて、どのような人びとが聴き手であってほしいと考えているかを述べたものの、そのような人びとの目には、わたしの力量がこれから語る論題に不足していると映りはしないか、いささか不安でもある。さりながら、全力をつくして論じるほかにない。**一三八** 往時のわれらの国家統治が他よりも抜きん出てすぐれたものであったことについては、少し前に述べたように、王たちにその原因を正しく帰することができよう。古の王たちは民衆を導いて武勇と正義と自制を鍛え、またその統治を通して政治の要諦を教えた。すなわち、(もちろん彼らの実践をあとからわたしが言葉でなぞるのであるが)「すべて国制こそが国家の魂であり、身体にあって思慮のするはたらきと同じ力をもつ、なぜなら、これこそがあらゆる問題について審議を進め、善を維持し災厄を避ける(1)ことにより、国家に生じるあらゆることの原因をなすのであるから」ということである。

一三九 これを学んだ民衆は、国家体制の変革があっても忘却することなく、細心の注意をはらって、何よりも指導者の選出に留意し、民主制に愛着を寄せると同時に先に国家の中枢にあった古人の気風を受け継いだ人を選び、また公共のものを管理する役割が、自分の財産ならば誰もけっして委託しないような者の手にいつのまにか落ちることのないように、**一四〇** 悪名高いごろつきが国家の中枢に近づくのを座視することのないように配慮し、さらにはまた公の場での発言を許さなかった者は、すなわち、醜業に身をまかせて

(1)『アレイオス・パゴス会演説』一四を参照。

いながら他人には忠告を垂れる資格があると思いこみ、いかにして国家を統治すれば国民が克己節制に努め幸福となるかと講釈する者、父祖より継いだ遺産は恥ずべき快楽に蕩尽し、公共の財を掠めておのれ一個の窮乏の救済にあてようとする者、またつねに耳に快いことばかりを語って機嫌を取り続けながら、これに説得された人びとを多大の不快と苦痛に陥れる者。一四一 市民一人一人が、すべてこのような者どもを審議の場から排除すべきであると考えるようにしていた。いや、排除すべき者ならば、まだいくらでもいよう。他人の財産は国家のものであると嘯《うそぶ》きながら、国家の財産を平気で略奪し私物化する者、民衆の味方であると装いながら、民衆を世のすべての人びとの敵にまわす者、一四二 言葉の上では他のギリシア人のために憂慮しながら、その実際の行為においては彼らを虐待と誣告にさらし、ついには諸国の中には、戦争に巻き込まれてもわれらの援軍だけは拒み、むしろ包囲する敵を喜んで早速に受け入れるところさえ現われるほどに、わが国を怨嗟の的にした者。と、このような邪悪と背徳の目録にとりかかれば、ひとはこれを書くのに倦みはてるだろう。

一四三 これらの奸佞《かんねい》とその主を憎んだ父祖は、国政の参議や指導者に、できあいの者でなく、最善の思慮に最もすぐれ最も美しい生き方をしている人びとをあて、また同じその人びとを将軍に選び、必要があれば外交使節として派遣し、国家の全権を彼らに委ねた。それは演壇で最善の政策を提議する意志と能力のある者ならば、いかなる場所にあっても独力で振る舞い、どのような政治交渉に際しても、持ち前の識見を保持するだろうとみなしていたからである。そしてまさにそのとおりに事は運んだ。一四四 これらの原則を理解することにより、彼らは短時日のうちに法文が銘に刻まれるのを目にしたのであった。これは現今の、どれが有用でどれが無用かも誰も見分けることのできない、混乱と矛盾にみちた繁文縟礼とは異なり、第一に法律箇条は少ないが、これに従う者にとって充分なだけあり、しかも容易にすべてを見渡すことができた。次に、正義と利益にかない、互いに整合がとれていた。そして何よりも、私人の契約事よりも公共生活に真剣に取り組むものであり、法は立派な政治の行なわれるところではまさにそうあらねばならないのである。[1]

一四五　同じ頃、われらの父祖は氏族と区の構成員からあらかじめ選抜された者を行政官に任命する制度を立てたが、[2]この行政職が猟官の対象や垂涎の的とならないように、[3]指名された者に何がしかの名誉は付与するものの、むしろ辛い責任を負わせる公共奉仕に似たものにした。すなわち、行政官に選出された者は私財をかえりみないことだけでなく、官職につきものの不正な収入を神殿の奉納物同様に忌避することが要求されたのである——このような禁止を現在の体制のもとで遵守する者がいるだろうか——一四六　そして、この官職を厳正に務めた者はそれなりの賞讃を受けて別の同様な任務に配属されるが、少しでも法を逸脱した者は名誉を剝奪され厳罰に処せられる。かくして、市民は誰も当今のように官職を志向せず、忌避することはあっても、むしろ求めることはなかったのである。一四七　そして、民衆をこのような行政の責務から解放し、ただ官の任命と違反者を罰する権限[4]（これこそ、僭主のうちでも、その最も幸福な者だけに属する権限である）を与えるもの以上に、真実で堅固な、また多数者を益する民主制はけっしてないことを、すべ

（1）『アレイオス・パゴス会演説』三九を参照。
（2）アリストテレス『アテナイ人の国制』八を参照。
（3）『アレイオス・パゴス会演説』二四―二五を参照。
（4）『アレイオス・パゴス会演説』二七を参照。

ての人が一致して認めていた。

一四八　わたしの言う以上に彼らがこの体制に満足していたことについては、何よりの証拠がある。民衆は彼らの意にそわない体制に抗して闘い、これを解体しその指導者を弑するものであるが、この体制を採用して千年以上にわたって、これを受け取った時からソロンの時代を経てペイシストラトスの独裁に至るときまで維持したという事実である。はじめ民衆指導者であったペイシストラトスに至って、この国に多大の害をなし、最上の人びとを寡頭主義者であるとして追放し、ついには民衆の支配を解体し、彼みずからが僭主の座についたのであった。

一四九　おそらくはわたしが少しどうかしていないかと言う人があるかもしれない――というのも議論に割って入るのを妨げるものはないから――どうしてそのように詳しく出来事を知っているかのように話せるのか、現場にいたわけでもないのに、と。しかし、わたしは以上の話のどこにも理に合わないことが含まれているとは思わない。というのは、もしわたしひとりだけが、古い昔についての伝承や往時から今に残された記録に基づいて知見を得た者であったなら、わたしが受ける非難にももっともな理由がある。しかし実際は、多数のしかも良識ある人がわたしと同じ立場をとっていることが認められるであろう。一五〇　またそれとは別に、いま吟味と立証に立ち入るならば、すべての人は視覚よりも聴覚を通じて、より多くの知識をもつものであることが明らかにされると思う。偉大で美しい功業はみずから現場に居合わせた場合よりも、むしろ他人から聴いて知っているものなのだ。しかしともかく、このような批判を無視するのも――おそらくは、誰も反論しなければ真実を歪めることになるだろうから――また逆に反論にあまり長い時間をかけるのも、適当でないので、第三者の立場にある聴き手のために、おおよその輪郭を描いて、この非難者たちが空論を述べているにすぎないことを示すにとどめ、これがすんだなら元に戻って、脱線したところから再開し、論の完成に進むのがよいだろう。次にそれにとりかかることにしたい。

一五一　往古の国制の統治形態とこれを守り続けた時代については、すでに充分に明らかにした。残るは、この立派な統治から生み出された事功を詳述することだけである。それらの事績をたどることにより、われらの父祖が他国にまさる節度をそなえた国制を維持していただけでなく、その指導者も参議も、思慮ある人の選抜する人びとを登用していたことが、いっそう明瞭に知られるであろう。一五二　とはいえそれを語る前に、手短に序論を述べておかなければならない。というのも、ただ難癖をつけることしかできない人びとの批判を無視して、続いて次々に偉業や、とりわけ軍功を取り上げて、これによってわれらの父祖がアジアの異民族に優越しギリシア人の間で名声を馳せたことを物語るならば、わたしが述べているのは、実はリュクルゴスが定め、スパルタが遵守している法ではないかと言う人が必ずや現われるだろう。

一五三　わたしはスパルタの制度について語るべきことが多くあるのを認めるが、それはリュクルゴスがそれらを発見もしくは考案したという理由からではなく、彼がわれらの父祖の統治を可能なかぎり巧みにまねて、われらのもとにあった最上者支配と混合した民主制を、自国に建設し、行政官を抽籤でなく選挙によって指名するものとしたからであり、一五四　また、国政全般を指導する長老会議の選出を法制化したが、それはわれらの父祖がアレイオス・パゴスの席につくべき人びとについて行なったと伝えられる深慮に従ったのであり、さらにはアレイオス・パゴス会議がもつ権能を知り、これと同じ権力を長老会議の面々に授けたからである。

一五五　同様にスパルタの諸制度が、太古の時代にわれらのもとにあった制度に倣ったものであることは、知ろうと思えば多くの資料から学ぶことができる。だが軍事の経験においても、スパルタがわれらに先んじて熟達していたのでも長じていたわけでもないことを、わたしは過去に実際あったことが認められている戦闘や戦争から証明でき、しかも、盲目的なスパルタ崇拝者や、われらの戦績に驚嘆すると同時に妬みつつまねようとする人びとにも、反論の余地を残さないと思う。

一五六　この話題はおそらくある人びとには不愉快に聞こえるであろうが、語ることは無益ではないので、そこから始めることにしよう。さて、もし誰か、彼我二つの国家がギリシア人にとって最大の善をもたらし、クセルクセスの遠征以降は最大の悪をもたらしたと主張するならば、当時の出来事を少しでも知っている人は、真実をうがった言葉だと思わないわけにはいかないだろう。一五七　彼らはいずれも、ペルシアの軍と果敢に戦ったが、この戦いを完遂したのち、事後の政策を熟慮すべきところを、おそるべき痴愚に、否、狂気に陥った。すなわち、この両国を殲滅し、残るギリシア人すべてを奴隷化しようと遠征してきた者に対して、一五八　海陸いずれにおいてもこれを制圧することが容易にできたにもかかわらず、こともあろうに恩人に対するがごとく、永年和平条約(1)を結び、他方では互いの徳に嫉妬し首位を争って戦争に突入し、ついにはギリシア共通の敵に服属するに至るまで、自らをも他のギリシア諸国をも破滅に追いやることをやめなかった。そしてラケダイモンの権力によってアテナイの国家は危殆《きたい》に瀕し、また巡りめぐって今度はラケダイモン国家がアテナイによって存亡の危機に陥ったのであった。

一五九　かくも異民族の知謀に遅れをとり、かの時は苦杯を喫しても平気で、当然感じてしかるべき悔恨も覚えず、また今もギリシアの強国は競ってペルシア大王の富に追従して恥じることがない。アルゴスとテーバイは大王を助けてエジプト鎮圧(2)に乗り出し、彼が絶大な権力を握ってギリシアに工作することを期待し、アテナイとスパルタは同盟を結びながら、それぞれが敵として戦っている相手よりも、互いに対して険悪な関係にある。一六〇　その重大な証拠がある。共同では何ひとつ相談をかわすこともなく、別個にそれぞれペルシアに使節を派遣し、いずれにせよ大王を味方につけたほうが、ギリシア世界で多くの分け前にありつけると夢想している。ペルシア大王の常として、奉仕を申し出る者には傲慢に振る舞い、その権力を見下して対抗する者には万策を講じて和平を結ぼうとするものであることが、わからないでいる。

一六一　以上の点に立ち入るにあたって、わたしの論が主題を逸脱していると揚言する人が現われるだろうことに、想到しなかったわけではない。しかしわたしの思うに、先に述べた趣旨とこれほど密接に関係する論議はけっして語りえないし、またこれにもまして、われらの父祖が最大の懸案に対処して、対クセルクセス戦後にわれらの国家とスパルタ国家を統治した人びとよりも、どれほど思慮に秀でていたかを証明するものはない。一六二　戦後の世代は、以前には異民族と和平を取り引きして、自国と同胞諸都市を破滅に追いやり、いまはギリシア人に対して支配権を主張する一方で、大王には和平と同盟を請う使節を派遣している。これに対して、アテナイを治めた往古の人びとは、かかる行動は断じて取らず、まさにこれと正反対の

(1) アンタルキダスの和平条約。

(2)『民族祭典演説』一六一を参照。

道を歩んだ。一六三　すなわち、ギリシア諸都市については、あたかも敬神に篤い人びとが神殿に奉納された財宝に対するのと同じように、固い決意をもって不可侵とし、また戦争については、すべての人間と協同して獰猛な野獣に対抗することを、不可避の正当な戦いの筆頭に置き、これに次ぐものは、生来好戦的でわれわれに策謀をめぐらして飽くことのない異民族に対して、ギリシア人が一致協力して戦うことであると考えていたのである。

一六四　この行動原理はわたしの発案ではなく、父祖の事績から推論した結果である。われらの父祖は他の諸国がさまざまの不幸と戦争と騒擾の渦中にあるのに対し、自分たちの国家のみが美しく統治されているのを見て、他よりも思慮も境遇も恵まれた者は、よそに無関心であってはならず、またもとは同族の都市国家[1]が滅びていくのを座視してはならない、これらすべての国々を現在の苦境から救う策を講じて実行しなければならないと考えた。一六五　こう考えた結果、比較的病状の軽い国には使節を送り、説得によって国内の不和を除くように努め、党争分裂の激しい国には、市民の中からとくに声望の高い人物を選んで派遣し、国内の緊急課題について彼らに助言し、また自国では生計の立たない者や法の定める条件よりも劣悪な状況に立ち至った者（概してこれらの者は国家の害となるのであるが[2]）と交渉して、ともに出征し、いまより良い生活を求めるよう説得した。一六六　これを望み、説得に応じる者が多数集まったので、軍隊を組織し、あるいは島嶼を領有し、あるいは両大陸の沿岸に居住するところの異民族を征服して、これを一掃すると、ギリシア人の中で最も生活に困窮した者をここに定住させた。彼らは他に範を示すものとしてこの事業を継続したが、スパルタがペロポネソスに建設された諸都市を、先にわたしの述べたように、服属せしめた[3]ことを知るに至って中断し、以後は自国のことに専心することとなった。

一六七　この移民事業による戦争から生じた益は、どのようなものであったか。これこそ、多くの人びとが聞きたいと思っていることだろう。ギリシア人にとっては、これほど多数の不満分子から解放された結果、より豊かな生活が可能になり、互いの一致団結がもたらされた。また異民族には、自分の土地からの追放と威勢の低下が、そしてこの事業を創始した人びとには、ギリシアをその初めよりも二倍も大きくしたという名声が、以上の結果としてもたらされたのである。

一六八　さて、われらの父祖の手で行なわれたものとして、広くギリシア人に貢献した、これよりも大きな業績をわたしは見出すことができない。だが、より直接に軍事行動に関連したものや、またこれほどは高い名声に値しないが万人に明らかなものならば、われわれもおそらく語ることができよう。アドラストスがテーバイで受けた災厄を知らない者、あるいはディオニュシア祭で悲劇詩人から(4)聴いたことのない者はあるまい。一六九　アドラストスは、オイディプスの息子で自分の女婿にあたる者を復位させようと望んで、多数のアルゴス勢を失い、またその将軍もすべて討ち死にするさまを目撃し、おのれは生き恥をさらしたのであるが、停戦の誓約が得られず亡骸を収容することもできなかったために、まだテセウスの治世であったわ

(1) イオニアの植民市。
(2) 『ピリッポスに与う』一二一以下を参照。
(3) イソクラテスは、アテナイのイオニア植民とドリス人のペロポネソス半島征服を同時代のことと考えている。
(4) アイスキュロス『テーバイ攻めの七将』、ソポクレス『アンティゴネ』、エウリピデス『フェニキアの女たち』など。

が国を嘆願者となって訪れ懇請した。このような勇士たちが埋葬されずにいるのを座視しないように、また万人が従う古くからの慣習、父祖伝来の掟を破らないように、なぜならそれは、人間によって定められたものではなく、神霊によって指令されたものなのだから、と。

一七〇　この嘆願を聞いたアテナイ民衆は、ただちに使節をテーバイに派遣し、亡骸の収容について神々への崇敬をおろそかにしないで審議するように、また先になされたよりも法にかなった決定を下すよう勧告し、またアテナイは彼らがすべてのギリシア人に共通の掟を破るのを許さないだろうことを仄めかした。

一七一　これを聞いて、テーバイの当時の主だった人びとは、この件についての一部の者たちの意見とも、また先に審議決定したところとも違う判定を下し、自国の立場を穏やかに表明し、攻め寄せてきた国を非難した上で、わが国に亡骸の収容を許したのである。

一七二　誤解のないように言っておくが、わたしはいま、『民族祭典演説』で同じ出来事について書いたのと反対のことを述べている[1]ことを忘れてはいない。しかし、この出来事全体の意味を理解できる人ならば、無知と嫉妬にとらわれてわたしに賞讃の言葉を渋る、とは思われない。わたしが同じことについて、あの時と今とで別様に論じたことに分別ある態度を認めるはずである。

一七三　この主題については、先のわたしの著作は巧みにかつまた有益に書かれていると自負しているが、どれほどわれらの国家が過去において軍事の面で卓越していたかについては——これを立証しようとして、テーバイでの出来事を詳しく述べたのである——わたしはかの一連の経緯が誰の目にも明らかにしていると考える。すなわち、それがアルゴスの王を強いてわれらの国家への嘆願者とし、一七四　テーバイの支配者たちを動かし、神霊によって定められた掟よりも、むしろわれらの国家から派遣された使節の言葉を容認することを選択せしめた。もし名声と軍事力との双方で他を圧してすぐれていなかったならば、以上のどれにも、われらの国家は適切に対処できなかったであろう。

一七五　父祖については語るべき多くの気高い行為があるが、どのように述べればよいかをわたしはいま思案している。実際、わたしの最大関心事はそのことにあるのだから。いよいよ論題の最後に置いた部分、先にそこではわれらの父祖が他の何よりも戦争と戦闘の場面において、スパルタをはるかに凌いでいたことを明らかにすると約束した部分にさしかかったのである。(2)　一七六　この論は、多数の人びとにとって意外なものとなろうが、しかしその他の人びとにとっては紛れもない真実である。

一七七　ペロポネソスに侵攻したドリス人が、もとからの正当な所有者から奪った諸都市と領地を三つに分けてのち、アルゴスとメッセネを籤で得た人びとは、一般のギリシア人とよく似た仕方で彼らの政治を運営したが、第三の部分にあたるラケダイモン人とわれわれの呼ぶ人びとは、彼らについて詳しい史家によると、ギリシアの他のどこよりも苛烈な内部抗争を経験したという。結局は、多数者を下に見る階層が優位を占めたが、彼らはこのような抗争の結果から生じる事態について、似たような抗争をくぐりぬけた他のギリ

（1）『民族祭典演説』五四―五八を参照。そこではテーバイに軍を進めて強制したと述べられている。対テーバイ関係の好転が本著作の穏やかな記述に影響したと推定されている。

（2）以下一九八節まで、初期の頃のスパルタとアテナイの戦争比較論。

シア人のとった対策をいっさい考慮しなかった。

一七八　というのは、他のギリシア人たちは、党派抗争において対立していた人びとがともに城市の内部に居住し、権力と地位を除くすべてを共同にすることを認めていたが、スパルタの敏い人びとは、暴虐を加えた相手とともに生活して安全に国家を運営できると信じるのは、浅はかであると考えた。この人びとはそのような政策をいっさいとらず、ただ彼らの階級にのみ、平等と、未来永劫に心を一つにしようとする人びとだけが採用するにちがいない「民主制」を立てて、民衆を城外居住者[1]とし、彼らの精神を下僕のそれに劣らず奴隷化した。一七九　このような措置をした上で土地の処分にかかり、本来おのおの均等に所有すべきものであるにもかかわらず、少数者たる彼らが最良の、しかもギリシアのいかなる土地の人よりも広大な領地を占め、多数者には痩せた土地を切り分けて、苛酷な労働によって辛うじてその日暮しが立つ程度の小さな部分を与えた。次に、彼らの人数を細分し、できるだけ小さな多数の地域に分かれて住むようにした。その集団は名目上は国家構成員と呼ばれても、われらの国家の村よりも小さな力しかもたなかった。一八〇　こうして自由人ならば当然もつものをすべて奪った上で、さらに最も危険な役割だけは彼らに押しつけた。王の率いる遠征において、一人ずつ正戦士の隣に侍らせ、ある者は前線に配置して、援軍を派遣しなければならない事態が生じたとき、労苦や危険や遅滞などの恐れがある場合には、真っ先に危険に身をさらす者として先遣した。

一八一　しかし、彼らが民衆に加えた暴慢をあまさず長々と語る必要はない。むしろ最悪のものに言及するにとどめ、残りは黙殺してかまわないだろう。すなわち、当初からこれほどに酷い仕打ちを受け、その一方で緊急事態には重宝されてきた者たちについて、監視官たち(2)は思うがままに何人でも裁判なしに殺す権限を認められていた。しかるに他のギリシア国家においては、奴隷のうちで最も悪質な者でさえ、これを手にかけて殺すことは神聖冒瀆罪とされている。

一八二　彼らの国内政治と民衆に対する非道について、多くの言葉を費やして語ったのはほかでもない、スパルタのすべての行動を歓呼する人びとに、これをしも容認するのか、これらの民衆を相手に戦われた闘争も神意にかなう名誉ある行為であるとみなすのかを、問いただしたいからである。一八三　なぜなら、わたしの判断では、これは重大かつおそるべき行ないであり、敗者には災禍を、勝者には利得をもたらすもので、だからこそ戦争はいつの時代もやむことがないのであるが、断じて神意にかなうものでも名誉あるものでもなく、また卓越した力を追求する人びとにふさわしいものでもない。卓越といっても、技術やその他多くに冠せられるそれではなく、気高くすぐれた人物の魂のうちに敬虔と正義とともに宿るところの、この論説全体が主題としている徳のことである。

一八四　ある人びとはこの徳を軽んじ、誰よりも多くの犯罪を重ねた者たちを賞讃し、おのれの本心をさ

(1) ペリオイコイ（περίοικοι）。エウロタスの谷あいに位置する百の村に分かれて居住する。市民の領地で奴隷労働を強いられるヘイロータイと異なり、土地を所有するが、スパルタ正市民の監視下にあった。ペリオイコイの発生を党派抗争の結果とするイソクラテスの記述は疑わしい伝承に基づくとされている。

(2) エポロイ（ἔφοροι）。毎年五名選出され、二人の王の監視を主要な任務とした。

らけ出していることに気づいていない。彼らは、充分すぎるほどに所有していながら、実の兄弟や友人仲間も平気で殺して財産を奪う者でさえ、これを讃えるだろう。なぜなら、このような所業はスパルタの行なったことに酷似し、後者を容認するならば、前者についても同じように容認することになるのは必定だからである。

一八五　わたしは不思議でならないが、正義に反して行なわれた戦いや勝利は、非道を回避して蒙る敗北よりも醜悪で恥辱に塗《まみ》れたものであると思わない人びとがいる。この人びとが知らないはずがない――強大な軍事力を擁した陋劣な輩が、祖国のために敢然と危地におもむく崇高な人びとを打ち破ることも稀でないことを。一八六　しかし、このような敗者こそは賞讃されて至当であり、他人の所有物を獲得するためならば死を恐れないといった者どもは、傭兵部隊と変わるところがない。かかる所業は腐った人間のすることであり、すぐれた人が不正を喜んでする者と戦って、ときに敗れることがあるのは、神々の怠慢に帰せられてよい。

一八七　名誉ある敗北は、テルモピュライにおけるスパルタ勢の玉砕についても言えるであろう。この戦いのことを聞く人はすべて、戦う必要もなかった敵を降した勝利よりも、この敗北を賞讃し感嘆する。むろん、どんな勝利でも頌辞を贈る人びとはいる。しかし彼らは、言行いずれも正義とともにないならば、一つとして敬虔でも美しくもないことを理解しない。一八八　スパルタ人はしかし、この真実を真剣に考慮しなかった。彼らはできるかぎり多く他人の所有をわがものにすることのほかに、眼を向けなかったのである。一方われらの父祖は、何よりもギリシア世界における名声を得ることに努めた。それは彼らがギリシア全民族による判定以上に真実で正しいものはないと考えたからである。

一八九　われらの父祖は、このような気風を国家の統治において明らかにしたが、とりわけ最大の偉業においてこれを鮮明に打ち出した。トロイア戦役を除き、ギリシア人がアジアの異民族に対して戦った戦争は三つあるが[1]、そのすべてにおいてわが国は最前線に立った。第一は、クセルクセスに対する戦いで、この戦争のあらゆる危難において、われらがラケダイモン人に立ちまさっていたのは、彼らが他の諸国にすぐれていた以上であった。**一九〇**　第二は、植民市建設に関連するもので、これにはドリス人は誰も参加せず、われわれの戦いに援軍を差し向けなかった。われらの国家は困窮した人びとやその他移住を望む人びととの指導者となり、時流を逆転せしめた。かつては異民族によってギリシアの大きな都市の占領が行なわれるのが通例であったが、一転してギリシア人がかつて受けた攻略を異民族に対して行なうことを可能にしたのであった。

一九一　二つの戦争については、先の箇所で[2]充分に述べたので、第三番目の戦争について論じよう。それはギリシア人の都市が建設されて間もない頃、われらの国家がまだ王制であったときに勃発した。この時期、多数の戦争と大いなる存亡の危機が同時に起こったが、それらすべてを取り出して語るのはわたしの能力に余る。**一九二**　当時行なわれたものではあるが、今のこの機会にぜひとも語る必要があるのでもない有象無

（1）以下年代順は無視されている。第一がペルシア戦争、第二がイオニア植民戦争、第三は、四つの遠征が一つにまとめられたもの。

（2）四九節以下、四二節以下、一六四節以下。

象は省いて、できるかぎり簡にして要を得た説明に努力し、この国に攻め寄せてきた民族、記憶を新たにして語るに値する戦闘とその指導者、さらに彼らの侵略の口実、また彼らにつき従った諸民族の力を明らかにしよう。これらを語ることで、われらの敵対者について語ったことの充分な補足となるだろうから。一九三 まずトラキア人が、ポセイドンの子エウモルポスを将帥として、われらの領土に侵入した[1]。エウモルポスがわが国の王座をエレクテウスに対して主張した根拠は、この地がアテネ女神の前にはポセイドンの領地であったから、というものであった。またスキュティア人も、アレスより生まれたアマゾン族に率いられ、ヒッポリュテ[2]を取り戻すために来寇した。このヒッポリュテは、国の掟を破ったばかりか、テセウスへの恋にとらわれて故国を捨て、彼のあとを追って妻となっていたのである。

一九四 さらにペロポネソス軍がエウリュステウス[3]に率いられて侵入した。エウリュステウスは、かつて虐げたヘラクレスに償いをすることを拒んだばかりか、われらの父祖のもとに軍を進めて、ヘラクレスの子らを力づくで奪い取ろうとした——というのも、彼らはわれらの国に避難していたからである——が、彼にふさわしい罰を受けた。われらに救いを求めた嘆願者たちを手中にすることはおろか、われらとの戦いに敗れて捕虜となり、居丈高に要求を振りかざした当の相手に、おのれのほうが嘆願者となって平伏し、最期を遂げた。一九五 この後、ギリシアを略奪破壊すべくダレイオスが軍を派遣したが[4]、マラトンに上陸するや、われらの国家に下そうとしたよりも、はるかに多くの被害と大きな災厄に遭って、全ギリシアから一路逃散した。

一九六 以上わたしの述べてきたこれらすべての軍勢は、互いに手をたずさえて侵入したのでも、時を同じくして来寇したのでもなく、それぞれ時運と利益と欲心とが落ち合って、合一したときの出来事である。われらの父祖はこれを戦いに打ち破り、傲りに止めを刺したが、これほどの大戦果を挙げたにもかかわらず、得意にならなかった。とかく、賢明な思慮判断によって大きな富と高い名声を獲得したはよいが、これらの幸運が絶頂を窮めるにつれて、傲岸不遜をきわめて思慮を失い、しだいに逆境に滑り落ち、前よりも低いところに転落するものだが、その通弊に陥らなかったのである。一九七　そのような弊をすべて免れて、立派な統治を行なうことにより従来の気風を堅持し、魂の状態とおのれの精神を戦績よりも誇りとし、危難の際に示された勇気によってよりも、むしろその克己と節制ゆえに他国の人びとに驚嘆された。一九八　なぜなら、誰もが見て知っているように、戦闘心だけのことであれば、多くの極悪非道の者でもこれをもっているが、万事に有用で、すべての人を益することのできる精神は、劣悪な者のあずかりうるものでなく、ただ高貴な素質と養育と教育に恵まれた人びとにのみ生じるのであり、これこそかつてこの国家を統治し、以上語られたすべての善をもたらした人びとのもとにあったものである。

一九九　さて他の弁論家を見ると、最も偉大な記憶に値する事績で論を締めくくっているが、こういった

---

(1)『民族祭典演説』六八、『アルキダモス』四二、『アレイオス・パゴス会演説』七五を参照。

(2) アマゾン族の女王。伝説によればテセウスを恋し、部下を捨てて彼に従いアテナイに来た。別の伝説では彼女を取り戻しに来たアマゾン族との戦いで死んだ。パウサニアス『ギリシア案内記』第一巻二-一を参照。

(3)『民族祭典演説』五八以下を参照。

(4)『民族祭典演説』七一-七二、八五-八七を参照。

勘所を知り実行する論者の慧眼を認めるものの、わたしは彼らと同じことをするわけにいかず、まだ論を続けることを強いられている。(1) そのわけはのちほど述べるとして、ほんの少し、短い前置きをしておきたい。

二〇〇 わたしはこの論説をいま朗読された箇所まで書いて、いつも研究をともにする三、四人の若者と推敲を重ねていた。通覧して、これでもう結びをつけるだけでよかろうとわれわれの意見が一致したあとになって、わたしの気が変わり、かつての門弟で寡頭制の国家に暮らしていてラケダイモン人を好んで礼讃する者がいたので、呼び寄せることにした。わたしが間違ったことを気づかずに述べたところがあれば、彼ならばたちまち見とがめて、われわれに教えてくれるだろうと思ったからである。

二〇一 呼ばれてやって来た彼は、朗読を聴き終わると——途中の描写に時間を取る必要はないだろう——書かれていることのどれにも難色を示さず、誉めちぎるばかりで、個々の部分については、われわれと同じような判断を下した。しかしながら、ラケダイモン人について述べた箇所に不満を覚えていることはありありと顔に出ていた。二〇二 そしてそのことを彼はすぐに表明した。意を決してこう言ったのである。もし他に何もギリシア人のために貢献しなかったとしても、少なくとも一つだけは彼らにすべての人が感謝してしかるべきだろう、つまり最も美しい生き方を発見して、みずから実行し、他の人びとにはそれを示したことである。

二〇三 このように言葉少なになされた断定が、この論をわたしの意図していたところで終えることができなくなった理由である。かつてわたしの弟子であった者が目の前で間違った低級な口上を述べるのを座視するならば、恥ずべきでありまた忌むべきことであろうと思い至ったのである。そういうことを念頭に置いて、彼に問いただしてみた。この場にいる人びとを忘れているのか、またそのように神を畏れぬ偽りの、矛盾に満ちたことを言って恥ずかしくないのか、と。二〇四「きみは覚らないのか。もし思慮にすぐれた人びとの誰かに、まずどのような生き方を最も美しいと信じるか、次にスパルタ人がペロポネソスに居を定めてから何年が経過したかと尋ねるならば、わたしの論と同じような答えが返ってくるはずだ。生き方としては、何よりも神々には敬虔を、人には正義を貫き、その他の行為に関しては賢慮を選ぶと答え、またスパルタ人はそこに定住して七百年は経過していないと言うだろう。二〇五　事実がかくのごとくである以上、かりにきみの言うことが真実であり、彼らこそが最も美しい生き方を発見した者であるならば、その必然の帰結としてスパルタ人がそこに定住するよりはるか昔に生まれて、そのような生き方に無縁であった人びとがいたことになる。トロイアに遠征した人びと、ヘラクレスとテセウス、またゼウスの子ミノス、ラダマンテュス、さらにアイアコス、(2) またほかにもそういった徳ゆえに頌歌に讃えられる者がいるが、その同時代人は誰もこれにあずかることなく、すべてその名声はにせものであったというわけだ。

二〇六　だがもしきみの発言がまったく空虚で、神々から生まれた英雄たちは誰よりもこれらの徳を励行し、後代の者の範となったというのがほんとうならば、きみがそのように無雑作に無法な賞讃をするようで

(1) エピローグ部が始まるべきところが、ここから二六五節まで弟子とかわした批評が入り、この演説に興味深い要素を加えている。

(2) ミノス、ラダマンテュス、アイアコスは、伝説上、正義を体現した人として、死後の裁きを委ねられていた。プラトン『ゴルギアス』五二三を参照。

は、聴いた人はみなきみの正気を疑うだろう。またきみがスパルタ人を讃えるにしても、わたしの論を聴く前であったなら、愚かな言を弄しているとはいえ、自家撞着にはまっているわけではないと見られただろう。二〇七　しかるに実のところは、きみが讃辞を呈したわたしの論説は、ラケダイモン人がその同族や残りのギリシア人にはたらいた多くの酷い所業を白日の下にさらすものであるから、どうしてきみに、これらの罪を負う者たちが美しい生き方を教導したと言えるわけがあろうか。

二〇八　それに加えて、きみはあのことも忘れている。生き方であれ技術であれ、またその他すべてにおいて後世に伝えられるほどのものは、凡庸な人の発見によるのではなく、天賦の才能に恵まれ、以前に発見されたものをほとんどすべて学びとる知力を有し、新たな探求を人並みはずれて志向する人によるものではなかったか。二〇九　ラケダイモン人はこれに無縁で、アジアの異民族よりも遅れをとっている。後者が多くの発見を学び、また教えたことは明らかな事実であるが、前者は人類共通の教育や哲学から取り残され、読み書きすら学習しない。文字の学問こそは、これを知りこれを用いる者をして、同時代の事績のみならず、かつての歴史にも深く通じせしめる力をもつということを知らない。二一〇　それにもかかわらず、きみはこのようなことに無学な人びとであっても、最も美しい生き方の発見者であると言ってはばからない。しかも彼らが彼らの子供に体得させせようとしている課業は、これによって子供たちが世に善行を施す者ではなく、ギリシア人に非道をはたらく者となるのが期待される代物だ。きみはそれも承知の上で発言している。

二一一　これらすべてを逐一述べるのは、わたし自身にも聴く人にも煩わしいばかりであるから、一つだけ、彼らが大切に思い、ことのほか熱心になっていることに絞って言おう。思うに、これだけで彼らの生き方全般が明らかにされるであろう。すなわち、彼らは毎朝起床とともに、子供たちをそれぞれ望む仲間とともに送り出す。言葉の上では狩りにであるが、その実は耕作に従事している人びとから盗みに行かせるのである。二二二　このとき捕まった子供は罰金と打擲の刑に遭い、さとられずにこの犯罪を最大に重ねた者は、子供のときから名をあげ、成人に達したのちも子供のときに習練した習慣を堅持していれば最高の官職に列せられる。

二二三　そして誰か、彼らのもとでこれよりも大切にされ、あるいは重視されている教育を示すようなことがもしあるならば、わたしはかつていかなることについても何ひとつ真実を述べたことがないと認めてよい。まことに、あのような教育のどれが、恥辱でなくて、美しく厳かなものでありえようか。これほどに共通の法を逸脱し、ギリシア人ともアジアの異民族とも一つも同じ判断をしない人びとを賞讃する者が、どうして愚か者とみなされないでおられようか。二二四　他国の人びとは、狼藉や盗みをはたらく者を家僕の中でも最下等の奴とみなすのに対して、彼らはそのような悪事に長けた者を子供のうちの最優秀と認めて、珍重する。実に、思慮をそなえた人ならば、このような生き方を通して徳の習練をしていることを知られるよりは、三度でも死ぬほうを選ぶであろう」。

二二五　これを聞いて彼は、語られたことのどれに対しても猛然と反撃することはなかったが、さりとて沈黙を続けたのでもなく、「あなたのなされた議論では」とわたしに語りかけて言った、「あたかも私がラケダイモンのすべてを容認し、また是認しているかのようですね。おっしゃることのうち、子供の放恣やその他についてはもっともな批判であると私にも思われますが、私に対するお叱りは肯綮《こうけい》にあたりません。

二二六　というのは、先ほど論説を読み聴かせていただいたとき、ラケダイモン人について述べられた箇所にも当惑したのですが、しかし私はこれまでいつも彼らを賞讃するのに慣れていたため、彼らを弁護してこの著述に反論しようとしてできなかったことの苦痛に比べれば物の数ではありませんでした。私はそれほどの窮地に陥って、残された唯一のことを申したのです。もしほかに何もギリシア人のために貢献しなかったとしても、少なくとも一つだけは彼らにすべての人が感謝してしかるべきだろう、つまり最も美しい生き方を発見して、みずから実行し、他の人びとにはそれを示したことである。二二七　このように言ったとき、私が目を向けていたのは、あなたの述べた(1)ような敬虔でも正義でも知恵でもなく、かの地で行なわれている体練と勇気の涵養、団結心、また軍事訓練一般でした。これについては、すべての人が賞讃し、また彼らのもとで最もよく実現されていると主張するでしょう」。

二二八　彼はこのように論じ、わたしはこれによってわたしのした批判のどこかが衝かれたとも思わなかったが、ただ先の発言よりも圭角が取れていることを認め、不躾なところがなく、冷静に論じていたし、残りについても先の暴言と打って変わって節度ある弁明になっているという感想をもった。しかしながらその点は斟酌せず、わたしは同じ論題について、子供の盗みについてしたよりも、もっと手強い告発ができると宣言した。二二九「彼らは、あのような生き方によって彼ら自身の子供を虐げ、きみの先ほど挙げた鍛錬によってギリシア人を破滅に追いやった。その全容は瞬時に見てとれる。思うに、すべての人が一致して認めるであろう最大の罰に値する極悪人とは、人を益するために発見された工夫を、人を害する武器に用いる者、二三〇　またアジアの異民族にでもなければ犯罪者にでもなく、さらには彼らの土地に侵入した者に対してでもなく、これを身内の者、同じ血筋につらなる者に行使する人びとである。そしてこれこそがスパルタのしたことにほかならない。彼らの軍事訓練をみごとなものと広言することが、どうして敬虔な行為でありえよう。彼らは彼らの救うべき人びとを、つねに滅ぼそうとしてきた者ではないか。

二三一　それはともかく、事をみごとに処している人びとを見損なっているのはきみだけでなく、ギリシア人の大部分がそうだ。というのは、ひとは美しい行ないと思われていることに鋭意専心している人びとを見たり、よそから聞いたりすると讃嘆し、彼らについて多くの論をなすが、それがどんな結果をもたらすかを知らない。二三二　このような人びとについて過たず評価しようとする人は、まず最初は沈黙をまもり、彼らについての意見を控え、やがてその当人たちが私人の問題についてであれ、公共の事柄についてであれ、実際に話したり行動するのをこの目にする時が来たならば、その時こそ彼らをひとりひとり仔細に観察すべきである。二三三　ここで、法に違わず、それまで励んできた訓練を実地に役立てることのできた者があれば、これに賞讃と尊敬を捧げ、また正道をはずれ狼藉をはたらく者があれば、これを非難し憎んで性向を監視すべきである。そして、事物の本性はわれわれを益するものでも害するものでもなく、人間のこれの利用と行動がその結果生じるすべての原因をなすことを忘れてはならない。[2]二三四　それは次のことから知ることができよう。事物そのものはどこにあっても同一でけっして変化しないが、ある者には有益、またある者

（1）二一〇四節を参照。
（2）『ニコクレス』三−四、『アンティドシス』二五一−二五二を参照。

には有害ともなる。存在するそれぞれのものがそれ自身と反対の本性を、また同一でない本性をもつというのは理が通らないが、他方、過たず正しく行なう人と放埒非道に振る舞う人とで、同じ結果が生じることはけっしてないということも、正しく推論をする者にとっては当然のなりゆきであると考えられないだろうか。

二二五　同じことが団結心についても当てはまるだろう。なぜなら、それの本性は、いまわたしの述べたものと異なるものでなく、われわれはこれがある場合には最も多くの善をもたらし、またある場合には最大の悪と災禍を引き起こすのを見出すからである。そして後者の一例としてわたしはスパルタ人の場合を挙げるのだ。これはある人びとにとって、はなはだ意外な言と思われるかもしれないが、真実を語るものとなるであろう。二二六　なぜなら、スパルタ人は外国情勢については判断を一にして、あたかも職人芸のように、ギリシア人を互いに争うべく工作し、他国の惨事を自分たちの最大の利益であるとみなしていた。そのような状態にある国家ならば、思いのままに操ることができたからである。かくて、誰も団結心の固さゆえに彼らを正しく賞讃することはできないだろう。海賊や山賊その他犯罪に手を染める者と選ぶところはない。この者どももまた、互いに心を合わせて、一般の人命を奪うからである。

二二七　もしこのわたしの比較がスパルタの名声に照らして適切でないと思われるならば、それはなかったことにして、トリバロイ人[1]を取り上げよう。彼らは、すべての人の言うところでは、他のどこの人びとよりも団結心が強く、隣人や近くに住む者はおろか、よその者でさえ手が届けば、殺してしまうという。

二二八　徳を追求する人びとは彼らを模範とすべきではなく、むしろよりいっそう知恵や正義やその他の徳の力のあり方をまねるべきである。それらの徳の力は、自分自身に益をもたらすものではなく、むしろそれらが宿りとどまる人を栄えさせ、浄福をもたらすからである。しかるにラケダイモン人はこれと正反対に、近づいて誼《よしみ》を通じた相手を滅ぼし、他の所有する善をすべて自分たちの手元に置こうとする」。

二二九　このように言ってわたしは、この論を差し向けた相手を沈黙させた。その彼は有能で経験も豊富で、わたしの門弟のうちの誰よりも弁論の修業を積んだ男だったのである。しかし、その場の一部始終を見聞した若者たちはそのようなわたしの評価を認めず、わたしに対しては、予想以上に激しく論じた、実に鮮やかに論戦したと賞讃し、彼については、その真価を覚らずに見下してしまった。実際には彼らはわれわれ両方を見誤っていたのである。二三〇　というのは、彼はより思慮深くなり、また思慮のすぐれた人にふさわしく、謙虚な考えをもつようになり、デルポイの銘にあるように、おのれ自身についてもまたラケダイモン人の本質についても、前よりも認識を深めて立ち去った。他方、あとに残されたわたしは論争をうまく乗り切って、そのために少し愚かになり、年齢にあるまじき得意風に吹かれ、若者のように興奮してしまった。

二三一　明らかに、わたしはそのような状態にあったのだ。落ち着きを取り戻してからは、休息もとらずに召使に口述を続けたのである。ところが、つい先ほどは愉快に話した議論は、やがてすぐに苦痛を与えることになるものであったのだ。三、四日経過してから、これを朗読し全体をたどってみたところ、アテナイについて述べた箇所は問題なかった——すべてこれについては上手に正しく書かれていた——が、二三二　ラケダイモン人に関する箇所には苦痛を覚え、気が滅入るばかりであった。彼らについて論じた部分は、適正

（1）『平和演説』五〇を参照。

な節度を踏みこえ、他の箇所から浮き上がっている、散漫で、毒が強すぎ、まことに愚かというほかないと思われた。こうして、何度となく衝動的に、抹消するか焼き捨てるかしようとしては、思いなおすということを繰り返し、老いの身とこの論説にかけた労苦を思って嘆くばかりであった。

二三三　このような動揺に陥ったのち、考えを二転三転させながら、最上の策は、かつての門弟でアテナイに逗留している者たちを呼び寄せて相談することだと思い定めた。これを完全に抹消すべきか、それとも引き受けることを望む者に委譲すべきか、いずれにせよ彼らが賛成する案を実行することにしよう。このように決断を下すと、一刻の猶予もならず、ただちに先の者たちを呼び寄せ、まず集まってもらったわけを彼らに説明し、演説を朗読した。ところが、これは賞讃の嵐を呼んで拍手喝采され、あたかも弁論披露の会で大成功した者のような扱いを受けたのであった。

二三四　以上のすべてが終了すると、他の者たちは自分たちの間で、もちろん朗読された内容についてであるが、議論をはじめたが、最初にわたしが相談役として呼び寄せたラケダイモン礼讃者で、わたしが必要以上に反論した相手はしばらく黙然としていたが、やがてわたしのほうを見て、この状況ではどうしたものか困惑していると口を開いた。というのは、彼はわたしの語った内容を疑いたくなかったけれども、かといって鵜呑みにすることもできなかったからである。二三五「というのは、私は驚いているのです。ラケダイモン人に関する箇所に、あなたがご自分からおっしゃるほどに強い不満を覚え、意気消沈したということにも――その箇所にそれほどひどく書かれたものは、私には見当たりませんから――、またこの論説についての相談をしようとしてわれわれを呼び集めたことにも。あなたの語ること為すことすべてをわれわれが賞讃することは、とうに熟知しておられるはずです。思慮分別のある人間なら、その専心している事柄については、とりわけ自分よりも思慮のすぐれた者に、あるいはそれでなくとも、自分と同じ意見を表明するであろう者に同調することになるのが一般です。あなたはこれと正反対のことを求められている。

二三六　したがって、私にはどちらの言い訳も信じられません。むしろ、あなたがわれわれを呼び寄せたのもアテナイの讃辞をつくったのも、単純な動機から発したものではなく、またあなたがわれわれに対して述べた理由からでもなく、われわれについて言えば、われわれが哲学を続け、以前あなたのもとで研究した折に語られたことを記憶しているか、またこの論説がどのように書かれたかをただちに見てとることができるか試す意図があったように思われます。二三七　また一方で賢明にもアテナイの讃美を選ばれたのは、多数の同胞市民を喜ばせ、あなたに好意的な人びとの間で名声を博するためでしょう。しかし、そう決めたとき、もしアテナイのみに話題を限り、すべての人が繰り返して倦むことのない神話伝説を語るだけでは、他の弁論家の書いたものと代わり映えのないものになってしまう、とあなたは考えたのです。そのほうがよほどあなたにとって恥辱であり苦痛であったでしょう。二三八　これに対して、もし伝説の類いは打ち捨てて、広く認められている事実に絞り、ギリシアに多大の益をもたらした業績を語り、これをラケダイモンのそれと比較し、一方の父祖を讃え、他方の行為を糾弾するならば、その論説は聴く者にめざましい印象を与えるであろうし、またあなたも従来の立場からはずれることもない。そしてむしろある人びとは他の弁論家の著作よりもこれに感嘆するだろう。

二三九　私の見るところ、はじめのうちは、これについてあなたもそのように考えめぐらし方針を定めていたのではないでしょうか。だが、ご自分がかつて誰にも劣らずスパルタ人を賞讃していたことを失念するわけはなく、かつてそれを聴いたことのある人びとをあなたは恐れたのでしょう。その場しのぎのことを言う人びとの同類と思われないか、以前には誰よりも賞讃していた相手を今になって痛罵していると思われはしまいか、と。これを懸念して、あなたはアテナイとスパルタのそれぞれをどのように語れば両者について真実を述べていると思われ、またアテナイの父祖は思うとおりに賞讃し、スパルタ人については、スパルタ嫌いの人びとには非難しているように聞こえるが、実はそうでなく、賞讃が彼らの耳に入らないだけのことであるように語れないか考察しました。二四〇　そのような語り方を探したあなたは、難なく両刃の論を発見できたのです。それは批判者にも礼讃者にも肩入れするものでなく、両様に解釈可能な、論議の余地をたくさん残したもので、このような弁論は、契約履行や私欲のからむ係争を扱う人にとっては恥ずべきものであり、無能の証ですが、人間の本性や事物そのものについて論じる人にとっては立派な哲学的なものなのです。二四一　いま朗読された論説は、その中であなたの父祖たちを平和的でギリシアを愛し、諸国家の平等を実現に導いた者とし、スパルタ人は傍若無人の好戦的人種、私欲の塊であると、誰もがそう思ったように描いていますが、実のところは、両義的な性格のものなのです。

二つの国家の本質的特徴はそれぞれこのようなもので、一方はすべての人に賞讃され、民衆に好意的であると評判され、他方は多数者には妬まれ嫌われているのですが、二四二　しかし後者を賞讃し感嘆する人びともあり、あなたの国の父祖たちにあったよりも、多くの長所をもっていると高言しています。実際、傲慢な態度というものには威厳があって、これは高く評価してよいものであり、また衆目の見るところ、そのような人は平等を旗印にする人びとよりも高い志をもっているし、さらに好戦的な人も平和を好む人よりすぐれていると思われているからです。というのも、後者のような人びとは、いまだ持たざるものを求めて獲得することも、持てるものを頑強に保全することもないが、前者はその双方をよくし、欲するものを獲得し、またいったん占有したものはこれを守り抜くからです。そしてこれこそ、すぐれた意味での男子のすることなのです。(1) 二四三 このスパルタ礼讃者たちはさらにまた、私欲についても、先に述べられたよりも高い評価を与えることができると考えています。なぜなら、借りた金を返すことができない者とか詐欺師とか勘定をごまかす人間を、飽くなき欲心をもつ者と呼ぶのは変でしょう、彼らは信用がないために、あらゆる場合にしくじるのですから。これに対してスパルタ人の私欲の追求は、王や僭主のそれと同じように、希求されるべきものであり、すべての人の欲するところなのですが、二四四 にもかかわらず、それを実行する権力をもつ者には悪罵と呪詛が浴びせられている。だが、本心では、そのように思いのままにできる力が何よりも自分に授かることを、それがかなわないまでも自分に最もつながりの深い者が得ることを神々に祈らない人はいません。この点で、他人よりも多くとることを最大の善であると、すべての人が信じていることは明らかでしょう。

あなたはこのような構想を抱いて、議論の範囲設定をしたと私には思われます。二四五 さてもしあなたが語られたことに手を入れず、この論説を無批判のまま放置していたならば、これ以上私が申し上げるべき

(1) この箇所は、プラトン『国家』三四四A以下のトラシュマコス説の模倣だとみなされている。

こともなかったでしょう。もっとも、私が相談役として呼ばれたものについて何も意見を述べなかったからといって、あなたが気にされるだろうとは思いません。実際われわれが共同で研究していた頃も、あなたはそういうことに熱心だとは思えませんでしたから。二四六　いや、あなたの演説は、他の人のものと同日の段ではなく、気軽に朗読を聴く人には単純でわかりやすく思われるが、これを詳しくたどり、他の人びとが見逃したところを理解しようとする者にとっては、難解で把捉しがたいものに見えてくる、一方では充実した調査と哲学を含み、他方では多彩な技巧と虚構が織り込まれている、といってもよくあるように悪意をもって同胞市民を傷つけようとするものではなく、その学問教養によって聴き手を益し、あるいは楽しませることのできるものですが。二四七　あなたは意図的に言論をそのように組み立てているのに、それらの工夫のどれもあなたの構想したとおりの状態にしておかず、語られていることの真意を教え、あなたのお考えを解釈するならば、それをする私は、聴き手により明らかにわかりやすくした分だけ、論説から名声を奪うことになる、そのことに気がついていないとあなたは言われるでしょう。

二四八　私は自分の知恵があなたのそれに比べて、限りなく劣っていることを認めるものですが、しかしそれを覚ると同様に、このことも知っています。あなたの国が最も重大な問題について審議するとき、最上の思慮をもつと思われている人がまた逆に政策の結果について誤った判断を下し、また逆に無能な奴と軽蔑されている人びとの中にも、凡愚ながら事を成功に導き、また最上の提案をしていると思われたことがある。二四九　したがって、いまこの場合もそれと同じことが起こっても驚くべきことではありません。あなたは、言論の推敲にあたって抱いている考えをできるかぎり長く隠しておくことが、最大の名声を獲得する道だと思っておられますが、私の考える方法のほうがあなたを成功に導くでしょう。それは、この論説の構成のもとにある思想をできるだけすみやかに、一般に、とりわけラケダイモン人に明らかにすることです。彼らについてあなたは多く、一方では正しくもまた厳かな論を、他方では放恣でいたずらに挑発的な論をなしたのですから。

二五〇　これらの論をもし私がそれについて論じる前に、誰かが彼らに示したりすれば、必ずや、彼らは自分たちの告発状を書いたとして、あなたを憎み敵対するでしょう。私の思うに、実のところスパルタ人の大部分は旧習を墨守し、当地で書かれた著作には『ヘラクレスの柱[1]』の彼方で語られていることほどにも関心をもっていないのですが、二五一　しかし彼らの中にも知慮にすぐれ、あなたの弁論をいくつか入手して感心している人びとがいます。この人たちがもし、朗読者を得て、さらに自由に過ごせる時間を与えられたならば、あなたの語るところを何ひとつ聞き逃さず、賞讃している部分については、彼らの国家に関する確かな立証に基づいて語られていると認め、非難については、事実に無頓着で言葉だけは過激に語られたものと蔑み、また著作に含まれている中傷誹謗の底には嫉妬が潜んでいるとみなすでしょうが、二五二　しかしまた、彼らが誇りとし世にも名高い功業と戦闘をあなたが著わして、そのすべてをまとめ並置することにより、永く記憶にとどめたことも認めるでしょう。多くのスパルタ人がそれの朗読を聴き、それを詳しく検討することを（祖先の事功を聞きたいからではなく、あなたがそれをどのように述べているかを知りたいと願

(1) ジブラルタル海峡にある二個の巨岩と伝えられる。

って）切望することになるだろう、と。

二五三　これらの事績に思いを致し仔細に検討するとき、あなたが賞讃されたところの往古の父祖の功業(1)についても、彼らはこれを記憶に呼び戻して、繰り返し話題にするでしょう。まず最初に、彼らがドリス人としてあったとき、見渡したところ彼らの城塞村邑は名もなく小さく貧しかったので、これを捨ててペロポネソス半島の指導的な都市国家、すなわちアルゴス、ラケダイモン、メッセネに向けて出征したこと。二五四　戦いに勝利して、敗者をその都市と土地から追放し、自らは彼らの全領土をそのとき占有し今に至っていること。これほど偉大で驚異的な往時の達成は、誰も示すことができないし、またこの国内の困窮を解消し他国の繁栄をわがものとした事業よりも、幸運と神佑に恵まれたものはほかに例を見なかった。

二五五　以上は、遠征をともにしたすべての人びとが力を合わせて達成したものであった。次にアルゴス人とメッセネ人に土地を分かち、自分たちはスパルタに居を定めてからのこと。あなたも言われるように、このときの彼らの士気は高く、たかだか二千(2)の人数を擁していただけであるにもかかわらず、ペロポネソスの全都市の覇王たりえずして生きるには値しないと思い定めた。二五六　このように意を決して戦いを開始し、多くの敗北と危機に遭遇しながら、アルゴス人の都市を除くすべてを従えるまで、攻撃をやめなかった。ついに最大の領地と最強の力を所有し、これほどの大事業を成し遂げた者にふさわしい名声も獲得するに至ったが、それに劣らず、ギリシア人の間にあって唯一の輝かしい記録を残したことを誇りにした。二五七　というのは、彼らは次のように言うことができた。すなわち、かくも少数でありながら、かつて無数の国家のいずれにも服属したことも命令に従ったこともなく、自主独立をまもり続け、またアジアの異民族との戦争において全ギリシアの指導者となったが、この栄誉を得たのは理由のないことではなく、当時の世界でどこよりも多くの戦闘を行なって、ペルシア大王麾下の軍に対して不敗を誇り、すべてに勝利した実績があったからである。

二五八　将来語られるかもしれないものはさておき、これ以上に、彼らの勇気と克己と互いの一致団結を証するものは、誰も挙げることができないだろう。ギリシアの都市国家が数あるなかで、国家の定例である災禍に遭遇しなかったところは一つも見当たらないのに対して、二五九　ひとりスパルタには、内乱も死刑も無法な国外追放の例も示すことができず、また財産の横領や婦女子の陵辱のあったこともなく、政体の転覆も、負債の帳消しも土地の再配分もまたその他修復不可能な惨事のいかなることも見つからないだろう(3)。スパルタ人が以上の事実を通覧するとき、あなたについても、かくもみごとに彼らについて事実を収集し論じたことを記憶にとどめ、感謝することでしょう。

二六〇　私はあなたについて以前と今とでは同じ意見をもっていません。過ぐる日々においては、私はあなたの天賦の才能、生き方と刻苦精励と、何よりもその哲学の真実に驚嘆しましたが、今はあなたの幸福を羨み、祝福するものです。生きておられるうちに、あなたにふさわしい以上の名声はともかく――それは難しいことですから――、次第に多くの人の間で、今よりさらに名声を高めることでしょうし、生を終えられ

(1) 二三九節を参照。
(2) ペルシア戦争時のスパルタ(正市民)の人口は八千人に増加している。ヘロドトス『歴史』第七巻二三四を参照。
(3) 『アンティドシス』一二七の言い回しと同じ。

た後は、不死に、といっても神々のもとにあるそれでなく、立派な仕事に秀でた人びとの記憶を後世にとどめるところの不死(1)にあずかるでしょう。二六一　そしてそれがかなえられるのはまったく正当なことです。あなたは双方の国家をみごとに、それにふさわしく讃えられました。一方のアテナイについては、多くの人びとの評価にあわせて賞讃されました。そして大衆の評判というものは、名のある人びとでこれを軽蔑する者はなく、むしろこれを得ようと願っていかなる危険をも冒すものなのです。また他方のスパルタには、真実を推し量る努力を惜しまない人びとの推理にあわせて、讃辞を述べられたのでした。ある人びとは、このように理知的な人たちの間で名声を得ることを、世間一般で現在の倍の評価を受けることよりも強く願うことでしょう。

二六二　いま語りたいことはつきず、またあなたについても両国家についても、まだ言うべきことがたくさんありますが、それは断念して、あなたが私を呼び寄せた用件のことで、意見を申し述べることにしましょう。私は、この論著を焼き捨てたり抹消したりしてはならないと、ご忠告いたします。どこか足りないところがあるのでしたら、推敲なり補足なりをして、これに費やした努力の結晶を受け取ろうと望む人びとに手渡すべきです。二六三　いやしくもあなたが、ギリシア人のうちで最もすぐれた人びとを、そして見せかけでなく、真に哲学している人びとを喜ばせようと思うのであれば、また、あなたの著作に誰よりも驚嘆していながら、民族祭典に集う群衆の前で（聴いている人よりは居眠りをしている人のほうが多いというのに(2)）、あなたの論説を冷罵して烏合の衆を欺きさえすれば、自分たちの弁論があなたによって書かれたものに匹敵するかのように空想し、ホメロスの詩を模倣する者がホメロスの名声に届かないよりもさらに、あなたの著作に自分たちが及ばないことがわかっていない人びとに痛棒をくらわせようと思うならば」。二六四　こう言って彼が居合わせた人びとに、そのために彼らが呼び出された案件についての意見を表明するように求めたところ、巧みに論じた人びとに対する慣例となっているような拍手喝采ではおさまらず、抜群にみごとな弁論であったと、大歓声でこたえ、まわりを囲んで口々に賞讃し、羨み、祝福し、何ひとつつけ加えることも削ることもできないと言い、彼の勧めをわたしが取り上げるようにとの意見をこぞって表明し、忠告したのである。二六五　わたしにしても黙って傍らに立ちつくしていたわけでなく、彼の生来の素質と修練を激賞したのだが、彼が言ったその他の点については、その推測がわたしの意図を過たず射貫いたとも外れたとも口をはさまずに、彼がひとり思っているままにしておいた。

二六六　さて以上をもって、わたしの掲げた主題は充分に語りつくされたと信じる。語られたことを一つずつあらためて取り上げること(3)は、このような論説にはふさわしいものでない。しかし、この論説執筆をめぐる個人的事情については、いささか述べておきたいことがある。これを書きはじめたのは、最初に前置きのところで(4)触れたような年齢にさしかかってからであった。二六七　すでに半ばを書き終えたとき、わたし

(1)『デモニコスに与う』三八、『ニコクレスに与う』三七、『ピリッポスに与う』一三四を参照。
(2)『ピリッポスに与う』一一二を参照。
(3)『ピリッポスに与う』の終結部を参照。
(4)前出三節。

は病に襲われた。病名は控えるが[1]、三日か四日のうちに老人はおろか、壮年の者でも多くが絶命するほどの難病であったが、これとわたしは三年間闘い、日々異常な苦しみに堪えて過ごしたので、これを目撃した者や人づてに聞いた者は、かつてわたしが賞讃されたいかなる長所よりも、この忍耐力に驚嘆したほどであった。二六八　しかしながら、ついに病苦と老齢のために執筆の続行を断念したとき、訪れてしばしば著述の書き終えた部分を朗読してくれた人びとの何人かが、これを中途で未完成のまま放置してはならない、少しの時間を割いて書き継ぎ、残りは省察にあてるようにとわたしに要求し、また忠告したのである。

二六九　彼らがこれを論じるやり方は儀礼的なものからおよそ遠く、書き終えたものを口をきわめて誉めそやすかと思えば、われわれと親しくない者や好意を感じていない者が聴けば、騙しているとしか思えないようなことも言い、その言葉にわたしが従うようであれば、もう屍も同然、すっかり痴呆化してしまったのだと勘違いしたであろう。二七〇　しかし彼らが遠慮なしに言ったことについては同感であったので、わたしは説得に応じ——これについてくだくだしい説明はいらないだろう——残りの仕事にとりかかった。齢は百に三つ足りないだけで、衰弱は甚だしく、他の人ならば論説を書こうと試みるどころか、他人が骨折って示すものを聴くことすらしなかったであろう。

二七一　以上のようなことをわたしは何のために述べたのか。これまで語ってきたことについて寛恕を請うためではなく——それほどまずい出来だったとわたしは思っていない——、わたしのこの間の事情を明らかにして、聴き手の中で、この論説を歓迎し、以下のような評価を下す人びとを賞讃したいと思うからである。すなわち、より真剣で哲学的な言論とは、演示や法廷闘争のために書かれた弁論ではなく、教えのために技巧を凝らしたものであり、また聴く者の考えを欺こうとするものではなく、真実を推測する言論であり、さらに快楽や歓を買うために語られる言論(2)ではなく、過ちを譴責《けんせき》し訓戒する言論(3)である、と。(4)二七二　またわたしは、これと反対の判定をする人びとに忠告したく思う。まず第一に、おのれの判断を信用してはならず、また怠惰な人びとの下す判定を真実とみなしてはならない。次に、知らないことについて性急に意見を表明しようとせず、提示された事柄について経験豊かな人びとと同じように考えることができるようになるまで、待たなければならない。このようにして、おのれの精神を支配するならば、誰からもけっして愚か者と見られることはないだろう。

(1) 赤痢ではないかという推測もある。
(2)『民族祭典演説』一一を参照。
(3)『ニコクレスに与う』五四を参照。
(4)『アンティドシス』六二を参照。

一三　ソフィストたちを駁す

一　教育を手がける人の誰もがみな、真実を率直に語ることを心がけて、できもしない誇大な約束を揚言しなかったならば、かくも一般の人びとから悪評を立てられることはなかったであろう。しかるに彼らはあまりに軽率に、大言壮語に終始する。かくして思慮のほどを比べれば、怠惰な暮しを選んでいる者のほうが、哲学に熱心な人間よりよほどまさると評されている。

いずこにあっても忌み嫌われ、また蔑まれる教師の筆頭に挙がるのは、日がな論争のための論争に時を費やしている者ら(1)である。彼らは真理を追求すると称しながら、表看板を掲げたそもそものはじめから、空虚の論をもてあそんでいる。二　思うに、未来の予知が人間の本性を超えていることは誰の眼にも明らかではないか。そのような賢慮はわれわれの遠く及ぶところでなく、ゆえに知恵にかけて並びない名声を博しているホメロスも、ときには神々でさえ未来についてあれこれ思慮をめぐらすこともあると考えて、その情景を描写している(2)。むろん、ホメロスが神々の抱懐するところを知っていたからではない。未来の予見が人間に不可能なことの一つであることを、われわれに示そうとしたのである。

三　しかるに彼らは無謀に走り、若者に対して、自分たちと親しく交際するならば何をなすべきかを知り、その知識によって幸福になるだろうと説得に努めている。しかもまた、かくも大きな善を教え、配給する者であると自負しながら、その報酬に三、四ムナの小銭を要求して恥ずかしいとも思わない。**四**　彼らといえども、他の物品を商って対価の何分の一にも足りない値段をつける者がいたならば、狂気の兆候を認めることに異論はなかったであろう。対して徳の全体と幸福の価値をそれほどに低く見積もっておきながら、徳を教えると称しても精神の正常を疑われないと思っている。彼らは富を名指して、「はした銀」とか「不浄金」とか呼んで、金銭などは不要のものであるかのごとく嘯きながら、わずかの儲けを必死で追い求め、教えを受ける者に不死の約束をも与えかねない。何よりも滑稽なことに、**五** 報酬を請求して正当な相手には、これに正義の徳を授けてやろうとしたはずが、まったく信を置かず、他方かつて一度も教えたことのない相手に、弟子から取った謝礼を委託する。財産の保管には重々思慮を怠らず、他方しかし、先におのれが与えた約束とはまるで反対のことをしている。**六** もとより、他の事柄を教える人であれば、争いの種になることについて細心の配慮を払って当然であろう。技能に秀でた者が賃貸の機微について明敏であっても、異とするにはあたらない。しかるに、徳と節制をつくりだそうとする人でありながら、自分の弟子が誰よりも信用できないのでは、まるで話にもなるまい。世間一般に交わるときは気高く正しい人物が、自分を育てた師に対するときは平気でこれを欺く、ということはないと思うが。

(1) 問答相手から矛盾撞着を引き出す論法を工夫し、その技を競った。ソクラテスの影響を受けたアンティステネス、エウクレイデスなどが念頭に置かれていると考えられる。このようなソフィストがかわす問答の実例は、プラトン『エウテュデモス』に描かれている。

(2) ホメロス『イリアス』第十六歌四三一以下、六五二以下、第二十二歌一六八以下を参照。

七　それゆえ、やがて一般の人も、これらすべてを考えあわせれば、知恵を教え幸福を授けようとする人びとの実態を見抜くだろう――彼らは実際は多方面で窮乏していて、弟子を取ってもわずかな稼ぎしかない、また矛盾撞着を言論のうちには目ざとく指摘しながら、ひろく行為において見抜くだけの力がない、さらには未来に関して知ったかぶりを装い、八　現在に関しては必要なことを何ひとつ言うことも忠告することもできない、むしろ常識的判断をとる人のほうが、知識をもっていると公言している人よりも一貫性があり的確な判断を下すのではないか。ここに至って、思うにおそらく当然のことであるが、一般の人びとはくだんのごとき談論が魂を配慮することとは認めず、無駄話や細かい穿鑿《せんさく》とみなして軽蔑するだろう。

九　以上の人びとのみならず、政治弁論を教えると請け合う人びともまた、批判にさらされてしかるべきである。実に彼らもまた真実をまったく顧慮せず、安い授業料とたいそうな宣伝によって、できるかぎり多数の者をかき集め、集めた者から少しでも金を取れば、それが技術の証であると考えている。当人はかくも鈍感であり、しかも他人も自分たち同様の愚物だと思いこんでいるために、一介の素人が即興で行なうよりも稚拙な演説しか書けないにもかかわらず、彼らのもとで学べば、議題に含まれる可能性を何ひとつ見落とすことのない一流の政治弁論家になれると約束している。一〇　また弁論の能力を説いて、これにあずかるのは経験によるのでも、学習者の天性の素質によるのでもなく、弁論の知識は文字の知識と同じ方法で伝授されると彼らは主張する。そのそれぞれのありようを吟味検討することもなく、ただ広告を誇大にすることによって、自分たちが讃嘆の的になるだろう、弁論の教育が高い評判をとるだろうなどと寝惚けている。偉大な技術の完成は、技術について大法螺を吹く者のよくすることではなく、それぞれの技術の領域に内包されているものを発見する力のある人によるものであることを知らないのである。

一一　私は、哲学が彼らの言うだけの力を発揮することを、千金にも替えがたく思う。まことに彼らの言うとおりであれば、愚生にしてもこの学問の最後尾に取り残されて最小の利益しか享けないということもなかったであろう。しかるに実情はこれに反するのであるから、彼らの妄言がやむことを望んで許されよう。現に見るところ、正道を踏みはずした者に非難が浴びせられるだけでなく、この学問に時を費やしているすべての人が中傷を受けているからである。

一二　私は、彼らが弟子を取るのを当然の権利としているのを見ると、不思議でならない。創作の仕事を扱って、固定した技術的規則をその手本にして、その愚に気づいていないのである。知らぬは彼らだけなのであろうか。文字は動かず同一の状態を保つので、われわれは対象が同じであれば同じ文字を使い続けることができるが、弁論の置かれた情況はそれとは正反対である。すでに他の人によって語られたことは、その後でなぞっても、前と同じような効果をもたらさない。この分野では、主題にじゅうぶん拮抗する議論を展開し、独創的な表現を発見する力のある者こそが、最もその巧みを謳われるのである。一三　両者の違いを示す最大の証拠を挙げよう。弁論は、時機にかない、適正と斬新さとを兼ね備えなければ上手とはならないが、文字はそのようなことを何も要求されない。したがって、文字の学習を弁論の手本に持ち出すような人は、金を受け取るよりは支払う方が正当だろう。自分自身が面倒を見てもらう必要がおおいにあるのに、他人の教育に口を出しているからである。

一四　しかしながら、他を批難攻撃するだけでよしとせず、私自身の所信を明らかにする義務もあるとするならば、私はすべての思慮にすぐれた人の賛同が得られると考えている。哲学した人の多くは生涯を私人として送るのに対して、いかなるソフィストとの交際もなくして、言論と政治とのいずれにおいても頭角を現わす者がいる。というのも、言論だけでなく他のあらゆる活動において能力は、天性の素質と熟練のうちに生じるものだからである。[1] 一五 教育は、経験を厭わない秀才の技術を磨き、よりすみやかに方途を見つけ出すことを可能にするにすぎない。これら逸材を相手にするならば、彼らがいま模索しながらたまたま見つける解決策を、着実にとらえることを教えることができるが、才能の劣る者を教えても闘いの巧者や言論の作り手に育成するのは至難の業であって、ただ以前の自分よりも向上させ、多くの点で思慮もすぐれた者にすることができるだけである。

一六 ここに論が及んだ以上は、論旨をより明確に主張しておきたい。あらゆる弁論を組み立てる際に用いられる表現形式[2]について言うならば、その知識を修得することは格別むずかしい事柄に属さない。むろん、先に挙げた安直な約束をする人は避け、確かな知識をもつ人のもとで学ぶことが必要であるが。他方しかし、個々の主題に適用される表現法の中から、どれを選択し組み合わせて、配置の妙をつくすか、またさらに、好機を逸せず、適切に推論をくりひろげて演説全体を彩り、言葉を韻律にあわせ音楽的につらねて語るか、一七 これらは綿密細心の配慮を必要とし、果断と実際的判断に富む魂の仕事である。[3] ここで学習者は、素質に恵まれていることを必要とするだけでなく、表現の種類についてはこれを学び、その実際の適用については訓練を怠ってはならない。他方、教授者は精確に説き明かして、教えの可能なことは何ひとつ省いてはならず、自余のことについてはおのれを模範として示すならば、一八 その跡を追い、巧みにまねることのできる者はすぐにも、よそには見られない文辞の華麗と雅味を体得するであろう。そしてこれらの条件がすべてそなわったとき、哲学する人は完成の域に達するであろうが、いま挙げた条件のどれかが足りないときは、哲学に親しんでも、必ずや劣った状態に低迷せざるをえないだろう。

一九　近年に続々と発生し、大言壮語に唱和してまだ日も浅いソフィストたちが、いまは奢りをきわめても、いずれはすべて、この基本に引き戻されるだろうことを私は疑わない。残るは、われわれより前の時代にあって、いわゆる「技術」の書を世に問うたソフィストたちであるが[4]、これを批判せずに放免するわけにはいかない。彼らが約束したのは、「法廷弁論」という忌まわしい名前を選び出して、それを教えることであった。これは言論を憎む者のすることであって、言論の教養教育の第一人者が手を染めることではない。

二〇　ましてこの教養のはたらきは、法廷弁論よりはむしろそれ以外のあらゆる言論を益する力をもっている。彼らは論争に忙殺されているソフィストたちと比べても、はるかに劣る。たしかに後者にあっては、その終始するところの議論は末梢的で、これをひとが行動に移せばたちまちありとある災いに落ちるような性格のものではあるが、しかし教えの表看板に徳と克己節制を掲げている。対して彼らは、政治弁論を呼び物にしながら、これに附随する他の善をすべて無視して、他人に干渉し財産をつけねらうことを教える者とみなされたのであった。

（1）『アンテイドシス』一八六―一八八を参照。
（2）原語はイデア。
（3）プラトン『ゴルギアス』四六三Aはこの箇所のパロディ。
（4）コラクス、テイシアス、プロタゴラス、ゴルギアスなど。

二一　しかしながら、この哲学[1]が課している本来の指令に従おうとする者は、雄弁よりもむしろ品性の涵養の点ですみやかに益を受けるだろう。ここで私が正義は教えられるものと主張していると誤解してはならない。一般的に言って、生まれつき徳の素地が劣悪な者に克己節制や正義を植えつける技術はどこにもない。とはいえしかし、徳に向けて何よりの励みとなり助けともなるのは、思うに、政治的弁論を修めることであろう。

二二　ここで他の人びとの掲げる約束を攻撃し、自分自身は実際の力にある大口を叩いていると思われるのは本意でないので、私自身が心から納得している議論を取り上げて、これならば他の人びとにも容易に明らかに示してやれると思ったのである。…………[2]

（1）政治弁論のこと。

（2）ここで中断、以下現存せず。

一四　プラタイコス

一　アテナイ人諸君、ここにわれらは、(1) 諸君が不正の犠牲者をすすんで救援し、恩人には最大の努力を払って報いる人びとであることを知るがゆえに、嘆願にやって来た。平時であるにもかかわらず侵入したテーバイによって、母国を逐われたわれらをどうか見捨てないでいただきたい。すでに諸君のもとに逃れ、かつまた要求のすべてをかなえられた人びとが多くあることから、われらは諸君以上に配慮を委ねるにふさわしい国民はないと考えている。二　われらにもまして大きな非道の仕打ちを受けて、かくも大きな災厄に陥れられた者はなく、またわれらにもまして長期にわたり、諸君との友好を維持してきた者はない。

三　さて、テーバイ人が万策をつくして、いかなる非道もわれらに対して犯していないと諸君に信じさせようと工作していることが、もしわれらの知るところでなかったならば、手短な説明ですませることもできたであろう。しかるに、われらの不運は窮まって、戦う相手はテーバイ人だけにとどまらない。彼らが諸君の国から自分たちのために弁護人として調達した、おそろしく有能な弁論家とも争わなければならないのであるから、言葉をつくして事の経緯を長々と説明しなければならない。

四　われらの嘗めた苦汁は筆舌につくしがたい。いかなる言葉もわれらの不運に匹敵するものではなく、いかなる弁論家もテーバイ人の非道を告発するに充分ではない。にもかかわらず、彼らの無法を明らかにすべく、力のかぎり努めなければならない。五　われらが何よりも慨嘆するのは、他のギリシア人と平等な資格を認めらることからほど遠く、平和が実現し条約[2]も締結された今なお、ギリシア共通の自由を享受するはおろか、穏やかな隷属に甘んじることすら認められていない。

六　そこで、アテナイ人諸君、これから語られることを温情をもって聴いていただきたい。もし諸君が、これまで絶えず諸君の国に敵対してきた人びとには解放の労を取りながら、われらが嘆願者の礼を踏んでも、諸君の敵と同じ処遇を受けることもないとすれば、これほどわれらにとって理不尽な仕打ちはないということを念頭に置くようお願いする。

七　過去のことについては多言する必要があるとは思えない。かつて彼らが諸君の領地を分捕り、城市を徹底的に破壊したことを知らぬ者はあるまい。だが、彼らが諸君を欺けるかもしれないと望みを抱いていることについては、真相を明らかにすべく努めなければならない。

八　彼らはときに、次のような主張をしようとする。われらを急襲したのは、貢納の支払い[3]を承知しなかったからだ、と。諸君はまず第一に、それしきの告発理由であれほどに無法な酷い報復をすることが正当か

(1) 前三七三年、テーバイはプラタイアを急襲。住民はもてるだけの財産をもって、かつて(前四二七年)の祖先と同様に、アテナイに避難する。事件はアテナイの民会だけでなく、同盟会議の席上でも論議された(後出二一節を参照)。この演説は、同年プラタイア人によって民会において行なわれる設定になっている。標題の『プラタイコス』はプラタイア人によるる演説の意。

(2) 前三七四年のアテナイとスパルタの和平。

(3) ボイオティア同盟の参加国は盟主テーバイに対し、この義務があった。ここはプラタイアが同盟の一員でありながら支払いを拒んだという意味ではなく、同盟への参加を拒否したことをいう。

どうか考えていただきたい。次に、説得でなく暴力によって強制されてテーバイに貢納することが、プラタイアの国にふさわしいと思われるかどうか。私の考えるところ、われら一人一人の母国を跡かたもなく滅ぼしながら、自分たちの国制に、何らこれを必要としない者を強制的に参画させる、そのような人びとにもまして厚顔な徒輩はない。**九** 加えて彼らはわれらに対して、他の国々と交渉するときとは異なる政策を適用する。われらの国の説得に失敗した以上は、テスピアイやタナグラに対するのと同様に、テーバイへの貢納を強制すればすむことではなかったか。されば、われらも修復不可能な災禍に遭うこともなかったであろう。しかるに実際は、彼らの本心はそこになく、われらの土地を渇望していることを明らかにしたのである。

一〇 私は驚きを禁じえない。彼らはいかなる前例に基づいて、またいかなる意味で正義と判定して、そのように命令する権利を主張しようとするのか。父祖の事績をふりかえるならば、彼らは他国を支配するどころか、オルコメノス人に貢税を納めなければならないはずだ。古くはそうしていたからである。他方もし、条約の実効を認めるならば(それは正しいことであるが)、どうして彼らは、それを踏みにじる不正行為に走ったことを認めないのか。条約は諸都市の大小を問わず、ひとしく自由独立であることを謳っている。

一一 思うに、この件に関しては彼らも厚顔を通すことはせず、話題を転じ、われらがラケダイモン人に加担して戦ったこと、そしてわれらを潰滅させることで同盟全体に貢献したと主張するであろう。(1) **一二** しかしながら、いかなる責めも告発も、神聖な誓いと条約より以上の力をもたないと私は考えるものだが、それにもかかわらず、もしラケダイモンとの同盟ゆえに報復されなければならない人びとがあるとするならば、全ギリシアからとくにプラタイアを選び出すのは正当でないだろう。われらがラケダイモンに隷従したのは自発的にではなく、強制されてのことであったからだ。一三　誰が信じようか、祖国を奴隷の境遇に落とした国を、自国の市民権をわれらに分かち与えてくれた人びとよりも大事に思うほど、われらが痴呆の状態にあったなどと。ともかく、われら自身は小国であるのに対して、ラケダイモンはあのように強大な軍事力を擁し、さらには鎮撫総督を派遣し、常駐の駐屯部隊に加えてテスピアイには大部隊が控えていて、思うに、この状況を打破するのは至難であった。一四　ラケダイモンによってわれらは潰滅したが、それはテーバイ人のそれよりも電撃的に行なわれたばかりでなく、より正当でもあった。というのは、テーバイ人は平時にあり既往のことは赦すべきであったのに対し、ラケダイモン人は戦時のさなかに裏切りに遭ったのであるから、われらに苛酷な罰を降したのも道理であったともいえる。

一五　按ずるに、諸君が知らないわけはあるまい。他の多くのギリシア諸国もまたラケダイモンに追随することを強制されていたが、それはうわべのこと、心情的には諸君らアテナイの側にあったのだ。この国々はどのような判断を引き出すと予想すべきであろうか。テーバイがアテナイ民衆の説得に成功し、ラケダイモンに従った者は一人も容赦しないことになったと、もし彼らが聞かされることになるとすれば。一六　明

(1) 前三七七年にスパルタを敵国として結成された、第二次アテナイ同盟。

(2) アテナイのこと。

(3) 前三七八年春、スパルタ王クレオンブロトスはプラタイアとテスピアイを占領。クセノポン『ギリシア史』第五巻四-一三―一二を参照。「鎮撫総督」の原語はハルモステース(ἁρμοστής)、総監とも訳されている。

らかにテーバイの論に別の意味はない。彼らがわれらの国を滅ぼしたのは、われらに対して特別な告発があったからではなく、他のギリシア諸国にもひとしく妥当する罪状のゆえにであった。諸君はこの点を熟慮検討して、テーバイの横暴が、以前ラケダイモンの覇権を憎んでいた国々の心変わりを引き起こし、ラケダイモンとの同盟こそ自分たちの安全を保障するものであったと認めさせるようなことがあってはならない。

一七　また思い起こしていただきたい。諸君が先頃の戦争(1)に踏み切ったのは、諸君の安全のためでも同盟国の自由のためでもなく——いずれも諸君らはすでに確保していたのであるから——、神聖な誓いと条約を蹂躙され、自由独立を奪われた国々のためではなかったか。何よりも酷い非情のふるまいは、かつて諸君がラケダイモンに隷属するのはふさわしくないとみなした国々が、いまテーバイによって滅ぼされようとするのを黙認することだ。テーバイ人は、諸君の仁慈に倣おうとして遠く及ばず、**一八**　何よりも恐るべき捕虜の境遇でさえ、諸君の国家の手に落ちるのであれば、テーバイの隣人であるよりも、われらにとって堪えやすいのである。なぜなら、諸君によって力で制圧された者たちは、時を移さずスパルタの鎮撫総督と隷従とから解放され、いまでは同盟会議に出席を許されて、自由を享受している。しかるに、彼らの近辺に住む者はといえば、その一部は金で買われた奴隷と選ぶところはなく、また残りもわれらと同じ隷属状態に陥るまでテーバイの圧力がやむことはない。**一九**　そしてラケダイモンに対しては、カドメイアの占拠、諸都市への部隊駐留を糾弾するが、自分らは警備隊こそ派遣しないが、あるいは城壁を破壊し、あるいは鏖殺《おうさつ》して、何ら恐るべきことをしているとも思わぬばかりか、無恥のとどまるところを知らず、自分らの安全については同盟国すべてが配慮すべきことを要求し、他国には隷従を課している。

二〇　だがしかし、誰がテーバイの私利私欲を憎まないでいられよう。彼らは弱小国に対してはこれを支配しようとし、強国に対しては対等の立場を主張する権利があると思い、諸君の国に対してはオロポス人[2]が贈与した土地を妬み、自分らは力づくで他国の領土を切り取っている。

二一　彼らはまた、非道行為だけでは飽き足らず、一連の行動は同盟国共通の利益のためであったと言いつのる。しかし、ここアテナイには同盟国評議会が設置され、また諸君の国家はテーバイよりも政治的判断にすぐれているのであるから、テーバイ人は犯した所業の弁明のために来るのでなく、事を起こす前に訪問して、諸君に相談すべきであったのだ。二二　しかるに実状はといえば、勝手にわれらの財産を掠奪し、その汚名を全同盟国に分かとうとしてここに来ている。そのような汚名は、思慮分別があるなら、諸君の忌避するところだろう。というのも、彼らに諸君の敬虔をまねるよう強制するほうが、説得に応じて彼らの無法の共犯者となるよりも、はるかに名誉あることであるからだ。彼らには一般の常識は通用しない。二三　思うに誰にとっても明らかなように、交戦中は万策を講じて敵を凌ごうとし、ひとたび平和が戻れば、誓約と条約を何よりも優先させるのが、思慮ある人びとにふさわしい行為である。二四　しかるにこのテーバイ人は、戦時においては、使節派遣のたびごとに必ず、自由と独立のための口上をまくしたて、自分たちの危険は去ったとみると、あらゆる遠慮をふりすてて、私益とおのれの暴力行為を臆面なしに弁護し、二五　さら

(1) 前三七八―三七四年のスパルタとの攻防。

(2) アッティカとボイオティアの境に位置するオロポスの住民。前四〇二年以降アテナイの保護下に入る。

には、プラタイアが彼らの領地となることが、同盟国の利益になると主張する。正義に反する欲得に駆られた者には、かつていかなる利益も生まれたためしはなく、不正に他国の領地を求めた者の多くが、正義の掟によって、自分のそれを危険にさらすものであることも知らないとみえる。

二六　しかしさすがの彼らも、「自分たちは同盟を結んだ国々に最後まで信義を貫くが、プラタイア人は失地を回復したならば、ラケダイモン側に走る恐れがある」とは言うことができないだろう。われらが諸君との友好関係のゆえに、二度までも包囲され落城したのに対し[(1)]、テーバイは幾度となく諸君の国家に非道をはたらいたことが、すぐに諸君の知るところとなるからだ。二七　往年の彼らの裏切り[(2)]を語るのは大仕事になるので、いまは控える。だが、コリントス戦争が彼らの暴慢によって引き起こされたとき[(3)]、彼らはラケダイモンの侵攻に遭って、諸君によって危急を救われた[(4)]のであるが、これに感謝するどころか、戦争が終結するや、諸君を捨ててラケダイモンとの同盟に走ったのであった[(5)]。二八　キオスもミュティレネもビュザンティオンも諸君の同盟にとどまったのに、彼らだけは、あれほどの大国でありながら、自らを同盟の楯として差し出すこともなく、どこまで臆病と卑劣に落ちれば気がすむのか、誓って、ラケダイモンに従い、かつて自分たちの国を救った諸君を攻めると約束する始末であった。これによって神罰が下り、カドメイアが占領されると[(6)]、アテナイに逃れるほかなかった。彼らの背信は何よりもこれによって明らかに示されたのである。

（1）テーバイによるプラタイア攻略は前四二七年（トゥキュディデス『歴史』第三巻五二）と三七三年の二度行なわれた。

（2）ペルシア戦争の折、ペルシア側についたこと。

（3）前三九四年、コリントス西方のネメア川沿いの平野で、テーバイ、コリントス、アルゴス、アテナイの連合軍がスパルタと対戦して打ち破られる（クセノポン『ギリシア史』第四巻二–一六–二三）が決定的なものにならず、以後戦争は三八七／六年の「大王の和約」まで続く。イソクラテスの本節の記述は、むしろネメア河畔の会戦に先立つ前年の出来事のほうに合致しているように思われる。戦争原因には諸説あるが、一般的背景としては、ペロポネソス戦争で勝者の側にありながら、はかばかしい戦果にあずからず反スパルタ感情が醸成されたコリントスとテーバイ、起死回生をねらうアテナイ、スパルタの宿敵アルゴスの同盟がある。クセノポン（同書第三巻五）は、ペルシア大王の買収工作を第一の要因としているが、テーバイの指導者の挑発があったことも指摘している。ボイオティア地方のロクリスとポキスは古来聖地をめぐって境界争いが絶えず、しばしば外部勢力の介入を通して、戦争に拡大する火種をかかえていた。このときもテーバイは故意にロクリスに加担し、ポキスをしてスパルタに救援を仰がせた。スパルタは以前からテーバイが何かと非協力（暴慢）な態度に出るのを快く思わず、これを口実にボイオティアに侵攻した（それはテーバイにも戦いの名分を与えることになったのだが）。

（4）ネメア河畔の会戦以降のこととすれば、同年八月、テーバイ同盟軍はコロネイアで、小アジアからテッサリアを経由して帰国の途にあったアゲシラオス麾下のスパルタ軍と会戦（クセノポン『ギリシア史』第四巻三–一六–一九）したことを指すだろう。しかし、アテナイもテーバイ同盟軍の一員であったけれども、テーバイを「救った」というのは誇張としても妙である。むしろ、前年の聖地紛争をめぐって、二次にわたってスパルタ軍がボイオティアに派遣され、これに対抗してテーバイがアテナイとの同盟に成功したことだとすると話が合う。

（5）前三八八年の秋から翌年の春にかけて、ペルシア大王アルタクセルクセス二世は、コリントス戦争を終結させようとして、和約の条件を提示する。これによりボイオティア同盟は解体された。テーバイは再度スパルタと同盟し、前三八五年にはスパルタのマンティネイア征伐に従軍する。クセノポン『ギリシア史』第五巻二–一–七を参照。

（6）前三八三年までに、テーバイはアテナイとの関係を修復し、カルキディケ半島を支配するためにオリュントスとの同盟工作に入っていた。オリュントスに敵対する陣営がこれをスパルタに訴え、対オリュントス戦の開始に備え、スパルタ軍司令官ポイビダスはボイオティア兵を徴集する。テーバイ内部で反スパルタ派のイスメニアスとアンドロクレイダス、親スパルタ派のレオンティダスの抗争が始まる。前三八二年ポイビダスはレオンティダスと諮って、カドメイアを占領。イスメニアスは逮捕され、死刑となる。反スパルタ派は大挙してアテナイに亡命する。

二九　すなわち、またしても諸君の兵力を借りて救われ、亡命者は帰国を果たしたのであるが、[1]いくばくもなくラケダイモンに使節を派遣して恭順の意を表わし、以前に彼らに対して誓ったことにけっして違反しないと約束したのである。これ以上長く語る必要があろうか。実際、もしラケダイモン人が亡命者の受け入れと殺人者の追放を彼らに命じなかったならば、[2]彼らがかつての非行者とともに兵を挙げ、恩人たる諸君に攻め寄せることを妨げるものは何もなかったであろう。

三〇　近年は諸君の国家にこのような背信を行ない、過去には全ギリシアを裏切ったにもかかわらず、自分たちはこのように自発的に犯した大罪を許されるべきだと主張し、われらが強制された行為についてはいささかも容赦すべきでないと信じて、ほかならぬテーバイ人が、あろうことか「スパルタ贔屓」の汚名を他に着せている。テーバイこそ最も長期にわたってラケダイモンに隷従し、自国の安泰をはかるよりも懸命になって、彼らの覇権のための戦いに奉仕したことは、われわれすべての知るところだ。三一　繰り返し行なわれたアッティカ侵攻を、一つでもテーバイ人の手控えたためしがあるか。彼らより以上に、諸君につねに敵対し憎しみを絶やさなかった者があるか。デケレイア戦争[3]においては、どの侵入軍よりも多くの狼藉をはたらいたのではなかったか。諸君がついに破れたとき、ペロポネソス同盟国のうちでひとり、[4]アテナイを奴隷化し、領地はクリサの野[5]のごとく、羊の歩む地にすることに賛成の票を投じたのではなかったか。三二かくて、もしラケダイモンがテーバイに同調したならば、かつて全ギリシアを救済した人びとが、ギリシア人の手によって奴隷とされ、苛酷な運命に陥ることを阻むものは何もなかったであろう。しかるに、テーバイ人はいかなる貢献をしたというのか。以上の悪行からすれば彼らに憎しみが向けられて当然であるが、それを消すに足りるだけの大きな貢献をしたと言えるのか。

三三　これほどの罪業を犯した者たちに弁明の余地はなく、彼らを弁護したいと思う者にも、申し立てることは一つしか残されていない。すなわち、いまボイオティア軍は諸君の領地のために戦っているが、もし諸君が彼らとの友好を解消するならば、同盟に不利益をきたすことになるだろう。なぜなら、彼らの国家がラケダイモンの側につくと、勢力均衡は敵に大きく傾くだろうから。三四　私の考えを申し上げれば、弱小国が強国に隷従したままであるのは同盟国のためにならないし――過去われわれは弱者のために戦った――、またテーバイの狂気がいかに昂じても、同盟から離反しラケダイモン人におのれの国家を委ねるところまではいかないだろう。テーバイ人の性格を信用してそう判断しているのではなく、彼らも二つに一つしか選択

(1) 前三七九／八年の冬、アテナイとテーバイの亡命者はテーバイ復古を計画。ひそかに少人数の決死隊がテーバイに帰国し、親スパルタ派の頭目レオンティダスその他を暗殺。国内に反スパルタの気運を醸成し、ついにクーデタに成功する。以下のイソクラテスの記述は、反スパルタ勢力と親スパルタ勢力とを区別せずに、同じテーバイ人の行動として描いているためか、非常にわかりにくい。

(2) 「殺人者」がレオンティダスを倒した者(ペロピダス)を指すとすると、「亡命者」は前節末に言及されている人びとではないだろう。

(3) ペロポネソス戦争の後半戦、前四一三年のスパルタによるアッティカの要衝デケレイアの占拠から四〇四年の終戦までの呼び名。

(4) これはイソクラテスの誇張で、むしろ反対したのがスパルタのみであったと言うほうが実情に近い。クセノポン『ギリシア史』第二巻二-一九を参照。

(5) 前六世紀末の第一次神聖戦争の後、デルポイとコリントス湾の間に横たわるクリサ平野が聖地としてアポロンに捧げられた。

の余地がないと覚悟していることを知るからである。踏みとどまって死を迎え、他にしてきたことを今度はわが身に受けるか、もしくは国外に逃れて、窮乏と絶望に遭うか、いずれかであると。

三五　いったい、テーバイの国内情勢は良好なのだろうか。同胞市民をあるいは殺戮し、あるいは国家から追放して財産を没収したのではなかったか。(1) むしろ他のボイオティア同盟国とのほうが友好関係にあるのだろうか。しかし、彼らはこれら諸都市の支配を企てただけでなく、あるいは城壁を破壊し、あるいは領地を奪い取ったのではなかったか。三六　さりとてまた、これほど継続的に背信を重ねてきたことは隠しおおせるものでないから、彼らは二度と諸君の国に避難することもできない。それゆえ、彼らが他国の領土(2)をめぐって諸君と争い、そのために自国を失う結果になることの明らかな無謀に走るはずはなく、むしろあらゆる行動に際して節度を守り、彼ら自身の行く末を案じる思いに比例して、いっそう諸君への奉仕を重視するだろう。三七　実際彼らは、もともと彼らのような性格の人間がどのように扱われるべきかを、オロポス(3)をめぐる一件によって諸君に実証してみせている。あのとき、彼らは思いがままにする自由が得られると期待して、諸君を同盟国として扱わず、不倶戴天の敵にしかとらないような行動を敢えてした。ところが、諸君がその報復として彼らを条約(4)の適用外とする処置を票決すると、鼻柱をくじかれて、いまわれらがしているよりももっと身を低くして、諸君のもとに来訪したのである。三八　したがって、誰か雄弁家が諸君を脅して、テーバイ人が心変わりし敵方につく危険があると述べても、信じてはならない。なぜなら、テーバイはこのような状況に強制され、ラケダイモンとの同盟に堪えるよりは諸君の支配を素直に受け入れるだろうから。

三九　ところでしかし、もしテーバイが今とは正反対の行動をとることになるとして、その場合でも私は、諸君が誓約した条約以上には彼らの国家を重視することは適当でないと考える。思い返していただきたい、第一に、危険よりも汚名と恥辱を恐れるのが諸君の父祖からの伝統であり、第二に、戦争において最後に勝利するのは、力づくで諸都市を転覆させた者たちではなく、敬虔と仁慈をもってギリシアを統治する者である。**四〇** そのことは多くの例を取り上げて詳論することができようが、誰知らぬ者はない同時代の出来事がある。ラケダイモンが無敵を謳われた諸君の軍を潰滅させたのも、はじめは海戦の備えこそ貧しくとも、あのような名声ゆえにギリシア人を味方にできたからであり、転じてまた諸君が彼らの覇権を奪ったのも、城壁を破壊され窮境にあった国家から起《た》ち上がったにもかかわらず、正義を同盟者としたからではなかったか。**四一** そして近年の推移は、この盛衰がペルシア大王の仕掛けたものでなかったことを明証している。なぜなら、大王はこの紛争を傍観していたからであり、諸君は絶望的な状況にあり、ほとんど全都市国家がラケダイモンに従属していたにもかかわらず、諸君はこれと戦ってめざましい勝利をあげ、その結果彼らもついには平和の実現を歓迎したのである。
四二 諸君は誰も、正義とともに危険を冒すことに怯んではならない。またひとりテーバイ人を除いて、

---

(1) ここは、親スパルタ派を一掃し、ボイオティア同盟を再建したペロピダス一派に対する攻撃になっている。
(2) プラタイア。
(3) 前出二〇節を参照。
(4) 前三七四年のスパルタとアテナイの和平条約。
(5) 前三九五年、コリントス戦争の始まる頃のアテナイの状態を指している。アテナイの長城は前四〇四年にスパルタによって破壊されたままであった。

非道な仕打ちに遭っている人びとをすすんで救援するならば、同盟国を失うことはないと考えてよい。今回諸君がテーバイの提案に反対票を投じるならば、多くの都市が諸君との友好を求めることになるであろう。なぜなら、条約の履行のためには、どこが相手でもひとしく戦う用意のあることを、もし諸君が示すなら、四三　誰がいったい、彼ら自身の自由のために戦ってくれる諸君に味方せず、奴隷化しようとねらっている国の側につこうとするような愚行に走るだろうか。しかしもしそうしなかったなら、再び戦争となったとき、諸君はいかなる名分をこしらえて、ギリシア人を味方につけようとするつもりか。自由独立の大義を掲げながら、テーバイに好き勝手な都市攻掠を許そうものならば。四四　テーバイに対しては誓約と条約を蹂躙するのを阻止せず、ラケダイモンに対しては同じ条約の履行のために戦うと称するならば、ほかならぬ諸君自身に背反する行動になることを、どうして隠せようか。また、同盟をできるだけ強大にするために諸君自身の所有を放棄して、その一方でテーバイにのみ他国の土地を侵すことを許し、全世界から諸君が侮られる結果をまねいてよいのか。四五　何よりも恐るべきことは、つねにラケダイモン側にあった者については、条約違反をラケダイモンが命じるようなことがあれば、これを救援することを決定していながら、他方、われらは最も長期にわたって諸君とともにあり、唯一最近の戦争においてラケダイモンに従属を強いられたことがあるにすぎないのに、この世で最も惨めな状態に置かれているのを、諸君は条約履行を口実に座視して顧みないことだ。

四六　われらよりも不運な人間をどこに見出せよう。一日のうちに、国家と土地と財産を奪われ、放浪者や乞食同然に生きる糧にも事欠いて、いずかたへ向かえばよいのか途方に暮れ、落ち着く場所はどこにもない。幸運に見放された人びとと一緒になれば、おのれの不幸に加えて他人の不幸も分かちあわねばならない境遇を嘆き、四七 また幸せに暮らしている人びとに出会えば、なおさら辛い思いをする。彼らの順境が妬ましいからではなく、隣人の恵まれた生活に触れて、わが身の災厄を痛切に思い知るからだ。われらは一日として涙の乾かぬ日はなく、失われた祖国を悼み、日がな運命の転変を嘆き続けるのだ。四八 われらが同胞の悲惨を目にして受ける心痛がどれほどか、諸君は想像することができるだろうか。生みの親が老後の世話も満足に受けられず、子供はわれらが託した希望どおりの教育にあずかることもなく、あるいはわずかな借金のかたに奴隷にされ、(1) あるいは日雇いの仕事につき、あるいはそれぞれ日々の糧を求めて、祖先の偉業とおのれの盛りの若さと、またわれらの誇りとを辱めている。四九 何より辛いのは、同胞市民が互いに離れ離れになるだけでなく、妻が夫から、娘が母から切り離され、すべての同族が引き裂かれるのを目の当りにするときだ。これが困窮のすえに、われらの市民の多くに起こったことである。共同の生活が失われ、われらはそれぞれ自分一個だけの希望にすがらなければならなかった。

五〇 思うに、諸君も貧窮や亡命(2)によって生じる恥辱がほかにもあることを知らないわけではあるまい。胸のうちでは何よりも忍びがたいことどもではあるが、言葉に出すことは控えたい。われらの不運を事細かに並べてさらしものにすることを恥じるからである。

(1) この表現は、リュシアス『エラトステネス弾劾』(弁論第十二)九八の模倣。

(2) 亡命生活の辛酸はギリシア文学の常套でもあった。テュルタイオス「断片」一〇を参照。

五一　以上を心にとめて、われらに配慮してくれるようお願いする。実際、われらは諸君とよそよそしい間柄ではなく、情においてはわれら全員が諸君の親族であり、血縁においても大多数の者がつながりをもっている。婚姻の権利[1]も認められていたことから、われらのうちには諸君の国の女性を母として生まれた者が多くいるからである。されば、われらが要請のために到来した件について、諸君は無関心ではいられないはずだ。五二　実際、何よりも酷い仕打ちになるだろう、以前には諸君の祖国の一員にわれらを迎え入れたのに、今回諸君が祖国の回復すらもわれらに許さないと決議するならば。さらに、不正の犠牲となった一人一人には同情するが、このような無法によって滅ぼされた国家全体には、いささかの憐れみもかけないということがあってよいのだろうか。まして、いま避難所を求めた先は、かつては嘆願者に情けをかけて、恥辱も汚名も着せられることのなかった諸君のところではないか。五三　その昔、アルゴス人が諸君の父祖のもとを訪れて、カドメイアの城壁の下で最期を遂げた亡骸[2]を引き取るべく嘆願したとき、彼らの説得を受けた諸君の父祖は、テーバイが掟に従った措置をとるように強制し、当時の衆望を集めただけでなく、永劫に記憶される誉れを国家に残した。それを裏切ることは許されないだろう。父祖の偉業を誇りながら、嘆願者について彼らとは反対を行なう姿をさらすのは恥ずべきことだからである。

五四　しかし、われらが要請に来たのは、さらに重大で正当なことについてである。かつてのアルゴス人が諸君に嘆願したのは、他国を攻めた後のことであったが、われらは国を攻め滅ぼされた後に嘆願に来ている。また彼らは遺体の収容を求めたのだが、われらは生き残った者の救いを求めている。五五　しかし、死者が埋葬を拒まれる不幸と、生者が祖国をはじめとするすべての所有を奪われる不幸とは、同等に測れるものでも比較できるものでもない。前者の不幸は、拒まれる者よりも妨害する者にとってより恐るべきものであるが、後者にあっては、避難する所もなく、亡国の民となって日々辛酸を嘗め、また家族を苦しみから守ることもできずに座視しなければならない。このような不幸がどれほど他の災厄にまさるか、言葉に述べる必要はあるまい。

五六 以上の理由をもって、われらは領地と国の返還の実現を諸君全員に嘆願したい。年長の方々には、同じ年頃の老人が不運に遭い、日々の生活に困窮することがいかに悲惨なことか、思いを馳せていただきたく、また若年の人びとには、同世代の若者に助勢し、これまでに述べた以上の辛苦を黙過しないようにと、切願しまた要望するものである。**五七** この責務、国を逐われたわれらを救出する義務は、ギリシア人のうち唯一諸君のみに、ある。われらの父祖は、伝えられるところによると、ペルシア戦役において諸君の父たちがアテナイの地を捨てたとき、ペロポネソス半島の外に居住する人びとのうちで唯一、危険を彼らとともにし、彼らの国家をともに救った。(3) よって、われらが先に諸君に与えたところの、その同じ恩恵をわれらが受け取るのは正当であろう。

五八 またかりに、諸君がわれらの身は慮外すると決議することになっても、少なくともわれらの土地を劫略にまかせるのは、諸君の益に反する。その地には、諸君ならびに諸君とともに戦った人びとの徳を証す

(1) 前四二七年の破壊の後、プラタイア人はアテナイ市民権を認められ、アテナイ人との結婚も許されていた。
(2)『民族祭典演説』五五を参照。
(3)『パンアテナイア祭演説』九三を参照。

る最大の記念碑が残されている。五九　というのも、他の戦勝碑は都市国家の間での結果であるが、これのみは全ギリシアを代表し、アジアの総力に対して打ち建てられたものだからである。テーバイ人がこれを抹消しようとするのは無理もない。この出来事の記念碑は彼らの恥だからである。しかし諸君はこれを保存するにふさわしい人びとである。この偉業によって、諸君はギリシアの指導者となったからだ。

六〇　この地に鎮座する神々と英霊を記憶にとどめ、その崇敬が消失するのを黙過してはならない。諸君は彼らに捧げた犠牲から吉兆を得て、かくも大きな危険を引き受け、テーバイ人も含めてすべてのギリシア人の自由を守ったのである。他方また、祖先に思いを馳せ、敬虔な祈りを怠ってはならない。六一　もし死者がこの世の出来事を知ることがあるならば、[1]諸君が盟主の座にありながら、ペルシアに隷属することを当然と考えた者たちがいまは他国を支配する主人となり、自由のためにともに戦ったわれらが、ギリシア人の中でひとり亡国の民となっているのを見たならば、またともに死を賭して危難に立ち向かった人びとの墓が、参拝する人の数も少なく、供物も受けられないでいるのにひきかえ、敵に寝返ったテーバイ人がその地を支配しているのを見たならば、何と感じるであろうか。六二　思い起こすがいい、かつて諸君はラケダイモン人を激しく非難した。ギリシアを裏切ったテーバイ人に媚びて、恩人たるわれらを滅ぼしたと糾弾したのではなかったか。そのような嘲罵が今度は諸君の国家についてなされぬように、また現在の名声に代えて、テーバイ人の暴慢を選び取ることのないようにしていただきたい。

六三　われらの安全について諸君のさらなる配慮を促す理由については、まだ多く言うべきことがあるが、すべてをここにつくすことはできない。ただ諸君自身が残された論点をも顧慮し、とりわけ第一に誓約と条約を、次にわれらの親愛の情とテーバイ人の反アテナイ感情を思い起こして、われらについて正しい票決を下さなければならない。

(1) ギリシア文学にしばしば見られる常套的な仮定。『アイギナ弁論』四二、『エウアゴラス』二一を参照。

一五　アンティドシス（財産交換）

序

一　これから読み上げられる論説[1]が、法廷で黒白を争う弁論や、弁士の力量を誇示する演説と同工異曲のものであったなら、私も本論の前に釈明をつけたりはしなかったであろう。しかるにここで、前代未聞の様式を採用するからには、まずその事由を述べておかなければならない。何ゆえに、かくも異例の著述にとりかかったのか。それを明らかにしなくては、おそらくこの弁論は大方の人に、場所柄をわきまえない奇矯なものと思われるであろう。

二　もとより私は、一部のソフィストが私の仕事を譏って法廷弁論の代作屋とはやしていることを承知していた。あたかもアテネ女神の像を制作したペイディアス[2]を「人形造り」と呼んではばからず、ゼウクシス[3]

(1) 古代において黙読の習慣はなく、音読、またより一般的には朗読を聴くという形をとっていた。これに関連する話題は柳沼重剛『トゥキュディデスの文体の研究』(岩波書店、二〇〇〇年)に詳しい。

(2) 彫刻、建築、絵画の多方面で傑出したギリシア屈指の芸術家で、邦語文献ではフェイディアス(綴りは Pheidias)と表記されることが多い。前五世紀半ば、ペリクレスが企画したアテナイの壮麗な建築事業に協力した。ここに挙げられているアテネ女神像は、パルテノン神殿正面に設置されたもので、彼の代表作といわれる。

(3) 古代ギリシアで最も著名な画家で前五世紀後半に活躍し、迫真の神技を讃えられた。彼の描いた葡萄の房を本物と間違えて、小鳥がついばもうとしたという伝説がある。また、女性を描くのを得意としたという。

とパラシオス(1)を「絵馬書き風情」と噂するにひとしい誹謗であったが、私はそれを今日まで黙殺してきた。三　所詮はたわごとにすぎない、何ほどの影響力があろうか、対してわが業績は世に赫々《かくかく》たるものではないか、論説を著わすにあたって、題材を私人の契約をめぐる訴訟に取らず、その規模の大きさと重要性において比肩するもののない主題を選んだこと、そしてこれは私の門人とその模倣者のほかに誰ひとり企てようとしなかったこと、これは衆目の認めることだと考えていたからである。

四　生涯の終わりにさしかかるまで私は、この著述の選択と政治活動の回避とによって、一般の人びとのすべてから好感をもたれていると思っていた。ところがいま、余命もわずかとなったこの時期に、艦船費請負をめぐる財産交換訴訟がもちあがり公判が行なわれるに至って、あにはからんや世間には私に反感をもつ者のあることを知った。ある者は私の仕事をまるで勘違いして、悪意の論難をなす者を信じて疑わない。またある者は私が心血を注いでいる事柄を知悉《ちしつ》していながら、嫉妬にまどわされて先のソフィストたちと寸分違わぬ感情にそまり、人びとが私について誤った意見を抱くのを見て快を覚えるのである。

五　このとき彼らはその本心をあらわした。審理の争点をめぐって、告訴人は何ひとつとして正当な論を張らず、ただ私の言葉の力を中傷し、私の所有する財産と弟子の数をふくらませただけであるのに、陪審員たちは公共奉仕義務が私にあると裁定したからである。私はこの費用の負担に対して、とりあえず茫然自失するとまではいかなかったものの、さりとて浪費家や金銭に無頓着な人のように平然と受け流すこともできなかった。六　先にも述べたように、思いもよらず多くの人間に誤解されていると知って、しばし思案をめぐらした。どのようにすれば、今の世にも後の世にも、私の日頃の流儀と生き方、また専心している学問

（パイデイアー）を示してやれるだろうか。またむざむざ手を拱いて、このような紛争で正当な裁判なしに裁かれたり、さらに今回のように誹謗中傷の常習者の罠にはまらずにすむにはどうすればよいだろうか。七　そうこう思案をしているうちに、ふと一案が浮かんだ。それをなしとげる方策は、私自身の思想とその他これまでの生涯の、いわば似姿となる論述を著わすよりほかにない。そうすることによって私のありのままを知らせることができ、あわせて同時に青銅製の像よりもさらに美しい形見を残す(2)ことが期待できると思えたのである。

八　さてしかし、もしそのために自画自賛をもってするならば、覚悟して取りかかった事柄を語りつくすことは不可能であるし、また聴き手を喜ばせることはおろか、神経を逆撫ですることも明らかだった。だがかりに、いま私をめぐって緊急の訴訟が起こされたとし、その訴えを起こし私を裁判沙汰に引き入れたのが職業的な誣告人(3)であると想定してみればどうだろうか。そしてその誣告屋は、先の財産交換の件で申し立て

（1）ギリシアの画家で、ゼウクシスと双璧をなす名手。前四〇〇年頃に活躍し、肖像画にすぐれた手腕を発揮した。また前註ゼウクシウスの逸話には続きがあって、ゼウクシスは小鳥を欺いたにすぎないが、パラシオスはそのゼウクシスを欺いたという話になっている。ゼウクシスがパラシオスの絵を見ようと覆いを取りのけようとしたところ、その覆いが実は絵であったという。

（2）『エウアゴラス』七三以下を参照。

（3）『平和演説』一三〇－一三一を参照。アテナイの裁判制度においては、殺人事件以外については民衆訴追の原理に立っていたが、その一つの悪弊として告訴常習者を生み出した。アリストパネス『アカルナイの人びと』九〇三、アンティポン『ヘロデス殺害』七八を参照。

たところと同じ誹謗をおこない、私が被告弁論の形式で演説をする。このように舞台設定をすれば、私の意図するところをすべて効果的に論じつくすことができるのではないか。

九　かような構想を練って、盛りはとうに過ぎた齢八十二の老骨を強いて、私はこの弁論を書いた。それゆえ、これが以前に公にしたものにくらべ力不足に見えても、ご寛恕を願いたい(1)。というのも、これは一筋縄ではいかない仕事であって、たいそうに骨が折れたからである。一〇　以下に書かれたもののうちには、法廷で読み上げるにふさわしいものもあるが、別の部分にはその種の争いごとになじまないものもあり、哲学について率直な意見を述べ、それの効能を説きあかしている。また一部には、学問に邁進する若い人が聞いておけばためになることも含まれているが、多くは以前の著作からの抜粋を今回の趣旨に裁ち合わせ、論理の筋道と時機を考慮して場面設定にふさわしく仕上げたものである。

一一　これほど長大な論説を総観し、これほど多岐にわたる様式を統一し、後から追加挿入したものを前言と合致させ、全体を首尾一貫させるのは容易なことでない。しかし、老いたりとはいえども怯むものではない。何よりも真実に照らして間違いのないように、その他のことは聴き手の判断にまかせて、ここにようやく完成に漕ぎつけた。一二　この全体を詳細に検討しようとする人は、この論説が以上すべての主題について綴られた著作の混成であることを、まず念頭に置いて聴き、次に、すでに語られたことよりもなおいっそう、これから語られようとすることに注意を集中しなければならない。さらに、はじめからすぐに全体を把握しようとせず、さしあたって理解に難渋しない箇所を追うことに努めるのがよい。このような指針に従えば、私が私自身に値するだけの論をなしているか、容易に見てとることができるだろう。

一三　前置きしておきたかったことは以上である。では、引き続き弁明の朗読を聴かれたい。これは架空の裁判をめぐる陳述の形式をとり、私に関する真相を明らかにし、未知の人にはこれを知らせ、嫉妬に惑う人にはさらにその病をあつくしようと意図するものである。けだし、私が彼らに下しうる罰として、これに過ぐるものはない。

架空の法廷弁論の序

一四　私の考えるに、おのれの罪を他人に着せて、しかも告発に回って恥じないというのは、最も卑劣で万死に値する行為である。そしてリュシマコス[2]の所業は、まさにそれ以外の何ものでもない。なぜなら、彼自身が書かれた弁論によって論告しながら、他の何よりも私の書き物に多く論及したのであるから、これではまるで神殿荒らしの罪状で他人を訴追したところ、自分がその神殿の財宝を手に持っているのを発見されたようなものではないか。一五　彼が諸君の前で言ったとおりに、本心から私をおそるべき能弁家であると認めているのなら、私としてもこれを多としたであろう。それが本当であれば、私を裁判に引き込もうなど

(1)『ピリッポスに与う』一四九、『パンアテナイア祭演説』四、『書簡六』六でもこのような弁解もしくは牽制がなされている。

(2) これはイソクラテスが実際の訴訟の原告をモデルに造型した、虚構の人物である。

とは企てなかったであろうからだ。ところが、実際に彼の言うところは、私が弱論を強力な論法にすりかえる名人である(1)というものであり、どこまでも私を侮って、真実を語る私を相手に嘘八百を並べて容易に勝てると踏んでいる。一六　私の置かれた状況はまことに不愉快なものであり、通常ならば弁論によって誹謗中傷を崩せば片がつくところを、今回は私の言論そのものがリュシマコスの誹謗中傷の標的とされている。すなわち、私が上手に弁論していると思われたならば、この男が先に述べた「おそるべき能弁」の罪にあたることをみずから証明することになり、他方もし私の弁論が（諸君にこの男が期待をもたせたよりも）見劣りすれば、私の論拠は薄弱だと思われるように仕組まれている。

一七　どうか諸君は、原告弁論で語られたことを信じるにせよ疑うにせよ、あわせて最後まで私の弁論を聴かないうちに即断しないでいただきたい。考えてもみられよ、もし原告の弁論だけで正しい票決ができるものなら、どうして被告の弁明が必要であろうか。告発の巧拙についてならば、陪審席にあって見分けのつかない者など一人もない。しかし真実が述べられているかどうかの判定は、これを先に論告した者の言うことだけから識別するのは至難のわざである。両方の言い分を聴いて正しい判断が引き出せたならば、満足してしかるべきであろう。

一八　ところで、自分の弁明はそこそこに、むしろ詭計をめぐらした告発の反駁に多くの時間を費やす人、また中傷こそ最大の悪と言う人のあることを私は怪しまない。実際、誹謗中傷にまさる非道の行ないがあるだろうか。これこそ、偽りをなす者を貴顕にし、無辜《むこ》の者を罪人とし、裁きを下す者を誓いにそむかせ、真実をすべて闇に葬り、聴き手の心に誤った判断を植えつけて、市民の誰かれをも不正に誅殺するものだ。

一九　これにゆめ警戒を怠ることなく、諸君もかかる顛末を迎えないように、また人に下した刑罰に巡りめぐって自らがはめられる愚をさらさないようにしなければならない。諸君は知らないわけではあるまい、国家はこれまでもたびたび、怒りに駆られ吟味の手続きなしに裁決して、これを後で悔やみ、[2]判決からまだ日も浅いのに、讒奸《ざんかん》に報復することを願った。誹謗の犠牲者が以前よりも幸福に暮らすのを見ることができたならば、どんなにか嬉しかったであろう。

二〇　これを肝に銘じて、性急に告発者の発言を鵜呑みにせず、静粛かつ平静に弁明を聴かなければならない。それにまたほかのことでは、全ギリシアに比べもののないほどに情け深く鷹揚に受け入れていながら、こと法廷の争いとなると、そのような評判と正反対の姿を見せるのは醜態である。二一　よその国であれば、人の命に関わる判決を行なうとき、票の一部を被告にまわすが、[3]諸君のもとでは、被告人が誣告常習者よりも大きな危険にさらされる。毎年、諸君は告発側からも弁明側からも平等に聴くことを厳かに誓うが、[4]二二

（1）弁論術に対する非難の常套となっている。プラトン『ソクラテスの弁明』一九B、アリストパネス『雲』八七四以下を参照。

（2）アルギヌサイの海戦における将軍たちを死刑にした裁判が悪名高く、よく引き合いに出される。クセノポン『ギリシア史』第一巻七-三五、プラトン『ソクラテスの弁明』三二一を参照。

（3）どこの法習か不明。

（4）毎年六千人の市民が民衆法廷の陪審裁判員に抽籤で選ばれ、年頭に民主制を維持すること、法に従って票を投じること、公平に論告を聴くこと等の誓いをする。

実状はどれほどその誓約から遠いことか。告発する者からならば、どのような発言でも受け入れ、それを反駁しようと試みる者からは、ときにはその声を聴くのさえ我慢できないというていたらくだ。そして市民を裁判なしに誅殺するような国家は住める所でないと認めながら、相争う双方に公平な態度を示さない者はそれと同じ無法をしていることに気づいていない。二三　何よりも怖るべきことに、自分が危険な瀬戸際にあるときには中傷者を非難した人が、いざ他人の裁きを下すときには、従前の意見を覆す。よくよく注意して判定し、立場が逆転して自分が被告となったときに要求するような審判者であらねばなるまい。頭をはたらかせてみればわかるように、いつ誰が、告発屋のために危地に陥れられて、今回の私のように、自分に有罪票を投じようとする人びとを前に弁明を強いらることになるか、しれたものではないのだから。

二四　このように言うのは、節を持して生きる者にとって、この国が安心して住める場所だとは信じられないからだ。自分自身のことをなおざりにし他人に謀計をめぐらす輩は、堅気の市民に遠慮して、ただ悪党をこの国に手引きするだけといった、ありふれた悪事をはたらいているのではない。それよりも、無実の者を訴えておのれの力を誇示し、それによって紛うべくもない犯罪者から法外の報酬を受け取っている。二五リュシマコスがこの一発勝負に私を巻き込んだのは、かかる算段がもとにある。私相手のこの訴訟は他の場合よりも儲けが多いと考えただけでなく、もし言論の勝負で私を凌駕することになれば、彼の力が万人の目に無敵と見えるだろうと予想したのだ。二六　これは簡単に実現できると彼は楽観した。なぜなら、彼の見るところ、諸君はあまりにも軽々しく責めや中傷を本気にする者であり、一方また私はそのような中傷に対して、弁明する力は評判ほどにない、なにしろ老いぼれであり、またこの種の勝負には不慣れだから、と。

二七　私はこれまでに、寡頭制のもとでも民主制のもとでも一度も、他の人の権利を侵害したり不正を行なったりの告発をされたことがない。また、私の関係した事件で最終判定を下す役になった仲裁者や裁き手は一人もいない。私のほうから他人に過ちを犯したことはないし、逆に不正を受けた場合でも、法廷で報復することはなく、加害者の友人たちの立ち会いのもとで揉めごとを解消できたからだ。二八　そういったことはどれも何の役にも立たなかった。かえって、この齢になるまで罪咎なく生きてきたにもかかわらず、極悪の大罪人にふさわしい危険にはまったのだ。

しかしながら、私は刑量の大きさに絶望したわけではない。もしや諸君に偏見を捨てて聴こうとする気があるかもしれないと、多大の希望を抱いている。私の仕事を誤解し、中傷を意図した者の言に説き伏せられた人びとについては、すみやかにこれに関する思い込みを覆し、私を事実そのとおりに認めている人びとには、さらにその考えを確かなものにすることができるかもしれない。

告訴状ならびに弁明

二九　前置きにあまりに多くの言葉を費やして諸君をわずらわせてもいけないので、以上でこれは打ち切ることにし、票決のかかっている本題を諸君に明らかにすることにしよう。では、告訴状を聴いてもらいたい。

告訴状朗読

三〇　さて原告はこの訴状では、私を中傷しようと努め、私が年少者に言論の技術を授け、法廷訴訟において正義を踏みにじって相手を倒すことを教えることによって、彼らを腐敗させていると言い、また別に、論告では私を大人物に仕立てて、私に匹敵する人間は法廷の駆け引きに忙殺されている者にも、また一途に哲学に専念している者にも、かつて一人もなかった、なぜなら（と彼は言うのだ）、私の弟子は一介の市民だけでなく、弁論家も将軍も王も僭主もいて、彼らから莫大な金を受け取ったし、さらにまた今でも取っているのだから。三一　このように彼は告発したが、その底意は、一方で私について誇大に吹聴することで聴く者すべてに妬みを起こさせ、またもう一方で私の法廷活動に言及して諸君の怒りと憎しみを駆りたてることにある。裁きを下す者がこのような感情に支配されるとき、訴追された者に酷薄な態度をとるものだ。告発の一部は過褒であり、残りはまったくの虚偽である。これを明らかにするのは難しいことではない。

三二　どうか諸君は、先ほどの私について誹謗中傷をもくろんだ人びとの言葉に気をとられるあまり、まだ吟味も受けておらず、ましてや判決が下りたわけでもない言葉を信じ込んだり、彼らが邪悪な手口で諸君に植え込んだ臆見を本気にすることのないようにと願う。ただ告訴状と以下の弁明だけによって、おのずから明らかになる者を私であるとみなしていただきたい。なぜなら、そのように見きわめることで諸君自身は立派に法にかなった判断を下すことができようし、私はすべて正義の判決を手にすることができようから。

三三　市民の誰ひとりとして、私の「おそるべき能弁」や著作によって被害を受けた者がないことは、現在起こされている訴訟が最大の証拠になると私は考える。なぜなら、もし不正を受けた人がいたとするなら、かりにほかの時には我慢していたとしても、今この絶好の機会をぼんやり見過ごしはしない。告発するにせよ証人として立つにせよ、この場にやって来たであろう。かつて一度も私から侮蔑的言辞を聞かされたこともない男でさえ、これほど重大な訴訟に私を引き込んだのであるから、ほんとうの被害者ならば先を争って私に罰を科そうとしただろう。三四　しかし、私が多くの人びとに罪過を犯したにもかかわらず、私のために災厄に遭った人びとが告発を控えて、おとなしくしているなどということは、断じてあるはずがなく、またそもそもありうることでもない。自分たちの被害を明らかにすれば、最大の報復を私にすることができるというのに、私が危地に立っているとき、何の被害も受けていない人びとよりも穏やかに見守るだろうか。三五　いや、以前も今も、私にそのような訴えをする者のないことが明らかになるだろう。したがって、かりに原告に百歩譲って、私が誰よりも能弁であり、諸君を悩ます書き物の著者としては他に並ぶ者がないと認めるとしても、私は罰せられるよりも、公正な生き方を感心されるほうがはるかに正当であろう。三六　なぜなら、言論にせよ実際行為にせよ、他の人びとよりすぐれて生まれついたということは、運命の賜物とみなすのが至当であるが、その天稟《てんぴん》を濫用せず、美しく適正に活用していることについては、誰もが私の性向を賞讃してしかるべきだ。

しかし私が自分自身についてそう言うことは可能だとしても、そういった性質の言論に私が関係しているという事実が現われることはない。三七　諸君は実際の私の仕事から判定することで、誹謗中傷から憶測するよりも、はるかに真実に迫ることができるだろう。よく知られているように、人は誰でも、おのれの生計を立てる道を選んだ場所で日を過ごす。三八　貸借契約やそれに関する裁判によって生活している人びとは、裁判所以外の場所にその姿を見かけることはないが、かつて誰も、私が司直評議会(1)や予備審問に列席しているところも、また法廷に出廷しているのも、仲裁者を前にしているのも(2)見た者はなく、私はこれらすべてから市民の他の誰よりも疎遠な生き方をしている。

三九 次に、彼ら訴訟屋は国内でしか金を稼ぐ能力がなく、ひとたび海外に出たならば、その日の暮しに困窮することを諸君は知るだろう。しかるに私の富は、この男が誇大に吹聴したところであるが、すべて外国から得たものだ。さらに彼らの仲間は、悪事に沈湎しているか、他の人びとに係争をしかける機会をうかがっているか、いずれかであるのに対し、私と交際する人びとはギリシア人の中で最も閑暇の余裕をもつ者である。

四〇 諸君も聴かれたように、告訴人は私がサラミス王のニコクレスから莫大な贈与を受けていると言っている。しかし、ニコクレスが私にそのような贈与を行なって弁明のやり方を学ぼうとしたなどと、諸君のうちの誰が信じるであろうか。ニコクレスは他人の係争についても、いわば主人として判決を下してきた者ではないか(3)。したがって、私が貸借契約に関わる裁判とおよそ無縁な者であることは、告訴人自身の発言からおのずと知られるだろう。**四一** のみならず、法廷で争う人のために弁論を用意してやる者が大勢いることは、あまねく知られている。ところがそれほど多数いるのに、一人として弟子をもつに値すると見られた者がないのに対し、私の獲得した弟子は、告発者の言うところでは、哲学に携わる人すべてを合わせたよりも多い。しかしながら、互いにこれほどかけ離れた対象に専念している両者が、同じ行為に時間を費やすなどということが、どうしてありえよう。

四二　私の生き方と裁判を中心とする人びとの生き方との違いは、言うべきことが多々あるけれども、以下のようにすれば諸君もすぐに先入見を棄ててくれると思う。つまり誰か(4)が諸君に向かって、私の弟子はこの告発者が言っているような事柄を学んでいるのではないし、また私が言論にかけて異能を発揮するといっても、それは私人の契約に関する弁論においてのことではないと披瀝してやればよいだろう。四三　なぜなら、私が先に受けた責めが論駁された以上、諸君は別の確かな考えをつかもうとし、ほかにどのような言論に関して私がそれほど大きな評判を取っているのか聞きたいと希《ねが》うに違いないからだ。

真実を告げることが私にとって得になるかどうか、それはわからない。諸君の考えを推量することが難しいからだが、しかしともかく、腹蔵なく打ち明けることにしよう。四四　さもなくば、私は門弟の前で面目を失うことになるからである。私は繰り返し、どのような市民にも、私の生きている生き方、私の語っている言論に門戸を開いている、と語ってきた。ところが今になって諸君にそれを明らかにせず、隠していることが露見したりすれば、赤面の至りである。というわけで、これから真相が聴かれるのであるから、耳を澄ませてもらいたい。

---

(1) 司直を担当する六名のアルコン職（テスモテタイ）の会議。裁判の日程を決定し、役人に陪審廷を指定するなどの業務を行なう。アリストテレス『アテナイ人の国制』五九を参照。

(2) 係争によっては、法廷外で仲裁者による裁定に委ねられた。

(3) 『ニコクレスに与う』一－四を参照。

(4) 証人。五二節以下ではその代役としてイソクラテスは自著を引用する。

四五　まず諸君に知っておいていただきたいのだが、散文の道は数多く、詩のそれに劣るものではない。ある人びとは、半神英雄の種族をたずねることに生涯を費やし、別の人びとは詩人たちについて知恵を求める、あるいは軍事に関する全書を著わそうとし、あるいは問答に没頭し、反論家と呼ばれている。四六　言論のすべての形態を数えあげようとすれば、些少な仕事ではおさまらない。そこでこれこそ私の本来のものとする様式だけに言及し、その他は度外視することにしたい。

すなわち、いま挙げられた様式にも暗くはないが、私的な契約についてではなく、祭典で披露されるにふさわしい全ギリシア的な政治問題に題材を取って書く道を選んだ人びともいるのである。このような言論は（とひとは異口同音に言うであろう）、法廷で語られるものよりもむしろ、音楽の技術と韻律をもって綴られた詩作品に類縁する。四七　それは詩的で華麗な文体によって行為を表現し、重厚堅牢で斬新な論法を展開しようとし、さらにはいっそうめざましい数多くの修辞形式を駆使して、演説全体をととのえる。

これを聴く者はみな韻律を踏む詩に劣らず快を覚え、そして多くの者はさらにすすんで兄事したいと思うに至る。この領域における第一人者ならば、裁判において言葉巧みに語る者よりも、はるかに知恵にまさる、すぐれた人であり、かつ益をなす力の大なる者と認めるからだ。四八　なぜなら、彼らには両者の違いが理解されたからである。一方の人びとはいらざる容喙《ようかい》をとおして訴訟に通暁するようになったのであり、他方の人びとは哲学によって、先に私が触れた言論の能力を獲得したのである。また一方の、法廷の駆け引きの達人と思われている人びとは、裁判を争う当日のみ辛うじて我慢のできる人たちであり、他方の人びとはすべての交際において、またすべての時を超えて尊敬され、また立派な評判を取る人たちである。四九　さらに一方は、二度三度、裁判所でその姿が見られると、憎しみと非難を浴びるのに対し、他方は、交際する相手の数と回数に比例して、驚嘆の的となる。これらに加えて一方は、法廷弁論には長けているものの、先のあの言論には門外漢にとどまるのだが、他方はもし望みさえすれば、たちまちにこの法廷弁論をもわがものとすることができる。**五〇**　以上の点を対比し、後者の選択のほうがはるかにすぐれていると認めて、この教養にあずかることを望む。それこそは明らかに私が手放すことなく、ひときわ優雅な評判を取ったところのものだからである。以上で、私の、能力でも哲学でも仕事でも呼び方はいずれでもよいが、それについての真実をすべて諸君は聴かれたのである。

自作引用による弁明

五一　さて私は、自分自身については、他の人びとにするよりも厳しい掟を課し、また自分の年齢からすれば大胆にすぎる言論を語りたいと思う、すなわち私は、もし私が有害な言辞を弄しているのであれば、諸君からいかなる寛恕も願わない。またそれだけでなく、もしその言論が他の何びとにもなしえないようなものでなければ、最大の報復を受けることに同意する。この約束は、もし実際にそれを演説して判定に供するのでなかったならば、あるいはそれほど大胆なものではなかったかもしれない。

五二　つまり、こういうことである。私が何よりも立派で正しい弁明と考えるのは、票決がかかっている事柄を、審判を下す者にできるかぎり明らかにして、思考をあらぬ方に誘導したり、またどちらが真実を語っているのか疑わせたりしないものである。五三　そこでもし、私が何か犯罪行為を裁かれていたのであれば、そのような事実は諸君の前に提出しようがなく、諸君は語られた言葉を手がかりに、実際に行なわれたことを推測するほかはなかったであろう。しかし今、私は言論に関して告発を受けているのだから、真実を明るみに出すことができると思う。五四　私によって語られ、書かれた実物をこれからお見せしよう。そうすることによって、諸君は実物がどのようなものであるか想像するのでなく、はっきりと知った上で、この件についての裁決の票を投じることができるだろう。もとより全著作を遺漏なく取り上げることはできない。許された時間はわずかしかないからだ。収穫された果物を検査する場合のように、私はそれぞれの標本を取り出すことにしよう。そのごく一部でも聴きさえすれば、諸君は容易に私の人となりを知ることも、私のすべての論説の力を理解することもできるであろうから。

五五　これから語られるものを何度も読み聴かされた人にはお断わりしておくが、ここで今、私から目新しい話を期待してはならない。また以前から耳にたこができるほど聴かされた話をまた語るということで、私のことをこちたき奴だとみなさないでいただきたい。なぜなら、かりに見世物のためだけに私がこれを語ったのであれば、そのような非難も甘受すべきであったろう。しかしいま私は、裁きにかけられて危険を背負う身であるのだから、このような形で論説を利用せざるをえないのである。五六　実際また、告発者が私の言論を中傷して、国家を害し、若い者に害毒を流すものだと非難しているとき、実物を見せてやりさえすれば、私どもについて言われている誹謗を木端微塵にできたのに、別の手段で弁明を行なうとすれば、世にあるまじき大馬鹿者となるだろう。

というわけで、既知の諸君には忍耐と協力をお願いし、そうでない方々のためには、いよいよ決着をつける時が来たのだが、本題に取りかかるに先立ってもう少しだけ説明を加えて、語られる内容をいっそう容易に理解できるようにしたい。

五七　最初にご覧に入れたいと思う演説は、ラケダイモン人がギリシアの覇者となり、われらが雌伏を強いられていた、あの時期に書かれた。これはギリシア人に向けては、ペルシア征旅のために結集を呼びかけ、ラケダイモン人に対しては主導権をめぐって異議を立てるものである。五八　このような論題を掲げて私は、わが国がギリシアを益したすべての善の原因であったことを証明している。そして、このような功績に関する議論を完成してから、次に主導権をめぐって、わが国に属することをさらにいっそう明確に示そうと考えて、私はこれに関する事実を、以下の点から明らかにしようとしている。つまり、この国が敬意を払われてしかるべきゆえんは、他の功績を措いて何よりも、かの戦時に堪えた危難によってである。五九　はじめ私は、ここであらためてその点を詳論できるだろうと思っていた。だが老齢はこれを妨げ、私に断念を強いた。語るべきことを多く残して力萎えてしまうことのないように、余白に記した箇所(1)から始めて、主導権に関するところの朗読を聴いていただこう。

一方、私の考えるに、われらの祖先が尊敬されてしかるべきゆえんはむしろ、その他の善行より以上に、存亡

(1)引用部分の指定にあたって、イソクラテスは架空の裁判の枠の中で、証人の代わりにここで、『民族祭典演説』の刊本(巻物)の余白にしるしをつけて書記に渡し、読む箇所を指示したという設定にしている。

の危難における行動によってである。

かつては全体のために前線にあったのに、今度は他国の後塵を拝することを強制されるならば。

『民族祭典演説』五一－九九

六〇　主導権について、それが正当にこの国に帰属することは、以上語られたことから容易に理解できよう。次に、諸君自身が内省してみていただきたい。私がこれらの言説によって若者を堕落に導いていると思われるか、いやむしろ国のために危険を冒し、徳に励むよう勧めているのではないか、あるいはまたこのような言説は罰を受けるのが正当であって、諸君から最大級の感謝を集めるものではないと思われるか。六一　実に私がこのように、わが国を、またかの時の危難に際した父祖を誉め讃えたために、以前にこの主題で言説を著わしたすべての人びとが、自らの書いたものを恥じ、その著作を隠蔽したばかりか、当代において雄弁を謳われる者もまた、この論題ではもはや言葉を発せず、彼ら自身の言論の非力を責めているのだ。六二　しかしそうだとするならば、語るに足るほどの内容を見つけ出すことも言うこともできない者たちが、他人の修練の成果に非を鳴らし、僻目で見ているにすぎないことは明らかだ。彼らはそれが「美々しく」語られている――「よく」とは妬みのために言い出せないのだ――けれども、より有益ですぐれた言論というものは、過去の事蹟を讃えるものよりは、当代の過ちを譴責するものであり、古の行為を細々と論じるものよりは、何をなすべきかを勧告するものだと主張するであろう。

六三　そこで、そのような批判を彼らに許さないために、いま紹介した言説に助勢すること(1)は取りやめ、別の言説の一部を、先のと同じ分量だけ引用しよう。そこではすべてこれらの論題に私が多大の配慮をしていることが明らかになるだろう。まず最初に語られる部分は、対キオス、ロドス、ビザンティオンとの和平を主題とし、六四　戦争の終結がこの国に利益をもたらすことを示した上で、ギリシア支配と海上覇権を弾劾している。そのような支配は行動においても心情においても専制君主と変わりないことを証明したのである。また私は、覇権がわが国とラケダイモン、その他すべての国々にもたらした顚末を想起させている。六五　これを論じたのち、ギリシアを襲った災厄を嘆き、現状を座視してはならぬとアテナイに要求し、最後に正義に立ち返るべく促し、いま犯しつつある過ちを非難し、将来について忠告をしたのである。それでは、この問題についてを私が論じているところから始めて、その抜粋を陪審員諸君のために朗読されよ。

六六　私の考えるところ、われわれは民会を閉じる前に和平の票を投じるだけでなく、審議をつくすべきである。どうすれば平和を実現し、

……………………

もし実際の出来事に現われた間違いをすべて吟味しようとすれば、今日一日の残りすべてを費やしても足りないであろう。

『平和演説』一二五－五六

(1) プラトン『パイドロス』二七五D－Eに、著作(子供)は自分だけでは身をまもることができず、作者(父)の助けを必要とするという比喩が語られている。

中間を飛ばして、

現下の悪弊を断ち切るにはどうすればよいのか。私はまさにその点について、おおよそを論じつくした。それは箇条書きにでなく、それぞれの論点がそのつど落ち合う機会に即してであったが、諸君によりいっそう鮮やかに銘記していただくためにはむしろ、緊急の事柄を取り集め、あらためてもう一度繰り返すのがよいかもしれない。国政を立て直し、改善する方策はいくつかある。その第一は、われわれが公の議題について審議する場合、それが私的な問題の場合でも望ましい人を助言者を選ぶこと、そして職業的な誣告者を民主的、高潔有能の人間を寡頭派的だなどとみなす性癖を改めることである。

『平和演説』一三三―一四五

……………………………………

六七　これで諸君は二つの論説を聴かれたわけだが、私はさらに三番目に短めの言説を取り上げたい。これによって、すべての言論が徳と正義に集中していることが、さらにいっそう諸君に明白になるはずだ。これから披露する論説は、当時キュプロスの王であったニコクレスのために、どのように市民を統治支配するかを勧告したものであり、先に朗読されたものと同じような趣旨で書かれたものではない。**六八**　というのは、先の二つは語られる内容がつねに前に述べられたことと首尾一貫し、緊密に連絡していたが、ここではそれとは正反対に、前とのつながりを緩めて、いわば頭書きを切り離して並べ、忠告を一つ一つ簡潔に述べる試みをしている。**六九**　これを主題とした理由は、勧告という形をとることで彼の精神を最もよく益することができ、かつまた私の生き方を最も手短に示すことができると考えたからである。まさにそれと同じ動機から、今回もこれを諸君に披露する決心をした。先に引いた著作以外で最もよく書けているからではなく、私が日頃、一般の人であれ権力者であれどのような接し方をしているかは、何よりもこれによって明瞭になると思うからである。七〇　以下で私が王に対しても、自由人らしくまたアテナイにふさわしい仕方で論じていること、また王の富や権力にも仕えるためではなく被支配者を庇護し、私の力の及ぶかぎりで、できるだけ穏やかな体制を用意せんがためであったことが明らかになるだろう。王に向かって民衆のために弁じた私であってみれば、いわんやまして、民主制のもとにある市民には、多数者の利益を配慮するよう強く勧めないわけはあるまい。

七一　序と本論の最初の部分で、私は専制支配を批判している。君主は他の誰よりも賢慮を磨かねばならないのに、一般の人びとよりも教養が劣っているからである。この点を論じたのち、私はニコクレスに懶《らん》惰《だ》をいましめ、王の地位を得たことを祭司の職についたかのごとくに考えてはならず、快楽を遠ざけ一心に政道にあたるよう励ました。七二　私はまたこうも説得を試みて、劣った者が優れた者を支配し、痴愚が思慮あるものに命令するのを目にしたら、これは恐るべきことだと認識しなければならない、というのは、そうすれば他の人の蒙昧を強く非難するのと同じように激しく自分自身の知性を磨こうとするだろうからだと説明した。さて私が終えた箇所から始めて、この論説の残りの部分をこの場の人びとのために朗読されよ。

七三　自らを鼓舞する最上の方策は、劣った者が優れた者を支配し、痴愚が賢慮に命令を下す事態を怖るべきものと考えることである。

……………………………………

賢者とみなしてしかるべき人は、小事について厳密を競う者ではなく、大事についてすぐれた言をなす者である。(1) 以上の言葉を生かすか、さもなくばこれよりもよい教訓を探し求めるべきこと。

『ニコクレスに与う』一四―三九

七四 朗読のための、これほどの分量にわたる論説は、もう充分としよう。といっても、これからも断片的には、以前の著作に触れるつもりであり、扱っている局面にふさわしいと思われたなら、引用しよう。かえって、他の人びとが私の論説を利用するのを見ていながら、私ひとりが以前に語ったことを無視したりするのは、妙な話であろう。ことに今回のように、いくつかの短章のみならず私の論説の全分野を諸君の前に展示しようと決心したのであってみれば、なおさらのことだが、とまれ、その点はなりゆきにまかせるとしよう。

七五 これが朗読される前に、私はこう言った。もし私が邪論を用いているならば罰を受けよう、だがそれだけでなく、もし余人の及ばない言論を述べているのでないならば、最も厳しい報復にあって当然とする、と。もし諸君の中で、先の発言があまりに夜郎自大の豪語だと受け取った人がいたなら、その判断はもはや訂正されなければならないだろう。私はその約束を果たし、朗読された論説がはじめに私の示唆したとおりのものであることを証明したと思うからだ。七六 だが手短に、それぞれの論説について弁明し、著作について先にも今も言っていることが真実であることを、さらにいっそう明らかにしたい。

まず第一に、祖先をその徳と行為にふさわしく賞讃するもの以上に敬虔もしくは正義にかなう、どのような論説があるだろうか。七七 第二に、主導権の帰属を論じて、他の貢献や戦争の危難を堪え抜いた事実によって、それがラケダイモンよりもわれらアテナイのものであることを説くもの以上に、政治的見識に富み、わが国にふさわしい言論があるだろうか。また第三に、ギリシア人に呼びかけてペルシア征旅を勧め、互いの一致団結を忠告するもの以上に、高貴にして偉大な事柄を主題とする言論があるだろうか。

七八　最初の論説において、私はまさにこれらの点について論じ、あとの二つの論説では規模においてはより小さいが、しかしアテナイ国家にとってはけっして無用でない、少なからず有益な問題を論じたのである。これらの言論の力を認識するには、評判の高い有為と思われている他の論客のそれと比較するだけで足りるであろう。

七九　思うに、法律こそ人間の生活にとって大部分を占める最大の善の原因をなすことは誰もが認めるであろう。しかし法律の運用が関与する益は本来、限りがあり、国事ならびにまた、われわれ自身が互いに取り交わす契約事より以上に出るものではない。これに対して、諸君が私の言論に聴き従うならば、全ギリシアを立派にまた正義に違うことなく、さらには国益にかなう統治をすることができよう。八〇　知性をもちあわせた人間ならば、自国とギリシア全体のいずれにも真剣になるべきだが、これら二つのうちより大なるもの、より価値高いものを優先し、続いてこのことも知らねばならない。法律の制定をよくする者は、他のギリシア人にも非ギリシア人にも無数にいるが、何が有益かについてアテナイ国家とギリシアにふさわしく語ることは多くの人びとには不可能であると。

八一　まさにそれがゆえに、有益な言説の創見を仕事とする人びとは、法律の草案を書き、法律を制定す

（1）もとの『ニコクレスに与う』ではこの文と次の文とが入れ替わっている。

る人びとよりも高く評価されるべきだ。彼らはもともと稀少で、育成が困難であり、また思慮深い魂を必要とするからであり、まして昨今はその傾向が強いだけに、いっそう貴重であると言わなければならない。八二　けだし、人間の種族がはじめて生まれ、城市に集住したとき、当然これらの追求は相似たものであったろう。だが時代が進んで、語られた言説も制定された法律も数知れず、法律についてはその最も古いものが、言説についてはその最も新しいものが讃美されるに至った以上、もはやこれらは同一の精神のはたらきに帰属する仕事ではない。八三　法律の制定をおのれの仕事とする人にとっては、すでに制定された法の大部分が利用できる——彼らは何も別の法律を探し求める必要はなく、他国で評判のよいものをかき集めることに努めればよいからで、その気になれば誰でもたやすくできる——が、言説に関わる仕事をする人びとにとっては、大部分がすでに語りつくされているという事実が、正反対の結果をつくりだしている。すでに語られたことと同じことを述べるのは、破廉恥であり愚かであると思われ、さりとて新しいものを探すのは大層な骨折り仕事だと思い知るからである。それゆえ、両者をともに賞讃すべきだと私は言ったが、実は賞讃を受けるのは、より困難な仕事を遂行することのできる者こそがふさわしいのである。

弁論教育の弁護

八四　さらにまた、克己節制と正義へと勧めると称している人びとよりも、私どものほうが嘘偽りのない有用な人間であることが明らかになるだろう。なぜなら、彼らは徳と賢慮へと誘うものの、その徳と賢慮たるや門外漢には皆目わからず、彼ら自身の間でさえ意見の一致しない代物であるが、私の勧める徳と賢慮は誰もが納得するものだからである。八五　また彼らは、その評判によって誰かを自分たちの仲間に引き込むことができれば、それだけで満足するが、私に関しては、かつて一般市民の誰ひとり自分のもとに勧誘した事実のないことが知られるであろう。私が説得を試みている相手は国家全体であって、自らの繁栄をもたらし、また他のギリシア人を現在の苦境から解放するための企図に乗り出すよう説いているのである。

八六　いったい、全市民にギリシアのすぐれた正しい指導者となることを熱心に勧めている者が、その一方で弟子を腐敗堕落させているなどという話が、どうしてまともに聞こえるだろうか。私のしているような言論を見出す力がありながら、下劣な事柄に関する下劣な言論を探し求めようとする酔狂がいるものか。ましてその言論から私の得たのと同じ成果を獲得した者については、わざわざ断わるまでもないだろう。八七　これらの著作が書かれ、広く知られるにつれて、私は多くの人の間で名声も得たし、また多数の弟子を獲得もした。これらの弟子は、もし私が彼らの期待を裏切ったならば、誰ひとり私のもとに留まりはしなかったであろう。しかるに実際はこれほど多数の者が、あるいは三年、またあるいは四年の歳月にわたって生活をともしながら、すぐに判明するように、私のもとで学んだことで私を非難した者は一人もなく、八八　いよいよ両親や故郷の友人のもとへ帰航する最後の日になっても、過ぎ去った歳月を懐かしみ、後ろ髪を引かれる思いに涙して別れを告げる。諸君はいずれを信じるべきだろうか。私の言説と私の生活習慣を熟知している人たちか、それとも私のことなど何ひとつ知らず、ただ誣告をたくらむ男をか。

八九　この男の無恥陋劣は止まるところを知らず、私の教えが正義を犯して私利を貪る言論にあると訴えながら、それの証拠となるものを何ひとつ提出せず、ただ始めから終わりまで、年端のいかぬ若者を堕落させるとは恐るべきことだと言いつのっている。あたかも、それが恐るべきことでも何でもないと反論している者がいるか、あるいは自分の手で証明すべきことは誰もが同意するようなことであるかのごとく思い、私が実際に罪を犯したという事実だけが問題であるのに頬かぶりしている。九〇　かりに誰かがこの男を誘拐と窃盗と追い剝ぎのかどで逮捕連行し、これらのどの犯行も立証しないで、こういう犯罪はどれも恐ろしいことだと言い立てたとすれば、彼にしても、この訴人は気が触れて譫言を発していると言うに違いない。ところが自分自身そのような言辞を弄して、われわれに気づかれないと思っている。九一　按ずるに、どんなに無学な者でさえ、告発が信憑性と効力をもつためには、無辜《むこ》の他人にも適用できる立論によってではなく、罪を犯した当人だけに妥当する論によらなければならないことを知っている。ところが原告はこの立証をなおざりにして、何ひとつ適切な論を告訴状で述べることができなかった。九二　彼がなすべきことは、私の言説を提示し、それによって私がこれに接する者を害していることを示し、弟子たちが私との交友ゆえに堕落したと主張することであったのだ。しかるに、これらのいずれも果たすことなく、告発における正義の核となるものを放棄して諸君を欺こうとした。これに対して私の弁明は、当該の正当な証拠だけによってなされるだろう。

九三　言説については、少し前に朗読されたとおりであるが、次に少年時代から老年に至るまで親しくしてきた人たちを紹介し、諸君自身の中から私と同年輩の者を証人としたい。

事の始めは、エウノモス[1]とリュシテイデス[2]、カリッポス[3]が私と昵懇になり、それからオネトル[4]、アンティクレス、ピロニデス[5]、ピロメロス[6]、カルマンティデスが友となった。**九四**　これらの人全員を、この国は黄金の冠をもって顕彰した。もとより他人の財産を見て垂涎したためではなく、人物がすぐれ、かつ私財の多くを擲って国家のためにつくしたからである。諸君が彼らに向けるのと同じ態度を、私にも取ってもらいたい。そうすれば、この裁判に関しては、完全に私に有利に事が運ぶだろうから。

九五　もし諸君が私のことを、彼らの助言者であり教師であると受け取っているのならば、彼らはその徳によって迎賓館で饗応を受けた人たちではあるけれども、むしろ私のほうによりいっそう感謝するのが正当だろう。なぜなら、彼らはひとり自分自身を立派な市民としただけであるが、私はいま枚挙した数の人たちをそのような人物にしたのであるから。**九六**　また、私は彼らの業績の原因に何らあずかるものでなく、仲間や友人として交際してきただけであるとするなら、それだけでも、私が訴追されている罪状の充分な申し開きになるだろう。なぜなら、徳のゆえに褒賞を獲得した人たちを歓迎し、この誣告屋とは見解を違える者が、これらの友人を堕落させようとしたなどという話が、どこでどうやって辻褄を合わせられるものか。

九七　それとも、私はこの世で最も呪われた人間なのだろうか。他の人びとはその仕事と交際から、あるい

---

(1) リュシアス『アリストパネスの財産について』（弁論第十九）一九を参照。
(2) 銀行業者パシオンの子。
(3) のち政治家、雄弁家となる。
(4) デモステネス『オネトル弁護』（弁論第三十）を参照。
(5) オネトルの兄弟。
(6) デモステネス『メイディアスを駁す』（弁論第二十一）一七四を参照。

は悪評を、あるいは好評を得るというのに、私だけがそのような審査を除外され、翻ってあのような人たちとともに生き、この齢まで非難を受けることなく過ごしたにもかかわらず、その仕事と交際関係から悪評を立てられる者と変わらない評価を受けるのであれば、よほど運が悪いに違いない。それはそうと、もしこの告訴人のような人間が私の交際仲間であったなら、どんな目に遭ったかをぜひとも知りたいものである。私はこの種の人間すべてと憎み憎まれる関係にあって、いまこの危機に陥れられたのだが。

九八 さらにまた、以下のような告発弁論があったとしても、正当に私を非難していることにならないだろう。おそらくは私をひどく不快に思っている者があえて言いそうなことだが、私はいま挙げた人たちとは、話をかわしているところを目撃された程度の浅いつきあいしかない、ほんとうは他に多くの不穏な弟子がいるのに、それを諸君から隠している、と。私はこの種の誹謗中傷を、すべて反駁し粉砕する論拠をもちあわせている。**九九** 私の側からの要求を述べよう。もし私の仲間の誰かが国家と友人と彼自身の家に関してすぐれた人であれば、諸君は彼らを賞讃しこそすれ、私に感謝する必要は毛頭ない。他方もし彼らが低劣な人間で、他人の財産目当てにあの手この手で公訴をしかける類いの性悪であれば、私に罰を負わせてよい。**一〇〇** これほど小事に拘泥しない、しかも謙虚な申し出はないだろう。すぐれた高貴な人物のあることは論議せず、ただ劣悪な人間があったなら、それらの人びとの代わりに罰を受けようとしているのだから。しかもこれは、徒やおろそかに言われたのではなく、私は原告だけでなく他にも、もしそのような輩の名を挙げることができるなら、誰でも希望する者にこの条件を差し出すつもりだ。それは私について嬉々として偽りを述べる者はないと信じているからではなく、そのような人間が現われるならば、たちまち罰は彼らに降りかかり、私から外れると思っているからである。一〇一　私の告訴された件について、また私が交際相手を堕落させていないということについては、これ以上に明確に示す方法を私は知らない。

ティモテオス弁護

次に原告はティモテオス(1)が私の友であったことに言及し、われわれ両者の誹謗を試みて、この国に多大の貢献をなした故人について、鉄面皮にも、あまりに不埒な冒瀆的言辞を口外した。一〇二　私はこう思っていた、よしんば私が論駁され明々白々に有罪が立証されたとしても、彼との友情のゆえに無罪放免となって

(1) クニドスの海戦でスパルタ艦隊を潰滅せしめたコノンの子で、イソクラテスの門弟として当時最も著名な人。カブリアス、イピクラテスとともに、前四世紀のアテナイの再建に貢献した軍人政治家の一人だが、傭兵隊長の前歴をもつ前二者と異なり、もともとコノンの遺産があったため裕福であった。これが民衆の反感を買う一つの遠因となった。前三五五年、単独出撃してキオス同盟軍に敗れた将軍カレスは、悪天候のゆえに決戦に反対した同僚のイピクラテスとティモテオスを告訴。イピクラテスは放免になるが、ティモテオスは百タラントンの罰金刑が科せられ、公職追放となる。裁判の四年後、この『アンティドシス』が書かれた前年に死去している。

しかるべきだと。ところがリュシマコスは、私を正当に救うはずの事実を曲げて私を非難するのであるから、これについて述べないわけにはいかない。

私はティモテオスを他の親しい人たちと一括りにしなかったが、それはティモテオスの事情がこの人たちのそれとは非常な懸隔があるからだ。一〇三　第一に、先に挙げた友人たちについて原告は何も妄言を敢えてしなかったが、ティモテオスの告発には私の公訴以上に熱を上げたこと。第二に、先の人たちはそれぞれに鋭意配慮し、最前私の述べたような栄誉を受けたのであるが、もともと委託された任務は多くなかったのに対し、ティモテオスは、多年にわたって数多くの重大問題を陣頭にあって指揮したこと。したがって、彼を他の人びとと同列に論じるのは適切でなく、このように切り離して別々に語らざるをえない。

一〇四　彼のために弁じることは目下の係争問題と無関係ではなく、また私は訴訟外のことを語っているのではないことをご承知願わねばならない。なぜなら、普通の人の場合であれば、それぞれ自分の行為を弁護し終わったならば壇を降り、余計なことをしていると思われるのを避けるべきであるが、助言者であり師であるとみなされている者の場合には、自分自身と同様に弟子のためにも弁明しなければならないからである。とりわけその交際が裁きにかけられている理由であるならば、なおさらであり、これが私の置かれている状況なのである。

一〇五　私以外の人であれば、こう言うだけで充分であったろう、「ティモテオスの行為に不届きな点があっても、同罪となるいわれはない。なぜなら、彼のために審議決定された褒賞にも名誉にも私は全然あずかっていないのであり、また民会演説家の誰ひとりとして私を助言者として顕彰することを提議した者もないからである。正義の要求するところは、報償をともにするか、不運をともにしないかいずれかである」と。

一〇六　本来ならばこのような申し出を私は控える者であるが、他の友人についてしたのと同じ提案をしたい。私は要求する、もしティモテオスが悪人で、諸君に多くの過誤をしたのであれば、連座して罰を受け、不正を犯した者と同じ処遇を受けることを認めよう。またもし彼がすぐれた政治家であり、われわれの知る他の誰も匹敵しえない将軍であることが証明されたなら、彼を賞讃し感謝すべきであると私は思うが、この公訴に関しては私の行為によって正しいと思われる判定を下すように、と。

一〇七　ティモテオスについては、簡潔にかつ包括的に、こう言うことができる。彼が強襲し陥落させた都市国家の数は、かつて軍を率いて出征した、この国の将軍であれ、他のギリシア国家の将軍であれ、誰も及びもつかない多くを数えた。いくつかの都市に至っては、その占領だけで周辺の支配地域すべてが、アテナイに自動的に帰属することを余儀なくさせられた。これら都市の勢力範囲はそれぞれにかくも広大にわたっていた。一〇八　誰が知らないであろうか、コルキュラはペロポネソス陣営の最も地の利を得た絶妙の位置にあり、イオニアにおいてはサモスが、ヘレスポントスにおいてはセストスとクリトテが、トラキア勢力圏にあってはポテイダイアとトロネがそれに当たることを。彼はこれらすべてを占拠して諸君に渡した。それは膨大な戦費をもってしてでも、同盟国に塗炭の苦しみを強いてでも、また巨額の徴税を諸君に課してでもなかった。

一〇九　ペロポネソス周航のために国家がティモテオスに与えたのは、わずか十三タラントンと五十隻の艦船、これをもって彼は八十隻の艦隊を擁するコルキュラを占拠した。そして同じ頃ラケダイモンとの海戦に勝利し、彼らに和平締結を強制した結果、両国の関係は一大転換をなしたのである。二一〇　すなわち、われわれはこの日より毎年犠牲を捧げて、アテナイの国に他の何よりも裨益したものとして和平を祝い、(1)他方ラケダイモン人はこの時以降、その艦隊がマレアの岬を越えて周航することも、その陸軍がイストモスを渡って進軍することも絶えてなくなった。ひとは、これこそが彼らにとってレウクトラの敗戦の因となったことを認めるだろう。

二一一　これらの軍事行動の後、彼はサモス島に遠征した。(2)ここはかつて、知恵と正義と克己において比類なき名声を誇ったペリクレスが、二百隻の船と千タラントンの戦費をもって制圧したところであるが、(3)ティモテオスは諸君から戦費を受け取ることも同盟国から徴集することもなく、八千の軽装歩兵と三十隻の艦船で十ヵ月の包囲攻撃のすえに陥落させ、この戦利品をもって兵士全員に給料を支払った。二一二　このような成果を挙げた者が、もしほかにも明らかに存在するならば、私の語ったことはたわごとであると認めてよい。他と比べて何の変哲もないことを遂行した者を、口をきわめて誉めそやそうとしているのだから。さて、そのサモスから帰航の途上、彼はセストスとクリトテを占領し、それまでケルソネソスは諸君の眼中になかったのを、はじめて注目せしめた。二一三　そして最後にポテイダイアは、わが国が以前これのために二千四百タラントンを費やした城塞都市であったが、自前で戦費を調達し、さらにトラキアの上納金を得てこれの攻略に成功した。次いでまたカルキディケ全市を征服した。(4)それぞれの戦果に詳しく立ち入ることは許されず、簡潔に言わねばならないとすれば、彼は諸君を二十四の都市の主人とし、しかもわれらの父祖がメロス島包囲戦(5)で費やしたよりも少ない戦費でもって、これを実現したのである。

一一四　これらの行為の枚挙が容易であったのと同じように、それぞれの行為が置かれた状況と、アテナイの国内情勢、また敵の軍事力などが簡単に説明できれば、とは思う。そうすれば、ティモテオスの貢献と価値はさらに偉大なものと思われたであろう。しかし話が長大になるので、今回は割愛しよう。

一一五　諸君が喜んで耳を傾けると予想されるのは、以下の点であろう。そもそも諸君の間で名声を博し、戦術家と謳われている人びとでも、ときには一村すら陥《おと》せない者もある。しかるにティモテオスは、強壮な体力に恵まれていたわけでもなく、また各地を転戦し野戦の経験を長く積んだわけでもなく、諸君とともに普通の市民生活を営んできただけであるのに、どうしてこれほどの大業をなしえたのか。これを説明すれば敵を増やすだけだが、しかし語ることは無益ではない。一一六　彼の傑出したゆえんは、ギリシアおよび同盟国の問題について、またこれの配慮指導に関して諸君と意見を同じくしなかった点にある。諸君は、頑健無比の、また海外遠征の経験豊富な者を将軍に選出し、そのような人材によって必要な措置が遂行されると思っている。一方ティモテオスは、このような人びとを連隊長や軍団司令官の適材とみなし、そして事実

(1) 前三七一年の「カリアスの平和」を指す。
(2) 前三六六年のこと。
(3) トゥキュディデス『歴史』第五巻一一六—一一七を参照。
(4) 前三六五—三六四年。
(5) トゥキュディデス『歴史』第五巻八四—一一六を参照。

その何人かは彼の麾下で遠征に参加することによって名を挙げ、国家に貢献した。一一七　しかしティモテオスその人の異能は、すぐれた将軍が思慮をこらすべき事柄に関わっていた。

それは、どのような才幹を要する事柄であるのか。これは単純化して言うべき性質のものではなく、明細に語る必要がある。第一に、どこを敵とし、どこを同盟国とすべきかを知ること。これこそ戦略の出発点であり、ここを過てば、戦いは無益で困難かつ徒労に終わること必定である。一一八　さてこういう選択にかけて、彼に比肩する者はなく、誰もその足元にも及ばなかった。これはその成果そのものからたやすく見てとれよう。すなわち、彼は大多数の戦争を国家の支援なしに着手し、すべてこれらに戦果を収め、しかも正義にかなった仕方でこれを遂行したと全ギリシアに認められた。実に、その戦略のみごとなことについて、これよりも明確かつ壮大な証明を誰がよく提示しえよう。

一一九　第二に、すぐれた将軍の資質とすべきは何か。目前の戦争に即応した軍隊を徴集し、これを編成し用兵の実を挙げること。さて彼が巧みな用兵を心得ていたことは、その実績が明らかにしている。また堂々とこの国に恥じぬ戦備を整えることにかけて、衆に抜きん出ており、敵方の誰ひとりこれをあえて否定する者もなかった。一二〇　さらに加えて、兵員不足と困窮に堪え、一転して調達の途を見出すことにかけて、ともに出征した者の誰がティモテオスをこの両面で凌駕すると自負しえたろうか。なぜなら、彼らは彼が国家から一切の支援を受けていないために、最初は極度の窮乏から出発しながら、事態を立て直して戦いに勝ち残り、兵士にも給料を完全に支払うところまで漕ぎつけたのを、つぶさに見ていたからだ。

一二一　さて以上はそのように重大な切迫した事態の対応であるが、ティモテオスはこれに続く処置のゆえに、なおいっそう正当に賞讃されてよい。彼は、諸君が唯一認める人物は、他国を脅迫し怖れさせ、その結果として同盟国の中に絶えず謀反の火種をつくる者だけであるのを見て知っていたが、諸君の考えに従わず、またこの国の名声を傷つけることも望まず、ギリシアのいかなる国も彼を怖れず、ただ不正をたくらむ国を別にして、すべての国々を安堵させる方策を探求し実行した。一二二 なぜなら彼は熟知していたのだ。怖れる人びとは、怖れの感情を抱かせる相手を憎むものであり、またアテナイ国家は他国との友好関係を通して栄華をきわめ最大の国となることができたが、憎しみをつのらせることによって、あわや最大の災厄に陥るところであったことを。これを胸に刻んで、一方では武力をもってこの国の敵を打倒し、他方、彼自身の人柄によって、他国の好意を獲得するよう心がけた。これこそ、多くの国を攻略し多くの戦いに勝利するよりも、偉大で高貴な戦略であるとみなしていたのである。

一二三 このようにしてティモテオスは、彼が謀略をめぐらしているのではという疑心暗鬼をどの国にも抱かせないように細心に配慮し、アテナイに軍隊を提供していない国々の近くを航行しようとするときは、使節を派遣し、事前にその支配者たちに通知した。突如、港の前に姿を現わして、彼らを恐慌状態に陥れないためである。一二四 たまたま入港し投錨した場合でも、兵士たちには強奪、盗み、破壊行為を厳禁した。そのような不祥事が生じないように、持ち主同然の配慮をした。彼が留意したのは、兵士たちの人気をつなぎとめることではなく、わが国のギリシアにおける評判だったからである。一二五 さらに、占領された都市を追及するにあたっても、他のいかなる国も同盟軍に対してさえ見せないほどの寛恕をもって、かつまた合法的に処理したが、このような態度を対戦国に明示しておけば、アテナイが他国をけっして侵略しないことの最大の保障を与えることになる、と考えたからである。一二六　それゆえ、これらの処置から生じた評判によって、諸君に敵対的であった国々の多くが城門を開放し、彼を迎え入れた。城内で彼はいかなる騒擾も引き起こすことなく、門を出るときに、入城したときの統治形態を変えることなく立ち去った。

一二七　以上すべての要点を述べよう。他の時はギリシアに多くの恐るべき出来事が頻発したが、ティモテオスが将軍に在任中は、誰も都市の徹底破壊が起こったりするのを見ることはなく、また政体の転覆も死刑も国外追放もその他修復不可能な惨事のいかなることも見出せなかった。このような災厄が、彼の時代にはまったく終息し、ためにわれわれの記憶する将軍の中で、ただ一人彼だけがアテナイをして、ギリシア人の非難を浴びないものとしたほどだ。一二八　けだし、最上の将軍とみなすべきは、リュサンドロスのごとくに、ただ一度の僥倖で、他の何びとにも果たしえなかったような赫々たる成功をおさめた人のことではなく、多くのさまざまな、難しい問題に携わって、つねに正しくかつ知性をもって遂行した人をこそいう。そしてこれがティモテオスの踏んだ道である。

一二九　思うに、諸君の多くはいま語られた内容に愕然とし、彼を賞讃することがとりもなおさず、国家を糾弾することになることを認めるだろう。これほど多くの都市を奪取し一個の都市も失わなかった者を、裏切りの罪状で裁判にかけ、また彼が任期満了監査に服した際に、諸般の行為はイピクラテスが認め、戦費に関する釈明はメネステウスがこれをなしたのに、あとの二人は釈放し、ティモテオスだけに前代未聞の罰金刑を課したというのが、もしほんとうであれば。

一三〇　実情を説明しよう。私はあわせて国家の弁護もしたいと思う。もし諸君が正義そのものに照らしてこの事件を観察するならば、ティモテオスに関して行なわれたことは誰が見ても恐るべき、また酷いものでしかありえない。だがもしわれわれすべてが内にかかえている無知を、またわれわれに巣食っている嫉妬を、さらにはわれわれの生を翻弄する混乱、騒擾に思いを致すならば、これらの何ひとつとして説明不可能でもなく、人間の性を逸脱して起こったわけでもないことを、あらためて見出すだろう。のみならず、ティモテオスにもこの件について正しく知られなかったことに責任の一端はある。一三一　彼は民衆を蔑視する者でも、人間嫌いでも、傲岸不遜でもなく、ただこれらの不徳はいささかももちはしないが、その気宇広大な精神が軍事には益することはあっても、日常ふりかかる人間関係の応接とは齟齬をきたしたがために、いま挙げられたような不徳の非難を浴びやすかった。というのも、彼は事柄の配慮に秀でていたのと同じくらい、人びとへの気配りに不得手であったのだ。

一三二　実際しばしば、彼は私からそれに関連した話を聴くことがあった。市民生活を営み、好感をもたれたいと願う者は、何よりも行為においては最も有益かつ最善のものを、言論においては最も真実かつ正しいものを選ばなければならないが、さらに何事を言い行なうにあたっても、砕けた愛敬のある様子を見せるよう、注意して心がけなければならない。なぜなら、これをおろそかにする人は、仲間の市民に嫌われ、もったいぶった奴だと思われるからだ。一三三　「わかっているだろうか。多くの人の性は快楽に傾き、それゆえ快楽のために交際する者を恩恵者よりも、快活に愛想よく騙す者を重厚で厳しい態度で益をもたらす者よりも好むのだ。君はこういったことを全然気にかけていない。対外問題の適切な処理に配慮すれば、国内の市民も君に好感情を抱くだろうと思っている。一三四　だが現実はそうでなく、むしろその正反対の事態が生じがちなものなのだ。というのは、これらの人びとに好感をもたれれば、彼らは君のすることのすべてを真実に照らして判定することはせず、君に好都合な線に結びつけて理解し、失敗は大目に見、成功は天の高みに届くまで喝采するだろう。好意というものはすべての人をそのように仕向けるものだ。

一三五　君がこの国のために万策を講じて他国からの好意を獲得しようと、それが最大の善だと考えて努めているのに、自分自身のためにはこの国から同じそれを調達すべきでないと思っている。むしろ何よりも多くの善の原因となって、語るに足る何ものも成し遂げたことのない者より不人気であってよいと思っている。一三六　なるほど、それももっともだ。人は民会演説家や私的な集まりで上手に言論をつくる者やまたあらゆることを知っていると称する者をもてはやすが、君は無関心であるばかりか、彼らのうちその時々に一世を風靡する者と敵対するからだ。しかし、どれほど多くの人びとが、彼らの虚言のために、あるいは破滅し、あるいは名誉を奪われたと思うか。かつて世にあった人のどれほど多くが無名の闇に沈められたと思うか。歌に謳われ悲劇に上演されている人物よりもはるかにすぐれ、高い評価に値する人びとが。一三七　思うに違いは、一方が詩人や年代記作者を得ていたのに対し、他方は讃歌を書く者をもたなかったということにすぎない。だから、君が私の言に従い、分別をもってくれるなら、これらの者たちを見下さないでほしい。大衆は市民一人一人の評価のみならず、政治問題全般の判断を彼らに追従してなすものだからだ。彼らに対する注意と配慮が必要だ。それは双方の面で、つまり君自身の行為と彼らの言論とによって、君の声価を高めるためだ」。

一三八　彼はこれを聴いて、私の言うことは正しいと認めたが、もって生まれた性質を変えることはできなかった。この国とギリシアにふさわしい高貴で優秀な人物であったが、おのれよりもすぐれた人びとを憎むような者たちとは、所詮、折り合いのつけようがなかったのだ。さればこそ、弁論家たちは彼についての多くの偽りの告発を捏造することができ、大衆は彼らの言葉を受け入れたのである。一三九 これについては、機会があれば喜んで弁明したかった。思うにそれを聴いたなら、諸君は、国家を彼に対する憤激へと誘導し、彼について妄言を敢えてした者どもを憎んだであろう。だがそれは断念し、私自身と係争中の事柄について、言葉を述べることにしたい。

間奏

一四〇 さて残る問題をどう扱ったらよいか、目下私は苦慮している。どれを最初に言及し、どれを二番目に置くべきか。おそらくは、それぞれの話題がおのずから落ち合うそのままに、これについて語るほかないのであろうが、たったいま思い浮かんだこと、そして私は表明すべきだとみなしたが、ある人は口外すべきでないと忠告してくれた事柄を、諸君に隠さないことにする。一四一 告訴がなされてから、私は諸君のおのおのと同様、この件について検討し、私自身の生涯と行為を吟味し、私がこれならば賞讃されてしかるべきだと思える事柄について多くの時を費やして著述した。ところが、この著作を聴いたある人は、私に向かってこれ以上ない酷評を敢えてしたのである。「ここに語られていることどもは、名誉心を鼓舞するものではあるが、自分ならば、何よりも聴き手の大方を不快にしまいかと恐れるだろう」と。

一四二　「なぜなら」と彼は言った。「それほどに一部の人びとは、嫉妬と困惑によって憤激し、悪徳にではなく成功に反対して戦いを挑むからだ。そして人びとのうち最も高潔な者を憎むばかりか、最上の営みをも忌み嫌い、その他の邪悪に加えて、不正を犯す者と徒党を組んで意見を同じくし、妬ましくてたまらぬ相手は、もしできるならば、これを滅ぼす。一四三　このようなことを行ないながら、彼らは彼らが票決すべき事柄について無知なのではなく、意図して不正をなしているのだが、ただ正体が露見することだけは予期していない。そこで自分たちの同類を救出することで、自分たち自身に加勢していると信じている。こんなことをくどくどと述べてきたのは、何のためか。事前に善後策を講じて、彼らにはもっと無難な言説で対処することだ。現実の問題として、君の生涯、君の行為を事細かに述べたところで、それが彼らのとは似ても似つかぬものであり、君が私に対して語ろうとしたようなものである以上、このような連中からどんな判定が期待できるものか。

一四四　君は君の著作が非難にではなく、最大の感謝に値するものだと表明している。また君の仲間は、あるいは不正にも犯罪にも無縁であり、またあるいはその徳により国家から栄冠の名誉を受けている、そして君自身は日々の生を、市民のうちの他に類のないほど、節度と規則を守って生き、さらに誰にも訴訟を起こしたことも、また財産交換の件を除けば訴えられたこともなく、他の人びとと協力して争ったことも証人となったことも、その他市民すべてが関与する何事も行なったことがないことを示している。一四五　そういう隠遁的な風変わりなことどもに加えて、君はこういうことを言っている。官職やそれから生じる利権、またその他公共の一切のものと距離をとっているが、戦費納税者ならびに公共奉仕役千二百名の一員に自分自身のみならず、息子をも立てている。そしてすでに三度艦船費請負を務め、その他の公共奉仕も気前よく、かつ法の定めるところよりもすぐれて、これを負担した、と。

一四六　これを聴いて、先に述べられたことと一から十まで正反対の方向に励んでいる人びとが、態度を硬化させ、自分たちの生き方が論駁され、不真面目なものであると証明されたとみなすとは思わないか。たしかに、君が公共奉仕やその他の調達に非常な労苦を払っているのを知っていたなら、彼らもそのようには感じなかったろう。だが彼らは、外国人からの君の収入を実際の贈与額よりもはるかに過大に見積もり、

一四七　君自身についても気楽な結構な生活ぶりだと思っている。君は一般の人びととの比較だけでなく、哲学に携わり君と同じ仕事に精出している人びとと比べて、そう思われているのだ。君の同業者の大部分は、君の生き方を追慕する人びとを除いて、祭典や私的な集まりで披露演説をする際に、互いに腕を競い、誇大な自己宣伝を行ない、論争し、悪罵を投げ合い、汚い言葉をけちらない。一四八　かえって自分から泥をかぶり、聴き手の嬲り者になることを許している。ある場合には語られた言葉を笑われ、稀には賞讃されるが、たいていは憎まれ、それぞれの人から好き放題にあしらわれている。ところが君はこうした一切に関与せず、ソフィストとも一般の人びととも、また金持ちとも貧乏人とも、一線を画した生き方をしている。

一四九　この点について思量をめぐらすことができ、分別もある人びとならば、おそらく君を羨むだろうが、諸事不如意で、自分の不運よりも他人の有能さに苦痛を覚える癖のある人びとは、憤懣怨嗟を押さえきれない。彼らがこのように気分を悪くしていることを思って、以上のうち何を語り、何を省くべきか検討したほうがいい」。

一五〇　私は彼がこう言った時もまた今でも思う。私が公共奉仕のために身を捧げ、定められたことを行ないながら、しかし何ら要求せず、官職に選ばれることも、国家が他の人びとに与えているものを受け取ることも、また裁判の訴追に関する特権も辞退したと聴いて、立腹するような人びとは、この世で最も奇怪な惨めな人間だ。一五一　私がこのような生き方を設計したのは、裕福だからでも高慢だからでもなく、また私と同じ生き方をしない人びとを軽蔑しているからでもなく、一方ではただ平穏と閑暇を大切に思う気持から、また一方ではそのような人びとが、諸君のもとでも他国人のもとでも評判がよいのを見ていたからだ。それだけでなく、このような生のほうが、多忙な人生よりも快適であり、さらに私が最初から身を置いてきた著述の仕事にふさわしいと私がみなしていたからだ。

一五二　そういったことのために、私はこの生き方を選んだのであり、国家からの支給を断わったのは、自分の資産で身を養うことができるのに、それでしか生活するほかない人びとの誰かの邪魔になり、私がいることで日々の糧を奪われる人が出たら大変だと考えたからである。これについては、賞讃に値しこそすれ、非難を浴びるいわれはなかったはずだ。一五三　だが現実には、私はひどい窮地にはめられた。どうすれば、このような人びとを満足させることができたというのか。これまでの全生涯にわたって、誰にも不正を犯すことなく、迷惑もかけず、苦痛も与えないように力をつくしてきたのに、まさにそのことゆえに私がある人びとを苦しめているのだとすれば、どうすれば喜ばすことができるのか、それとも、単に私が不運であり、この人びとは無学で、同国の市民に不満を覚えずにはいられない性分なのだと思うほかにないのか。一五四　他の人びとに何ら共感をもたず、何も悪しき行為をしない者に腹を立てるが犯罪者には寛容な人びとには、になるからだ。

弁明を企てること自体が愚の骨頂だ。なぜならひとが自分の公正を示せば示すほど、彼らの間で戦いは不利

だがその他の人びとに対しては、巨額の財産をわれわれが有しているとリュシマコスが誹謗した件について、弁じなければならない。彼の言が信じられて、とうてい請け負いかねる公共奉仕の役を押しつけられては困るからだ。一五五　概して、ソフィストと呼ばれている人びとの誰も巨万の財貨を集めた者などいない。むしろある者は貧困のうちに、ある者はつつましく暮らしていたことが、知られるだろう。われわれの記憶するうち、最大の財産をなした人物はレオンティノイのゴルギアスであるが、彼はギリシアで最も裕福であった当時のテッサリアで過ごし、非常に長命で、かつソフィストの稼業に携わった。一五六　彼はまたいかなる国にも定住したことがなく、公共の事柄のために支出したこともなく、貢納も強いられたことがない。それればかりか妻を娶ることも子供を儲けることもなく、ほとんど永続的な負担の重い公共奉仕も免れていた。それほどに蓄財に関して他の人びととより有利な立場にあったのに、遺産はわずか千スタテール(1)しかなかった。

一五七　まことに互いの財産については、これをみだりに批判する者を信用するべきでない。またソフィストの稼ぎと俳優のそれを同列にみなしてはならず、同じ技術に携わる専門家がお互いに判定し、それぞれの分野で同等の技量の持ち主は、収入も同じくらいだと推量すべきだ。一五八　かりに諸君が私を同門の稼ぎ頭に等しい技量をもつとし、彼と比較するなら、このような事柄に関してまったく闇雲な推量を行なって

(1) 一スタテールはアテナイ通貨の二十八ドラクマに相当する。

いるとは思われないだろう。また、私が国事についても私自身についても調達に苦しんでいるさまは見えないだろう。ただ、公共奉仕に費やしたよりももっと倹しく生活しているのが見出されるだろうが。とはいえ、公共の場合よりも私生活において質素に暮らす人びとは、賞讃されてしかるべきだ。

一五九　語りながらゆくりもなく思ったのだが、この国のありようはどれほど様変わりしたことか。物事に関する考え方も、今の人は以前にこの国の市民であった人びととまったく似たところがない。私が子供であった頃、富には安全を保障する権威があると認められていた。だからほとんどすべての人が、実際にもっているよりも多くの財産を所有しているように装った。そのような評判にあずかろうとしたのである。

一六〇　ところがいまは、富が最大の犯罪であるかのごとく、金持ちではないことの弁明を、身の安泰をはかるために用意し注意していなければならない。なぜなら、公然と悪事をはたらくよりも裕福だと思われるほうが、ずっと怖ろしいからだ。悪人は情状酌量を買うか微刑ですむが、富者の評判を立てられた者は、完膚なきまでの破産に追い込まれる。われわれは、財産のゆえに破滅した者の数が、犯罪のために罰を受けた者のそれより多いのを発見するだろう。

一六一　さてまた国家公共のことについては、何を言うべきか。私自身は、この転変のために自分の処置を誤った。私が私産を取り戻しはじめたとき、というのはラケダイモンとの戦争で家産はすべて失われていたのだが、以前はこれあるがために私の父は国家にとっても有用な人物たりえたし、同時に私を万事に行き届いた教育を授けることができ、おかげで私は現在の市民の間でよりも、よほど当時の同年輩の生徒の間で有名だったくらいである。一六二　話が逸れたが、いま言ったように、何人かの弟子を取るようになったとき、私はこう思ったのだ。もし私が同じ生き方を開始した人びとよりも、多く所有し蓄えをもつことができたなら、両方の面で、つまり哲学に関してもまた節度正しい生き方においても傑出しているという評判を取れるだろう、と。ところが、私に起こったのは、その正反対だった。

一六三　もし私が何の値打ちもなく、またまったく財をなさなかったならば、誰も私を煩わせたりせず、公然と悪事をはたらいてなお誣告人の世話になって、ぬくぬくと生きていたであろう。ところが、私の待望した名声のために、私をめぐって法廷闘争、危険、嫉妬、中傷が生じたのである。一六四　これほどに現今のわが国家は、すぐれた人材を圧迫して辱めることに快を覚え、卑劣な輩に勝手な言動を許して、その結果リュシマコスのごとき誣告訴追によって生計を立て、市民の誰かれを選ばず悪事をはたらいて恥じない者が、私を告発しようとするに至ったのである。しかるに私はといえば、いまだかつて同国人の誰ひとりをも陥れたためしはなく、国内から生活の糧を得ることを控え、国外の自他ともに認める富裕な人士から利潤を引き出そうとしたにもかかわらず、凶悪な犯罪人のごとくに恐るべき危難窮状に投げ込まれている。一六五　けだし、思慮分別のある者が神々に祈るべきことは、私のような能力をもつ市民ができるだけ多くあれかしということだろう。そのような職能があれば国外の資源を利用し、もって自分自身を国家のために役立てることができるからである。この件では多くの理不尽なことが出来しているが、私に金銭を贈った人びとが今も感謝の念を抱いて私に奉仕しているというのに、かえって私が私財をはたいて貢献した諸君が、私を罪に落とそうと望んでいるとすれば、これ以上に恐るべき顛末はない。

一六六　さらに呆れたことに、詩人のピンダロスに対してわれわれの先人は、「ヘラスの柱石」という、わずか一章句のために栄誉をつくし国賓として迎え一万ドラクマを贈ったのに、[1] はるかに多くの文辞を費やして国家と祖先のいずれをも美しく讃えた私のほうは、余生を安全におくることすらかなわない。

哲学（弁論術）を讃えて

一六七　以上の、またその他の告発事実についても、ここで申し立てた弁明で充分であると信じる。しかし私は、いま直面している審判[2]をどう思っているか、また当初はどのように考えたか、本当のところを諸君に隠さないでおこう。争点が私の活動に関するのであれば、法廷闘争は上首尾に運ぶと私は楽観していたのである。一六八　それというのも、私はこれまでの生涯と実績に自信をもち、これを裏づける正しい議論はいくらでもできると思っていたからである。ところが、誰にでも噛みつく手合いが言論の教育に反感を抱いているだけでなく、多数の一般市民までもこれを冷眼視しているのを見ているうちに、不安が萌してきた。私の事情を弁明しても相手にされず、ソフィストについて広く流布している誹謗中傷の巻き添えになるかもしれない、と。一六九　けれども日が経って、当面の災難に対処する方策について考察検討[3]を始めたところ、そのような恐れと動揺は消えうせた。自暴自棄になったのではなく、得心のいく筋が見えて平静を取り戻せたからである。一七〇　というのは、諸君のうちでも公正廉直な人ならば（そのような人びとに向けて私はこれから論じるつもりでいるのだが）、不正に捏造された風説に縛られることはなく、あくまで真実に従い、また正論に耳傾けることによって謬見を改めるであろうことを私は知っていたし、また哲学については、不当な誹謗にさらされていること、さらには大切に思われこそすれ憎まれるべきものではないことを、多くの論拠をあげて立証できると自信をもったからである。私のこの意見はいまも変わらない。

一七一　立派な仕事が無視と黙殺にあい、またそれを誤解している者のあることは驚くにはあたらない。われわれ自身についても他の無数の事柄についても、かくのごとき世情を認めることは稀でない。たとえば、われわれの国家は、自国の市民にも他国のギリシア人にも多大の善を、かつても今もつくり出し、またさまざまの楽しみに満ち溢れている国家であるけれども、この点にかぎっては慨嘆するほかないていたらくである。一七二　住民の数の大きさのゆえに、この国は瞬時に理解することがかなわず、またその精確さも劣る。かえって冬に水嵩をます奔流のように、人であれ他の何であれ、手当たり次第に呑みこんで運び去り、またときにはまったく正反対の不当な評判をなすりつける。まさにそのことが、この教育の評価に関しても起こっているのである。

一七三　諸君はこれを念頭に置いて、何事についても論議をつくさずに判定を下してはならない。私的な談論のときのような気楽な気持ちで法廷に臨んではならず、ここに集まり裁きを下す拠り所である誓約と法

---

(1) ピンダロスはこのために故国で罰金を課せられたが、アテナイ人はこれを弁済したという(パウサニアス『ギリシア案内記』第一巻八-四)。

(2) 告発のうち、法廷における術策を伝授しているという罪状についての弁明は終わり、これからもっと一般的な言論教育、すなわちイソクラテスのいうところの哲学についての釈明が始まる。

(3) 『ピリッポスに与う』一二一—一二三、『パンアテナイア祭演説』二六六—二七一を参照。

を想い起こし、一つ一つの案件をおろそかにせず真実を追求すべきだ。また、これから論議と判決とに付せられる事柄は、些細なことでなく、きわめて重大な問題である。諸君が票決しようとしているのは、ひとり私個人についてだけでなく、若者の多くが鋭意専心する営為に関わることだからである。

一七四　思うに、国家のしきたりが長上の者から後代の若い人びとに受け継がれるものであることは、諸君も知らぬはずがない。このような交代はいつも繰り返されるのであるから、国家の行く末は必然的に、若者がどのように教育されるかによって決定される。したがって、これほどの重大事において、誣告者の跋《ばっ》扈《こ》を許すようなことがあってはならない。誣告人に示談金の支払いを拒んだ人には刑罰を科し、金で話をつけた者には好き放題を認める、というような現状は改めるべきである。一七五　もし哲学に若者を堕落させるだけの力があるとするならば、彼らの訴えた者を懲罰にかけるだけでなく、むしろ、このような営為を専らにしている人間をすべて放逐すべきだ。しかしながら、もし事実がその正反対で、哲学はこれに親しんで大切にする者を益し、よりよき人とするものであるならば、哲学を誹謗中傷する者にはそれをやめさせ、誣告者からは市民権を剥奪し、若者には他の暇つぶしを打ち棄てて、何よりも哲学に専念するよう勧めなければならない。

一七六　この裁判に訴えられるのが私の宿命であったとして、もしこの係争に遭遇したのが壮年の時期であったならば、私は願ってもない好機としたであろう。気力の衰えを自覚することはなく、猛然と告発者の攻撃を凌ぎ、哲学に助勢することができたであろう。しかるにいまは、他の事柄については哲学の力を借りて適正な弁護をしてきたものの、ほかならぬ哲学のために弁じるにあたって、それほど重要でもない事柄を弁護したときよりも、つたない結果になりはしないかと恐れている。一七七　とはいえそれは覚悟の上で――よしんば立論が冴えなくとも、真実を述べるものではあるから――最初の構想にふさわしく語り、もし諸君の説得に成功し、言論の修錬が本来いかなるものかを認めてもらえれば、これで生を終えても本望である。いたずらに馬齢を重ねて、哲学が現今のような不遇の扱いを受けるのを見続けるつもりはない。

一七八　私の弁論の力はこのような願望に遠く及ばないことを承知しつつ、しかし全力をつくして哲学の本性と力を、さらには、さまざまな技術のどれが哲学に最も近いか、哲学はそれに親しむ者にどのような利益をもたらすのか、哲学者たちは何を約束しているのかを語ることに努めよう。その真実を学び知ったならば、諸君の哲学についての思量と鑑定はよりすぐれたものになると思うからである。一七九　私の弁論が法廷で通常語られるものと比べて、ひどく変わって見られても、諸君には神経質にならず寛大に迎えることを求め(1)、格別に異例の論題を扱うには、また格別に異例の語り方にならざるをえないと思ってもらいたい。では諸君は、以下の語り方と率直な物言いを容認し、弁明に認められた時間を使いきるのを許した上で、それぞれに正しくまた法にかなうと判定されたとおりに票決されんことを。

一八〇　言論の教育について最初に、系譜学者のように過去にさかのぼって論じたいと思う。そもそも人間の自然本性が身体と魂からなることには異論の余地がなく、またこれら二つの部分のうち本来、魂のほうが指導的地位にあり、より高い価値をもつことを否定する人もいない。公私いずれにわたっても、思量をめ

(1) プラトン『ソクラテスの弁明』一七B以下を参照。

ぐらすのは魂のはたらきであり、身体は魂の得た知見に奉仕することを役目とするからである。一八一　事実はかくのごとくあるにもかかわらず、他の分野については多くの技術が発明されているのに対して、身体と魂に関しては何ひとつ技術的なものが整備されていないのを、はるかな昔に見とがめた人がいて、二種類の配慮育成の技術を発見し、われわれのために残したのである。一つは身体鍛練法で、体育はこの一部門をなす。またもう一つの魂に関するものは、以下で私が論じるところの哲学がそれである。一八二　これらは互いに呼応した一組の相補う技術で、指導者はこれらを通して魂を思慮深いものに、身体を役に立つものとするのであるが、古人はこの二つの教育をあまり厳格には区別せず、教授も訓練もまたその他の配慮も同類のものとして扱った。

一八三　実際に生徒を引き受ける段になると、体練の教師は彼らが発見した格闘技の型を生徒に教え、哲学の指導者は言論が利用できるすべての形式を学習者のために詳しく手ほどきした。一八四　これらの形に習熟させ精通させると、続いて生徒に反復練習させ苦行に慣らすとともに、学んだ形を一つ一つ関連づける訓練をほどこした。この目的は、より確実に型をものにし、実際的判断(1)のはたらきによって実際の機会に対応ができるようにすることにあった。知るだけでは機会を掌握することが不可能である。というのも、現実の出来事の進行にあっては、機会はつねに知識の眼をかすめるのに対し、最も注意を払って、ほとんどの場合に起こる結果を洞察できる人が、最も多く好機をとらえるからである。

一八五　このような鍛錬と教育の方法によって、いずれの側の教師も生徒が改善をみるところまで、すなわち、あるいは精神のはたらきにおいて、またあるいは身体の状態において進歩を遂げるところまで指導することができたが、しかしいずれも、いかなる生徒をも格闘技の巧者に、また辣腕の弁論家に養成する知識は獲得するに至らなかった。まれには彼らの指導がいくらか貢献することもあったが、全般として指導力は、素質と修練とに秀でた者に対する以外には成果をあげることはなかった。

一八六　哲学の概略は以上のようなものであるが、私の考えるに、われわれが入門希望者に約束していることを審らかにすれば、諸君はその力をさらによく了知されるであろう。一八七　われわれは次のように説いている。言論であれ、政治的行動であれ、また他の活動分野においてであれ、傑出する人の条件は、まず第一に選択した分野に関して素質がすぐれていること、第二は教育とそれぞれの事柄に関係する知識の獲得、第三は知識の活用と実地経験の訓練を重ね、熟練することである。これらの条件が整ってはじめて、どのような活動分野においても、完成の域に達し、衆に抜きん出ることができるからである。一八八　教える側と学ぶ側のいずれも、それぞれ一方は必要な素質に恵まれ、他方は才能豊かな者を教育する実力があるのが望ましく、両者共通にいえることは、稽古の場が熟練するために必要である、なぜなら、一方は生徒を訓練監督し、他方はおのれに克って指示に従わなければならないからである。

一八九　以上はすべての技術について言えることではあるが、いま他の仕事は措いて、言論の教育に最も貢献するものは何かを問われたとすれば、私は素質が圧倒的にすべての上位にあると答えるだろう。という

（1）ドクサ。知識（エピステーメー）と対比して用いられているが、プラトンの用法と異なる。イソクラテスは行為の領域では厳密な知識は成立しないと考えた。『ソフィストたちを駁す』一一三を参照。

のは、精神の能力において、発見と学びと刻苦精励、さらに記憶にすぐれ、声と言語が明晰で、語る内容だけでなく朗々たる声調によっても聴き手を魅了して説得できる人であれば、一九〇　さらにその人が豪胆で（といっても厚顔無恥とは別の意味の、克己節制とともにある胆力のことであるが）、全市民の前で演説をするときも、ひとり思惟をめぐらすときに劣らず、いささかも臆することのない魂の持ち主であれば、このような人が精密高度な学問ではなく、広く一般的かつ常識的な教養にあずかるとき、かつてギリシアに例を見ない卓越した弁論家の生まれるだろうことを、誰が疑うだろうか。一九一　のみならずまた、素質は劣っても経験と修練においてまさることによって、以前の自分のみならず、才能に安住して自己鍛練を怠った者をも凌駕した人のいたこともわれわれは知っている。したがって、素質と修練はそれぞれ、言論や行動において傑出した人材をつくりあげるが、この二つが同一人物に兼ね備わるならば、無敵の人が生まれるだろう。

一九二　さて素質と熟練について私の知ることは以上であるが、教育については同じような説明が不可能である。教育の力は以上二つと似たものでもなく、同列に考えられるものでもない。言論に関係する事柄をすべて聴き、誰よりも精密に研究する人がいたならば、おそらく一般の人よりも洗練された言論の作り手にはなるだろうが、大衆を前にするときには、胆力が不足するというだけで、すでに声を発することもままならないだろう。

一九三　誤解のないように断わっておくが、私は諸君の前では約束を控え、入門希望者を相手に論じるときにのみ、もてる力をすべて示しているのではない。実際、この仕事を始めた頃には、そのような非難を受けたことがあって、その際に反駁文を公にして、大げさな約束をする者を咎めるとともに、私自身の見解を表明しようとした。

一九四　他のソフィストを非難した部分は割愛したい。ただいまの議論の趣旨には長すぎるからである。しかし私自身の意見を表明した部分は、諸君のために審らかにしようと思う。

しかしながら、他を批難攻撃するだけでよしとせず、私自身の所信も明らかにする義務があるとするなら、

……………………………………

ここに挙げた条件のどれかが足りないときは、哲学に親しんでも、必ずや劣った状態に低迷せざるをえないだろう。

『ソフィストたちを駁す』一四―一八

一九五　この抜粋は、上に述べてきたものよりも語り口が凝っているが[1]、言わんとするところは変わらない。これこそ、私に変節のないことの最上の証拠である。若い頃は大口を叩いて誇大な約束をしていたのが、成果を吸いつくして老いを迎えるや、豹変して哲学の批難を始めたわけではなく、かつて壮年の日も隠退が近づいたいまも、安泰なときも危険のさなかでも、兄事しようとする者に対しても、また私の係争で票決しようとする人びとの前でも、同じ言論を語ってきた。私は哲学に関してこれ以上に真実な、あるいは正しい人間であることを証明するすべはないと思う。

一九六　以上の引用を、先に述べた私の釈明の補足としたい。もとより、反感を抱いている者たちに対しては、語られた言葉のどれ一つをとってみても、彼らの偏見を解くに充分でないと承知している。彼らのい

(1) イソクラテスは、この当時は韻律などの音響的効果に工夫を凝らした。『ピリッポスに与う』二七を参照。

ま抱いている謬見を取り除いて、別の見解に改めさせようとするならば、さらに多くの角度から言葉を費やさなければならないだろう。一九七　されば私も、ここで話を打ち切るわけにはいかず、真相を語り知らせる努力を続け、二つに一つ、彼らの考えを改めさせるか、それとも私どもに向けられている讒謗と告発を反駁し、その虚偽を明らかにするかのいずれかを果たそうと思う。

その譏訴は二通りある。第一は、ソフィストの仕事が駄弁と瞞着であるというもので、それというのも、言論に練達すること、また行為に関する賢慮を獲得することは、いかなる教育をもってしても不可能であり、ただその領域で天賦の才能をもつ者だけが頭角を現わすものだからだ、と言う。一九八　第二の譏訴(1)は、そのような修錬を積めば、なるほど技術的には上達するが、道徳的には堕落し劣悪な人間となる、なぜなら、知力がつくと他の人びとに対して奸計をめぐらすからだ、と言う。さて、この告発のいずれにも瑕があり真実でないことは、衆目に明らかにできるものと私は確信している。

一九九　第一に、この教育が駄弁であると主張している人びとについて、彼ら自身があまりに明白な妄言に耽っていることに注意を促したい。なぜなら、彼らは教育が何ら益する力をもたない詐謀、瞞着にすぎないと嘲弄する一方で、法外な要求を突きつけている。私のもとに入門すれば、たちまちに進歩し、二〇〇　わずかの日数をともに過ごすだけで、年齢も経験も上の者よりも弁論の巧者となり、一年も滞在すれば例外なしにすぐれた完璧な弁論家に変貌する、その際怠惰な弟子であっても、刻苦を厭わぬ人に劣らず、才能に恵まれない者も、果敢な精神の持ち主に匹敵するようになるべきだというのである。二〇一　その上、このようなことを命じる彼ら自身は、私がそのような約束をするのを聴いたわけでもなければ、また他の技術や教育においても同様の例を見たわけでもない。むしろ実状にはよく通じていて、知識が辛うじてわれわれに生じるものであり、何を学ぶにせよ万人が同じ成果をあげるということはなく、祭典競技の勝者となるのは学校全体でせいぜい二、三人にとどまり、残りは卒業後も私人のままであることを承知しているのである。

二〇二　まことに痴れ者というほかにない。彼らは、一般に技術と公認されているものにすらない力をもつことを、彼ら自身が技術の資格を認めない当のものに平気で要求し、またさらに彼らが疑惑の目を向けている仕事に対して、精巧にできていると認める技術よりも、大きな利益を生み出して当然だと主張する。

二〇三　知性をもちあわせた人ならば、同じ種類の事柄について相反するでたらめな判定を下してはならない。また、大多数の技術と同じ成果をあげている教育を唾棄すべきでもない。諸君の誰もが知るように、ソフィストのもとで学んだ者の多くは、詐欺にあったことも、また原告側が言うような悪影響を受けたこともなく、二〇四　ある者は祭典競技で活躍するまでに弁論に上達し、ある者は有能な教師となり、また言論技術を職業とすることを望まなかった者も、人との交際においては以前よりも言動が優雅になり、また大方の人よりも緻密な言論の評者、行き届いた忠告者となった。学習者をこのように育成することのできる仕事が、どうして軽侮されてよいものか。

二〇五　さらにまた、次の点についても一般の賛同が得られるだろう。技術と手仕事のあらゆる分野を眺めてみて、弟子をできるかぎり優劣なく育て上げる人こそが最も秀でた師匠である。されば哲学においても、

（1）これに対する応答は二一五節以下のソフィスト論になる。

同じことが言えるのではないか。二〇六　すぐれた知性の本物の指導者にめぐり会えた人びとは、いずれ劣らぬ技量を言論において発揮して、同じ教育を受けたことが歴然とする。まことに、共通の習慣も技術の修錬もないところで、人がそれほど酷似した技を示すことはありえない。

二〇七　さらに、諸君自身を顧みても、かつての学習仲間のうちに、子供のときこそ同年輩の間で劣等生とみなされていたが、長じては思慮も弁舌もすぐれ、年少時には遅れをとった朋輩よりもまさるに至った者を多く数えることができるはずだ。これこそ何よりも如実に、研鑽がどれほどの効力をもつかを知らせるものであろう。明らかに、かつて年少の頃は全員がもって生まれた知能をはたらかせるにとどまっていたのが、成人してみれば一方は漫然と安逸な日をおくり、他方は現実を凝視し自己反省を怠らず生きてきたことによって、一転してところを替え、思慮においても大差がついたのである。二〇八　よりすぐれた者が研鑽を重ねることによって生まれる領域においては、そこで監督者として、長年多くの経験を積み、あるいは学びとり、あるいはみずから発見した人を得るならば、長足の進歩をとげ、抜群の者となることは疑いない。

二〇九　これにとどまらず、以下の諸点からもまた、何の定見もなしにただ哲学を侮る者らの恐るべき無知には、誰もが驚いて当然であろう。第一に、彼らはあらゆる活動と技術は、刻苦をものとせず練習を積み重ねることによって会得されるものであると知りながら、励行することが賢慮を修めるのに何の効力ももたないと考えている。二一〇　次に、身体については、鍛練し苦行に耐えることによって改善をみないほどに劣悪なためしはない、と断言する一方で、身体より本来すぐれて生まれついている魂について、教育され適切な監督指導を受けることによって、さらにいっそう高められることを認めない。二一一　さらに犬馬をはじめ、ほとんどの動物については、これを御する技術があり、あるいは勇猛に、あるいは穏和に、あるいは思慮深くすることができるのを見ているにもかかわらず、人間の種族については何ひとつとして教育手段が発見されず、獣ですら到達しえた境涯に導くことができないと思っている。二二二 かえって、われわれが運命に見放されていると診断し、存在するそれぞれのものはわれわれの精神によって、よりすぐれ、より有益なものとなることは認めても、それらすべてを評価する賢慮をもつわれわれ自身については、互いに節度ある生き方に向かって助け合えるものでないと言ってはばからない(1)。

二二三 何よりも寒心に堪えないことは、毎年開かれる見世物小屋で、ライオンが調教師になついて、ある種の人びとが恩ある人びとに対するよりも、穏やかになり、熊が転げまわったり踊ったり、また人の知識をまねたりするさまを見ている人が、二二四 そこから何ひとつ洞察することを得ず、教育と監督指導がどれほどの効力をもつかに気づかず、動物に比べれば、はるかにすみやかに人間性を矯正することができるのを悟らない。かくて私は、猛獣のうちに生じる温順さと先の人びとの心に宿る粗野残酷と、そのいずれに驚けばよいのか迷うのである。

(1)『ニコクレスに与う』一二を参照。

ソフィストとは何か

二二五　これについてはまだ言うべきことが多くあろう。しかし、大方の人が承認している事実についてあまり長く論じると、もう一つの異論が申し立てられている点について反論に窮したためではないかと疑われかねない。ゆえに、この論点は打ち切って、次の讒訴を取り上げることにしたい。それは哲学を侮りこそしないが、かえって厳しい告発で、ソフィスト(1)を僭称する者たちの悪徳を、これとは何ら共通するところのない仕事に専心する人びとに転嫁している。二二六　私は、言論の教育を行なうと公言しているすべての人を弁護するものではなく、ただ正当にそのような評判を得ている人びとのためにのみ、弁じるつもりである。私の告発者が真実から甚だしく逸脱していることは、もし最後まで聴いていただけたなら、明確に示すことができると思う。

二二七　さてまず第一に、人が不正を敢えてするのは、何を求め、何を手にしようと望んでなのかを画定しておかなければならない。なぜなら、これを的確に取り押さえておけば、私に向けられている責めが真実か嘘かをよりよく知ることができるからである。私の主張をいえば、人の行動はすべて、快楽か金儲けかあるいは名誉のためである。これら以外の欲望が人に生じる例を私は知らないからである。二二八　そしてこれが事実であるとすれば、残る考察は、それら欲望のどれがわれわれのうちに生じるとき、若者を堕落に走らせるのかということである。

はたしてわれわれは、自分が劣悪であると感じ、また同胞市民にもそう思われているのを見聞するとき、快を覚えるものだろうか。いや、そのような中傷を身に受けても何の苦痛も覚えないほど感覚の麻痺した人は、どこにもいないだろう。二二九　さらにまた、弟子をそのような劣悪漢に育てて家に戻したならば、われわれが驚嘆されたり大きな名誉にあずかることはなく、むしろ逆に他の悪徳の元凶よりも激しく憎まれ蔑まれたであろう。また、これらの非難を免れたとしても、このような教育を主宰する者が多額の報酬を獲得することもできないであろう。二三〇　おそらくすべての人が認めると思うが、ソフィストにとって最も華々しい大きな報酬は、弟子の中から思慮深く立派で有能な人物が育って、市民の間で評判になることである。なぜなら、そのような人物が現われるならば、この教育にあずかりたいという願望が多数の人の胸に宿るが、劣悪な弟子がいれば、学びに行こうと考えていた人も思いとどまるからである。したがって、実際の結果がこれほど大きく違うのであるから、ここにおいて、いずれが得か見そこなう人はないだろう。

二三一　しかしあるいは、強いてこれに反論する人が現われて、多くの人間は自堕落のために理知的な計算どおりには動かず、利得を無視して快楽に誘われるものだと言うかもしれない。たしかに、一般に多くの人が、またソフィストを称する者のうちにも若干そういう弱点の持ち主がいることは認めなければならない。二三二　しかしながら、そのような者にあってさえ、弟子も同様な欠陥をもってよいと是認する人は誰もい

---

(1) 以下でも明らかなように、ここでソフィストはいわゆる悪名としてのそれではなく、「知者」という原義に準じて言われている。

ない。なぜなら、弟子が自堕落に耽ってもその快楽にあずかれるわけでないが、その悪徳によって生まれる汚名のほうは、自分が大部分を負わされるからである。(1)

次に、誰を、またどのような状態にある者を弟子とすれば、これを堕落に誘うことになるのか。これも詳しく論じるに値する。二二三　すでに性格が悪化した陋劣な者をだろうか。いったい誰が、すでにおのれの本然から理解していることをわざわざ他の人から学ぼうとするだろうか。では、人となりが端正で有益な営みに励む者をだろうか。しかしそのような人ならば誰も、いかがわしい言動の人間とあえて話を交わそうと思わないだろう。

二二四　また以下のことも、私に反感を抱いている人に伺いたい。(2)シケリア島やポントスまたその他の地方から、はるばる海を渡ってここアテナイへ学問を修めに訪れる人びとについて、どのような意見をもっているのか。かの地ではやくざ者が払底しているので、ここまで求めて旅してくるというのだろうか。しかし、乱倫や犯罪に手を貸そうとする人間は、この世の至るところに溢れかえっているではないか。

とまれ、自堕落で低劣な人間を引き合いに出して、立派に哲学している人びとをも中傷するのは正しいことではない。たまたま市民のうちに原告のような誣告屋や不逞の輩がいたとして、他の全員がそのような人であると思うのはまともな判断でなく、別個に一人一人について判定しなければならない。諸君の前で論説を朗読し、私の門人の名を挙げたのはほかでもない、われわれの懸隔がどれほど大きいかを示そうと思ったからである。これによって諸君は、われわれの没頭する対象、言葉、修練、また計画が一つとして同じでないことを知るだろう。また弟子たちの学ぶ目的にも共通点がない。一方は詐術をものにしたいと思い、他方は教養を身につけたいと望む。加えてまた、一方が全ギリシアの国々の厄介者で、いつも格好の鳧《カモ》がいないかと探しまわり、正当にも忌み嫌われているのに対して、諸君は他方で、真実で真剣な人びとが各地から渡航してくるのを見るだろう。リュシマコスに伺いたいが、シケリア島やポントスまたその他の地方から、はるばる海を渡ってここへ学問を修めに訪れる人びとについて、どのような意見をもっているのか。かの地ではやくざ者が払底しているので、ここまで求めて旅してくるというのだろうか。しかし、乱倫や犯罪に手を貸そうとする人間は、この世の至るところに溢れかえっているではないか。

二二五　いや、無頼や誣告屋になるために、大金を叩く者がいるだろうか。そもそもが、そういった魂胆の人間は、ひとからものを取ることを好んでも、自分からは何ひとつ与えようとしない。さらにまた、悪徳のために金を浪費する者はいない、というのも一銭も使わずに好きなときに、悪逆にふけることができるのだから。このような輩は実行に移すことだけが重要であって、学ぶ必要を認めない。**二二六**　しかし、はるばる海を渡り、謝礼はもちろん、あらゆる労を惜しまない人がいるのは、明らかに彼らがよりすぐれた者になるだろうこと、また当地の教育者が生まれ育った土地の師よりも賢慮の人であると信じているからである。

（1）底本の *ἀκρόασιν*（聴講）の代わりに、マイが提案し、ノーリンが従っている *ἀκρασίαν* を読む。

（2）ここから二二四節の終わりまで写本間の異同が大きい。以下では底本に従って、最初にウルビナ写本を、続いて活字ポイントを落として、別系統の写本（Laurentianus LXXXVII 14.）の伝えている部分を訳出する。後者は、イソクラテス自身による加筆であろうという説が有力である。

これはアテナイの全市民が名誉としてしかるべきであり、国家にそのような名声をもたらした人びとに敬意を払わなければならない。(1)

二二七　それはともかく、一部の者らの愚昧加減はまことに言語道断である。到来した異国人も、またこの教育の指導者も何ら邪悪にふけっているものでなく、国の政治から退いて平穏に過ごす一方で、おのれ自身に精魂を傾け、互いに学び切磋琢磨するものであることを知っているにもかかわらず、二二八　また、この人たちが質素で端正な日々の生活を送りつつ、契約違反がどうのとか、人身攻撃の類いから一線を引いて、ひたすら、いずこでも尊敬される言論を求めていることを知りながら、にもかかわらず中傷をやめず、彼らが日夜そのように励んでいる目的は、法廷で正しい理路を打ち負かすことだと言うのである。二二九　いったい、不正や邪悪に漬かりながら、他よりも克己節制して生きようと望む者があるだろうか。上のようなことを言う人びとは、かつてそれを目撃したことがあるというのか。もって生まれた本性をすぐさま現わさずに、背徳行為を先延べし、将来のために蓄えるような人間を見たことがあるのか。

二三〇　それとは別に、もしほんとうに言論に練達することが他人に詭計をめぐらすことに帰着するならば、能弁家のすべてが他人事に容喙《ようかい》し誣告をする者だということになる。同じ原因はすべての場合に同じはたらきをするものだからである。二三一　しかるに実際は、当代の政治に携わる人びとを見ても、あるいは近年に物故した政治家を見ても、言論の修錬に最大の配慮をした人こそが、民会の演説家にあって最もすぐれた者であり、さらには古い昔の人びとをとっても、ソロンをはじめとして、名実ともに最上の雄弁家が国家に最大の貢献をなしていることに、諸君は気づかれるであろう。

二三二　すなわちソロンは、民衆の指導者となって法を立て、事を鎮め、国家の基礎をつくったが、いまもなお彼が監督した統治は仰望の的となっている。次に、クレイステネスは僭主たちによって国を追われた後に、隣保同盟（アンピクテュオネス）(2)を言葉で説得して神の奉納金を借り入れ、民衆を復位させて僭主を追放し、そしてあの、ギリシアに最大の栄光をもたらした民主制を樹立した。二三三　これに続いて、ペルシア戦争における指揮者となったテミストクレスは、われわれの父祖に街市を捨てるよう勧告し（実に弁論に卓越した力なくして、誰がよくこれをなしえただろうか）、戦況を進めて、ついに父祖たちはわずかの日数だけ家郷を逐われたのと引き換えに、長期にわたってギリシアに君臨したのである。二三四　最後に、ペリクレス(3)がすぐれた民衆指導者にして傑出した弁論家として現われて、神殿、記念物その他によって国家を壮麗に飾りたてたので、今に至るまで当地を訪れる客は、これに感じ入ってアテナイがギリシアのみならず全世界を支配して当然と認めている。加えて、ペリクレスはアクロポリスに一万タラントンを下らぬ財貨を奉納した。

二三五　以上の人びとはかくも偉大な業績を挙げたが、一人として言論をなおざりにせず、むしろ人並み以上にこれに精魂を傾けた。かくして、ソロンは七人のソフィスト(4)の一人に数えられ、ソフィストと呼ばれ

---

(1) アテナイが「ギリシアの学校」と称されたことをいう。『民族祭典演説』五〇、またトゥキュディデス『歴史』第二巻四一を参照。

(2)『ピリッポスに与う』七四を参照。

(3)『平和演説』一二六を参照。

(4) いわゆる七賢人。

た。現今では貶められ、また諸君のもとで審判にかけられている名で呼ばれたのである。またペリクレスは二人のソフィストについて学んだ。すなわち、クラゾメナイの人アナクサゴラスと、もう一人は、当時アテナイ市民のうちで最高の賢慮の持ち主と評判されたダモン[1]である。二三六 だとすれば、言論の能力が悪事をなす人間をつくるものでないことを、これ以上明白に示すものはない。むしろ、わが告発者のごとき程度の才能しかもたない連中が、思うに、劣悪な言論と政治行動に低徊してしているのであろう。

二三七 この他人事に容喙する厄介者どもの名を知りたいと思う人には私は、どこに行けばよいか、その場所を教えてやることもできる。この者らこそ、原告側がソフィストに帰している非難を負うべき当人なのである。アルコンが掲示する石膏板の中には必ず彼らの名があり、テスモテタイ[2]のそれには、国家反逆罪を犯した者と誣告屋との両者の名が、十一人監督官[3]のそれには、刑事犯とその指嗾《しそう》者の名が、四十人巡回判事[4]のそれには、私的な事件における犯罪者と、冤罪を着せて訴訟を起こした者の名がある。

二三八 それらの多くに、諸君はこの男リュシマコスとその仲間の名が刻まれているのを見出すだろうが、私や私と同じ仕事に携わっている人びとの名はどこにもない。われわれは自分のことを自分で処理できるのであって、諸君のもとで行なわれる訴訟争いを必要としないのだ。二三九 しかし、それらの訴訟に忙殺されることもなく、また自堕落な生活を送ることもなく、またその他醜悪な行為に関与することもない人間は、裁かれるよりは賞讃されてしかるべきではないか。なぜなら、われわれが弟子に教えている学業は、ほかならぬ自分自身が励んでいるところのものであることは明らかなのだから。

二四〇 諸君はさらに、これから語られることを聴いて、われわれが若者を堕落に誘う人びとの対極にあることを悟るであろう。すなわち、かりに私が若者を堕落させる類いのことをしたならば、青年のために憤る者は、リュシマコスでも彼の同類の誰でもない。諸君は、私の弟子の父や近親が嘆き悲しみ、私を訴え出て処罰を求める光景を目の当たりにしたであろう。二四一　しかるに現実には、父兄は子供を引き連れてきて謝金を払い、息子たちがわれわれと終日ともにするのを見て喜び、対するに誣告人らはわれわれを中傷し、係争に巻き込む。市民の多くが堕落し劣悪になるのを、誰が彼ら誣告者以上に嬉々として眺めるだろうか。彼らは、そのような者の間でならば権勢を振るうことができるが、すぐれた知性の高潔な人士の手に落ちれば、破滅が待っていることをよく知っているからである。二四二　かくして、彼らはひとをよりすぐれた者とするあらゆる営みを探し求めて、これを抹殺しようとする分別だけはもちあわせている。ひとがそのような営為において向上すれば、彼らの悪徳と誣告を厳しく批判するようになると考えるからである。しかし諸君にふさわしい行動は、彼らと正反対を行くことである。彼らが懸命になって闘いを挑んでいる営みこそ、数ある仕事のうちで最も美しいものと認めるべきである。

（1）音楽理論の創設者の一人で、他の分野でも多才の人物として知られる。プラトン『ラケス』一八〇Dを参照。

（2）一八一頁の註（1）を参照。

（3）獄中の人びとを監督する十一人。窃盗や誘拐などの犯人を死刑に処したり、陪審廷に送致した（アリストテレス『アテナイ人の国制』五二-一）。

（4）各部族から四人の割で抽籤で選ばれた四十人（アリストテレス『アテナイ人の国制』五三-一）。

二四三　ところで、いま私の立場は奇妙なものとなった。誰か私を指してあまりに心変わりしやすい者と言うかもしれないが、正直に打ち明けよう。少し前に私は、多くのすぐれた人士が哲学を誤解して厳しい目を向けていると言った。しかしいま、これまで述べてきた論には間然するところがなく、誰にとっても明快であり、もはや哲学のはたらきに無知であったり、われわれについて弟子を堕落に誘うと誤解したり、また私が先ほど非難したような反感を抱いている者は一人もないと確信している。二四四　しかしながら、率直にいま私の心に浮かんでいることを言うべきであるとするなら、察するに、私の名声を羨むすべての人は、よく思慮し語る能力を求めながら、まず一方で、あるいは懶惰《らんだ》のゆえに、あるいはおのれの才に絶望し、あるいはその他の言い訳（それは実にありとあらゆるものがある）をもうけて、求めている当のものをみずから等閑にしている。二四五　また他方で、他人が修錬を怠らず、おのれが一念発起して求めたものに向かって努力しているのを見ると、不快と妬みに襲われて心は苛立ち、あたかも愛欲に憑かれた人のごとくになる。その心情の原因を問うとき、これ以上に適切な譬えがあるだろうか。二四六　彼らは言論の技術に上達した人を羨望する一方で、この栄誉を得ようと望む若者には非難の声をあげる。そして彼らにしても、神々に対しては、とりわけて自分自身が言論の能力を得ることを、またそれがかなわなければ、自分の子や近親に授かることを祈らない者はいない。二四七　ところが、刻苦精励と哲学によって言論の上達に努力している人びとに対しては、彼ら自身がそれを神々から得ようと願っているにもかかわらず、無用のことをなす者と言い、ときには、詐欺師に騙された者であるかのように嘲笑するかと思えば、唐突に鉾先を転じて、他を侵して多く取ることに長けた者であるかの論をなす。二四八　彼らは、国家が危難に襲われたときの指南者としては、情勢について最もよくこれを論じることのできる人材を登用し、このような人の勧告に従って行動する。しかるに、日々努力を惜しまず一旦緩急あれば国家に役立つことを念願している人を見ると、呪詛の言葉を吐かなければならないと思っている。そしてテーバイやその他の敵国の無知を罵りながら、同じその病から逃れようと万策を講じて努めている人びとを嘲罵してやまない。

二四九　これは精神の錯乱の兆候であるのみか、神々を蔑するものである。説得の女神ペイトのいますことを信じ、年ごとに国家が女神に祭礼を奉じているのを見ながら、この女神のもつ力にあずかろうとする人びとに対しては、あたかも悪事を欲する者であるかにみなして腐敗しきっていると言う。二五〇　何よりも恐るべきことに、魂が身体よりも貴いものであることを認める一方で、そのように認識していながら、知恵を求める者よりも身体を鍛練する者を歓迎することである。つまらないものに配慮する人間を、貴いものに腐心する者よりも強く讃えるがごときは、まことに沙汰の限りである。しかも、身体の良好によっては、いまだかつて国家が有数のはたらきをなしたことはなく、翻ってギリシア世界で最大の、最も繁栄した国家が一男子[1]の思慮によって実現したことは誰もが知るところである。

（1）ペリクレスが念頭にあるかとも思われるが、確かではない。「一男子」ではなく「人」と解するのが無難かもしれない。

二五一　彼らの矛盾撞着はさらに多くの例を挙げることができるだろうが、それは私よりも壮健な、また今回のような訴訟に煩わされない人びとに委ねたい。たとえば、この問題をめぐっては次のように言うこともできるだろう。親から多くの遺産をもらい受けながら、国家には何らの貢献もなさず、ただ市民に暴力を振るい子供や婦人を凌辱する者が現われたとして、あえて富をその原因として責め立て、罪を犯した当人を免罪するような人がいるだろうか。二五二　武装して戦う技を学びながら敵に対してはその知識を使わず、決起して多数の同胞市民を殺す者がいた場合、あるいは拳闘をはじめ格技万般の奥義を伝授されたにもかかわらず、競技は棄ててかえりみず、出会う人に誰かれかまわず殴りかかる者がいた場合に、彼らの師を褒めることはあっても、このように学びの成果を悪用する人間には、誰が死刑を下さないだろうか。

二五三　ならば、言論の技術もまた他の技術と同じように考えるべきであり、同種のことについて相反する判定を下してはならない。また言論こそが人間の本性をなす諸々の因子のうちで、最も多く善をもたらすものであるのだから、敵意をむき出しにするなどはもってのほかである。まことに、以前にも述べたように(1)、他の能力をもってすれば、われわれは動物と選ぶところはなく、速さや力やその他の運動能力では多くの獣に劣っている。二五四　互いに説得し、また欲するところのことについて自分自身に明らかにすることができるようになってはじめて、われわれは野獣の生活から訣別したばかりでなく、集まって城市を建設し法律を立て技術を発明したのであるが、われわれの工夫考案のほとんどすべては、言葉がこれを準備したのである。二五五　正邪美醜についての法を定めたのは言葉であり、そして法なくしては、われわれは共同の生を営むことができない。われわれが悪人を非難し、善人を賞讃するのはこれによる。この法を通してわれわれは無知無学な者を教育し、思慮のすぐれた者を鑑定する。なぜならわれわれは、しかるべく語ることをすぐれた思慮の最大の証拠とみなすからであり、真実で法にかなった言葉こそは、信実のすぐれた魂をかたどる似姿なのである。二五六　この言葉の助けによってわれわれは、異論の飛び交う問題について論陣を張り、未知の事柄について考察する。まことに、われわれが他の人びとを説得するために述べる論拠と、ひとり熟慮判断するために用いるそれは同じものであり、多数の会衆の前で弁舌をふるうことのできる者を雄弁家と呼び、懸案をめぐって自分自身を相手に最もよく論議をつくす者を深慮の人とみなすのである。二五七　この能力を簡潔に評言しようとするならば、深識遠慮の行為が言葉なしに生じることはなく、また行為も思考もすべてその導き手は言葉であり、最大の知性をそなえた者こそが最も言葉をよく用いること、おのずと明らかなることを知るだろう。

以上のことを何ひとつリュシマコスは顧みることなく、そのような達成を強く求める人びとを大胆不敵に告発する。これこそ、数においてまた規模においてそれほど大きな善のもとをなすものであることを認めようとしないのである。二五八　そしてまた、なにぶん論争技術に熱中する一派にも世の最も低劣な者と同様に、公共に関わる有用な言論を冒瀆する者がいるのをみれば、リュシマコスのことを驚き訝しむにはあたるまい。彼らは言葉の力に無知であり、また言論こそがこれを用いる人をすみやかに益することも知らず、実践的言論を中傷すれば、自分たちの営為の名誉が増すと夢想している。

（1）以下二五七節まで、『ニコクレス』五―九の繰り返しになっている。

二五九　論争家たちについては、彼らがわれわれにする以上にもっと辛辣な批判をすることはできよう。しかしながら、思うに、嫉妬のために精神に破綻をきたした人の低みに身を落とすことはもとより、自分の門弟を害しているわけではなく、ただ益する力のさらにない人びとを罵倒することも避けるべきであろう。それでもしかし、彼らについては簡単には触れておきたい。二六〇　加えて同時にまた、以下のことも明らかにしておかなければならない。われわれの携わっている政治弁論をいたずらに争いを好むものと彼らは言うが、われわれ自身は彼らよりもはるかに穏和な人間である。実際、彼らがわれわれについて論難するのは末梢的なことばかりだが、私がその種の批判をすることはなく、彼らについて真実だけを語るだろう。

二六一　争論的言論に長けた人びとも、また天文学や幾何学やその他の学問研究に集中している人びとも害毒を流しているわけではなく、その弟子を益するものだと私は考えている。ただし、彼らが約束しているほど大きな益ではなく、また門外漢に思われているほど小さな益でもない。二六二　すなわち、世のたいていの人はその種の学びを駄弁や些末論議とみなしている。それらのどれも、私的な問題に関しても公共の事柄に関しても、まったく役に立たず、学んでみても憶えた先から忘れてしまうが、あまりに浮世離れしていて、実際の用の助けになるものでなく完全に日常の必要の外にあるからだ、と。二六三　それらの学問についての私の判断は、これとまったく同じではないが、しかしさして遠くもない。その学問教養が実際の行為には何ら役立つものでないとする人びとの意見は正しいと思われるし、他方でまたその学問を賞讃する人びとも真実を語っていると思うのである。それゆえ、私の論は首尾一貫しないことになるが、それはその学問が、われわれの教えているものと本性をまったく異にするからである。二六四　他の学問はわれわれがそれの知識を修得すれば、その知識がわれわれを益するものであるのに対して、先の学問は、厳密な論理を研究しても、その結果として（それで生計を立てることを選んだ人以外には）何の恩恵があるわけでもない。ただしかし、学習者には裨益するところがあるのだ。二六五　なぜなら、天文学や幾何学などの細かい厳密な理論に没頭すると、事柄がきわめて理解の難しいものなので、強いて精神を集中することになる。また、語られ示される内容に粘り強く密着し、思考をふらふらさせない習慣がつく。こういった学問で鍛えられ頭脳が鋭くなれば、別のもっと真剣な、価値の高い事柄も楽々と受け入れ学ぶことができるようになる。

二六六　結論として、現場に根ざしておらず、言行いずれにおいても何の益ももたらさないものを「哲学」と呼ぶべきでないと私は思う。むしろ、そのような学業は魂の鍛練であり哲学の準備と呼びたい。子供が学校で学ぶものと比べて大人向けではあるが、ほとんど選ぶところはない。二六七　というのは、子供もまた、読み書きや音楽文芸やその他の教育について刻苦して学ぶことによって、よりすぐれた言論や思慮判断という点では何らの進歩もしないけれども、もっと重大深刻な学問に対して従前よりも学びが容易になるからである。二六八　というわけで、私は一定期間ならば先の厳密学問に没頭することを若い人びとに推奨するが、彼らは持ち前の素質がこれによって枯渇しないように、また古いソフィストたちの論議に落ち込まないように注意しなければならない。すなわち、彼らのある者は存在するものの数が無限だと言い、エンペドクレス(1)はそれは四つであり、またそれらのうちに反撥憎悪と親和友愛との力が含まれていると言い、イオンは三つ

（1）前五世紀、キオス島の人。

より多くないと、アルクメオン[1]は二つだけと、パルメニデスとメリッソスは一つのみと、ゴルギアスは完全に無であると言う。二六九　私の考えるに、これらの奇説は人形芝居によく似ていて、何の益をもたらすものでもなく、ただ愚かな者たちを引き寄せるにすぎない。一廉《ひとかど》のことをなそうと望む者は、むなしい論議や、われわれの生を何ら益さない行為は、真剣な追求から排除すべきである。

哲学と哲学教育

二七〇　さてこれらの学問については、当面のところ充分に語り、忠告もつくしたが、知恵と哲学については、他の問題で争う人にとってはこの名で呼ばれるものについての論議はそぐわないものになるが――それらはこの営みとは無縁であるから――これに関係して審理にかけられ、またある人びとのいわゆる哲学は哲学でないと主張する私としては、正しく哲学と呼ばれてしかるべきものを、諸君のために画定し明示すべきであろう。二七一　これについての私の理解は、ある意味でまったく単純なものである。すなわち、人間の本性は、それをもつことによって何を語るべきか、また何をなすべきかを知る知識を獲得しうるものでなく、したがって私は残された可能性から結論して、憶断によって概してほとんどの場合に最善を狙い当てることのできる者を「知者」と認め、そのような実践的な知恵が最もすみやかに獲得される学業に励む人びとを「哲学者」とみなしている。

二七二　ところで、学業のうちのどれがそのような力をもつものであるかを述べることはたやすいが、しかし私は口外することをためらう。それは過激で一般の常識に反し、他の人びとの考えと隔たりの大きいものであるので、諸君はこれを聴いたとたんに、法廷を野次と怒号で満たすかもしれないと懸念するのである。いやしかし、よしんばそのような情況になるとしても、これについて委細を論じるべく努めよう。もしや、齢を重ねながらわずかの余命を惜しんで、(2)真実を裏切っていると思われようものなら、恥ずかしく思うからである。二七三　諸君に要望しておきたいのは、話を聴く前に私に狂気の診断を下さないようにということである。私が危地に瀕して血迷い、諸君の抱いている見解と正反対を述べることにしたと思ってはならない。かりに、私がこれから述べることは先のそれと辻褄が合わず、これについて真実の明確な論証はできないと思ったのでもないかぎり、ありえないことである。

二七四　按ずるに、徳に生まれつき不向きな者のうちに克己節制と正義をつくり出す技術は、かつてなかったし、今もない。またそれが可能だと約束した者もいずれ倦み疲れて放言をやめ、二七五　そのような教育が発見される日を迎えることはないだろう。(3)しかしそれでも、以前よりも向上し、より尊重に値する人間になることは可能であり、そのためには巧みに語ることにおいて人にまさろうとし、聴衆を説得する能力に憧れ、加えて、他より多くの分け前を得ること（といっても愚か者が考えるような貪欲の意味ではなく、真の意味でその力をもつ利得のことであるが）(4)を望むことが、その必要な条件であると私は考えている。

(1) 前五世紀、クロトンの人。
(2) プラトン『ソクラテスの弁明』三八Cの反響がある。
(3)『ソフィストたちを駁す』二一を参照。
(4)『ニコクレス』二、『平和演説』二八―三五を参照。

二七六　しかも、それが自然本来の理にかなっていることは、ただちに明らかにできると思う。第一に、賞讃と栄誉に値する弁論を語り、あるいは書く道を選ぶ人は、題材の選択にあたって、断じて、不正な、あるいは矮小な、あるいは私人の間の約束ごとを取り上げて弁論をこしらえることはなく、壮大で美しく、また人間愛に富み、国家公共に関わる課題を論じるであろう。二七七　第二に、その論題に関係する行為のうちでも、最も適切で有益なものを選び取るだろう。そして日頃からそのような主題を考察し評価している人は、構想中の弁論だけでなく、他の行為に関しても同じように考察評価する力をもつことになるので、知恵と名誉を求めて言論に精魂を傾ける人には巧みに語ることと思慮とが同時に兼ね備わることになる。二七八さらに第三に、説得に心がける人は徳をなおざりにせず、それに最大の注意をはらって同胞市民の間で誉れ高い名声を得ようとするだろう。誰もが知るように、評判の高い人物の言論のほうが誹謗されている人物のそれよりも真実であると信用され、生き方から生まれた信頼は、言葉だけによってつくられたそれよりも大きな力をもつ。したがって、聴き手を説得しようと願う人は、その望みの強さに比例して、市民の間で立派なすぐれた人物であるという評判を得るために努力を惜しまない。

二七九　そして、裁判官の心証をよくすることが、どれほど説得に大きな効果をもつかは誰もが知っているのに、ひとり哲学に携わる者だけが好意の力を知らないと思ってはならない。彼らこそ、それを他の人びとよりも厳密に知るものだからである。二八〇　加えて、もっともらしい理由や証拠やまたあらゆる種類の説得手段は、それぞれ弁論の一部に適用されて補強するだけであるのに対し、立派ですぐれた人物であるという評判はその語る言葉全体に信用を与えるだけでなく、そのような名声の持ち主の行為にもいっそうの重みを与える。これこそ思慮にすぐれた人が、他の何よりも切望し真剣に励まなければならないことである。二八一　最後に利得についてだが、これは先に挙げた項目のうち最も論じることの困難なものである。(1)もしも、追い剝ぎや詐欺、あるいはまた何らかの犯罪に手を染めることによって利得が獲得できると思い込んでいる人がいるとすれば、それは錯覚である。生涯を通してみれば、そのような犯罪者より以上に、損失を蒙る者も困窮する者も辱められる者も、また徹底的に悲惨な生を送る者もいない。二八二　最も敬虔で最も神に献身する人が、神々からいまも多くを授かり、将来も授かり、また家族と同胞市民のために最善をつくして最高の評判を取る人が、人びとから多くを授かり、将来も授かると信じなければならない。

二八三　しかもこれは真実であり、そのような語り方をすることがこれについては有益なのである。とりわけ昨今、アテナイの国情はさまざまの点で本末転倒して紛糾をきわめ、一部には名前の使い方ひとつでさえ自然本来のあり方に従わず、最も美しい事柄を指すべきものを、人間の最も陋劣な営みに転用する傾向があるのだから。二八四　道化師や、嘲りや人真似に長けた者を「生まれがよい」と呼んで、すぐれた徳性に生まれついた人にあてるべき名を歪めている。(2)また他方で、邪悪な性格を発揮してあこぎな仕事に手を染め、実はわずかの取得しかなくとも悪名だけは高い者を稼ぎ頭とみなして、敬虔と正義とに卓越した人こそが多くの善を享受し、悪を免れていることを知らないでいる。二八五　また必要不可欠のことをなおざりにし、古いソフィストの詭弁を珍重する者を称して哲学していると言い、家と国家といずれをもよく治める学業に

(1) 前出二七五年。

(2)『アレイオス・パゴス会演説』四九にも同趣の発言がある。

いそしむ人びとには目もくれない[1]。しかし、このような学問のためにこそ刻苦して哲学し、あらゆる努力をつくすべきではないか。諸君はすでに久しく、このような教育を中傷する者の言説を鵜呑みにして、若者を真に有用な学問から遠ざけてきたのである。

二八六　実際に諸君が年少者にした教育はといえば、その最も有望な若者に対しては、すぐれた人となる努力を放棄して酒盛や安逸や遊興にうつつを抜かして齢を重ねること、また性劣悪な若者に対しては、以前には奴隷でもまともな者はためらった放埒にふけることである。二八七　見れば、エンネアクルノス[2]にたむろして葡萄酒を冷やす者、また居酒屋で飲んだくれる者、また別に博打屋で賽子を振る者があるかと思えば、多くは笛吹女の稽古場をうろつく者ばかりではないか。若年の者を憂慮していると言いながら誰も、法廷にこういった所業をそそのかした者どもを訴え出ることなく、そのくせ私には厄介な係争をもちかける。私は、もしほかに何もないとしても、少なくともそのような乱行から弟子たちを遠ざけていることのために感謝されるに値するはずだ。

二八八　誣告屋という種族は、実にすべての人の敵であり、一方では、二十また三十ムナもの大金を支払って、やがては残りの家産も食いつぶす女を身請けする者がいれば、これを非難するどころか、彼らの散財をともに喜び、他方では、おのれの教育にいくらかでも出費する者を腐敗していると言い張る。学に志す者に対して、これ以上に邪悪な告発はありえない。二八九　彼らは若い盛んな時期にありながら、同じ年頃の大多数が快楽を求めてやまないのに、これに目もくれず、また金を使わなくとも安楽に過ごすことが許されているのに、料金を支払って苦しい修業を選ぶ。まだようやく少年時代を脱したばかりなのに、多くの年長者が知らないことを了知している。二九〇　すなわち、若い年齢を適正に監視し、人生を美しく開始するためには、その所有物よりも、まず自分自身に配慮し、誰か精神的指導者が見つからないうちは、性急に他人に命令する立場に立とうとしないこと。また、何か幸運に恵まれても、学問によって魂のうちに生じる善と同じように喜んだり誇ったりしないこと。まことに、このような計算をめぐらす者は賞讃されこそすれ、どうして非難の的になるだろうか。同世代のうちで最もすぐれた者、克己節制を身につけた者とみなすべきであろう。

二九一　私が不思議でならないのは、すぐれた弁論の素質に恵まれた人に対しては、すぐれて美しい賜物を授かったと祝福しながら、他方そのような人にあやかろうと努力する者を見ると、邪悪な学業を好むと罵る人びとのいることである。いったい本性上は美しくあるものが、修錬によって実現したならば、どうして醜いもの、あるいは悪しきものとなるのか。そのような例はどこにもなく、少なくとも弁論以外の場合には、祖先の遺産を引き継ぐ人びとよりも、おのれの刻苦精励によって善きものを獲得することのできる者をわれわれは賞讃している。二九二　それも道理であろう。他のすべての事柄について当てはまることであるが、とくに言論に関わる名声に貢献するのは、幸運ではなく修錬だからである。すなわち、素質と運によって言

(1) この箇所の ἀμελήσαντες τοὺς …… では、訳出した意味にとることが文法的に困難であるので、ブラスの校訂 ἀλλ᾽ οὐ τοὺς …… に従う。

(2) 語義は「九つの井戸」。アクロポリスとプニュクスの丘に挟まれた地域にあった水汲み場。ヘロドトス『歴史』第六巻一三七を参照。

論に秀でた人というものは、最善のことに目を向けることなく即興的に弁じるのが常であるが、哲学と理知のはたらきによってこの力を得た人は考察することなしに語ることはなく、行為に関して誤ることがより少ないのである。

二九三　したがって、教育によって弁論の熟達者が輩出することは、世界のすべての人が望んでよいことであるが、とりわけ諸君にそのことが妥当する。というのは、諸君が他国の人びとに先行し優越しているわけは、軍事的配慮によってではなく、また政治制度や父祖伝来の法の遵守によるのでもなく、人間の自然本性が他の動物にまさり、ギリシア民族が異民族にまさるところのもの、すなわち賢慮と言論に関して、

二九四　他よりすぐれて教育されていることによるのである。それゆえ、諸君がすべての民族にまさるところのまさにその点において、自分も同世代の第一人者となろうと欲する者を堕落していると断罪し、また諸君が他の追随を許さぬところの、ほかならぬその教育に携わる者を災厄に投げ込むならば、何よりも恐ろしい事態が出来するだろう。二九五　というのは、諸君は次のことも忘れてはならないからだ。われわれの国家は言論と教育をよくするすべての人にとって仰ぐべき師表であると評判されているが、それもまたもっともなことであって、現にわが国は、この能力をそなえた者に最大の褒賞を与え、腕を競おうとする者、またそれの鍛練を望む者には、多数のさまざまの稽古場を提供し、二九六　さらには、弁論の力を最も涵養するものである経験も、アテナイでは誰でも積むことができることが知られている。加えて、言語が標準的で偏りがないこと、また一般に機知と言論好きの気風が弁論教育に少なからぬ貢献をしていると考えられている。かくして、弁論の練達者はすべて、わが国に学んだ者であるとみなして不当でない。

二九七　だとすれば、この評判に軽はずみな判定を下して嘲りの的にならぬよう注意すべきである。この点では、諸君がギリシア人の間で得ている名声のほうが、私が諸君の間で得ているそれよりも高いのだ。不正な判決を下せば、それは諸君が公然とほかならぬ諸君自身に下したものとなるからである。二九八　あたかも、ラケダイモン人が軍事訓練に怠りない者を罰しようとしたり、テッサリア人が騎馬の術に励む者に刑罰を要求するのにも似たことをすることになるだろう。以上を肝に銘じて、そのような過失を諸君自身について犯さぬよう警戒し、国家を告訴する人間の言論を讃える人間の言論よりも信頼するようなことがあってはならない。

二九九　思うに、諸君が知らぬはずはない、ギリシアの国々の一部は諸君に敵対し、一部はことのほかに友好的で、安全の希望を諸君に託している。そして後者は言う、「アテナイのみが都市国家であり、他は村にすぎない。アテナイこそはその規模によっても、各地に供給する物資の豊富によっても、またとりわけ住民の気質によっても、ギリシアの首都と呼ばれるのが正当である。三〇〇　なぜなら、これほどに穏やかで私心のない人びとはない、生涯これほど親密にともに過ごせる人びとはいない」と。彼らはこのように大そうな誇張に走り、平気で次のようなことさえ口にする。曰く、アテナイの立派な人物の手で報復されるほうが、他国の野蛮を介して恩恵を受けるよりも快い、と。他方にはしかし、このような見解を嘲笑し、誣告屋の苛烈と悪辣に詳しく立ち入って、アテナイの国家全体が野蛮で過酷であると告発する人びとがいる。

三〇一　したがって、正気の分別ある裁き手たる者は、このような非難の原因をつくっている者どもを国家に大いなる恥辱を塗るものとして死刑に処し、国家について語られる賞讃にいくぶんなりとも貢献した者については、栄冠を争う競技の勝利者よりも高い名誉を与えなければならない。三〇二　彼らのほうが競技者よりもはるかに美しく、アテナイにふさわしい名声を獲得しているからである。事実、肉体の競技に関しては多くの対抗馬がいるが、教養に関しては世を挙げてわれわれこそが第一人者であると判定するだろう。わずかでも理知のはたらく者ならば、このようなアテナイの名が輝く部門で抜群の成果をあげている人びとは公に顕彰すべきであり、嫉妬したり、また彼らについて他のギリシア人と正反対の評価をしたりするものではない。

三〇三　諸君は以上を何ひとつ心にかけることなく、真の利益を逸脱した判断をして、諸君に賞讃をもたらす人びとよりも悪評のもとになっている連中を喜ぶ。また国家を多数の者にとって怨嗟の的としている徒輩を、親しい仲間を愛国者にする人びとよりも贔屓して、民主的だなどとみなしている。三〇四　もし諸君が節度をわきまえるようになれば、このような混乱に終止符を打ち、哲学に対して敵対するか軽蔑するかに終始する昨今の人びとに同調せず、この魂の配慮こそが最も美しく真剣な仕事であることを認めて、資産と余暇が充分にある若者にはこのような教養と修練を勧めることだろう。三〇五　そして刻苦を厭わず、国家のために有用な人材となるために努力している者を重んじる一方で、誹謗中傷に明け暮れ、放埒三昧にふけって遺産を蕩尽することのほかに何も頭にない者に対しては、これを憎み、国家と祖先のいずれもの名声を裏切る者とみなすだろう。諸君が両者のそれぞれに対して、そのような態度をとることが知られるようになって、そのときはじめて若者も安逸を軽蔑し、おのれ自身と哲学に注意を向けるようになるだろう。

三〇六　諸君は、国家と父祖たちが成し遂げた事績のいかに美しく、偉大なるものであったかを想起して、自らに語り聴かせつつ、その人となり、生まれ、教育がいかようなものであったかを、まず僣主を追放して民衆を旧に復し民主制を確立した人[1]から始めて、検討しなければならない。そしてマラトンの一戦でペルシアを打ち破り、これによって国家に栄誉をもたらした人[2]について、三〇七 またこの後を継いで、ギリシアを隷従の軛《くびき》から解放し、それによって獲得した指導と支配の地位を父祖に与え、さらにペイライエウスの地勢を憂慮して、ラケダイモン人の不服をものともせず長壁を国家にめぐらした人[3]、次にまたこの人の後に、アクロポリスを金銀で満たし、庶民の家を繁栄と富で潤した人[4]は、いかなる人物であったか。三〇八 彼ら一人一人を吟味すれば、誣告を生業としている者も、ぼんやりとその日暮しをしている者も、また多数者に埋没している者も誰ひとり、これら赫々たる業績を挙げるものでなく、生まれと名声においてのみならず、思慮と弁論とにおいても傑出した人びとだけがこれらすべての善のもとをなしたことが、おのずから分明になるであろう。

三〇九 諸君は以上を念頭に置いて、多数民衆のために、契約をめぐる訴訟において彼らが正義にはずれることなく、その他共通の権利を享受できるように監視し、また他方で、素質と修錬とに秀でた人、またそのような人になろうと努力する者に対しては、これを敬愛し大切に育むのが至当であろう。美しく偉大な行為を指導し、またよく国家を危難から救い民主制を堅持することは、このような人びとにかかっているので

(1) クレイステネス。前出二三二節を参照。
(2) ミルティアデス。
(3) テミストクレス。前出二三三節を参照。
(4) ペリクレス。前出二三四節を参照。

あって、けっして誣告人らのよくするところでないことはわかっているはずだ。

結語

三一〇　いま多くの言葉が次々に浮かんできて、私はそれをどのように並べたらよいか迷っている。というのは、私の考えは一つ一つ単独に述べれば、適切に聞こえるだろうが、いま全部吐き出せば、私にも聴き手にも煩わしいだけだと思われるからである。すでにここまでに語られたことだけでさえ、その長大さのゆえに聴き手にそのような印象を与えているのではないかと恐れている。三一一　われわれはみな、言論に関しては飽くことを知らないために、時機のよさを賞讃したり、また凝りすぎてはならないと言ったりするそばから、いざ語るべきことがあると思い立つと、適切な長さを慮外して少しずつ延ばしていって、ついには本題とはまったく無縁の話に自分自身を追い込んでしまう。そのように言い、また知ってもいながら、私は諸君にもう少し話したいことがある。

三一二　誣告が哲学よりも羽振りをきかせ、前者が告発し後者が審理にさらされている現状を、私はまことに嘆かわしいことに思っている。このような事態が知恵にかけては他国の人よりも誇る気持ちの高い諸君のもとで起こることを、いずれの古人が予想したであろうか。三一三　われらの父祖の時代にはそのようなことはなかった。ソフィストと呼ばれる人びとに驚嘆し、これと親交を結ぶ者を羨み、対して誣告屋を諸悪の根源とみなしていた。その最大の証拠を挙げると、わが国で最初にソフィストの名を冠せられたソロンが国家の第一人者とみなされていたのに対し、誣告者には他よりも厳しい法律が課せられていた。三一四 すなわち、最大の犯罪には一度の裁判で判決を下したが、誣告者に対しては細かく、テスモテタイに提訴する一般の公訴、評議会に訴え出る弾劾、(1) および民会告訴に分けられていたが、(2) それはこの訴訟の術策を駆使する者らが邪悪の限りをつくすことを見ていたからであった。他の犯罪者はその犯罪行為を隠そうとするものだが、三一五 職業的誣告人は、万人の前に野蛮と人間憎悪と喧嘩好きの性根をさらけ出す。

先人もまた、彼らについてはそのように評価を下していたのである。しかるに諸君は彼らを懲らすどころか、告発の手先に使い民衆のための助言者に採用している。しかしながら、以前の時よりもいまこそ、彼らを憎み斥ける理由は多くある。(3) 三一六 というのは、当時は彼らが同胞市民に害をなしたといっても、それは狭い日常生活上のことと国家反逆罪に問われることに限られていた。ところが、アテナイが膨張し覇権を握るとわれわれの父祖はいささか増上慢《ぞうじょうまん》になって、国を強大にしたすぐれた人士をその権門ゆえに妬み、微賤の出の血気にはやる乱暴な人間を贔屓した。三一七 というのも、後者の大胆と喧嘩早い気性こそ民主制を守りぬくに充分なものであり、出自の卑しさは傲りの抑制としてはたらくことになって、体制変革を求めたりはしまいと思われたからである。さてこうした変化によって、国家にどのような恐るべき事態が降りかかったか。このような素姓の人間が不断に語り、行なわなかったどんな悪事があっただろうか。三一八

(1) アリストテレス『アテナイ人の国制』八-四を参照。
(2) アリストテレス『アテナイ人の国制』四三-五を参照。
(3) これ以降、誣告人が民衆煽動家と同一に扱われる。

市民の間で最も声望高く、国家に善をなす力のある者に対しては、寡頭主義、スパルタ贔屓と非難を浴びせ、ついには非難されているとおりの者になる[1]ことを強いるまで罵倒をやめなかった。他方、同盟国に対しては苛酷な条件を突きつけ、偽りの告発をして[2]最もすぐれた人材を追放せしめ、ために彼らはわれわれから離反してラケダイモンとの友好同盟を求めたのではなかったか。三一九　これによってわれわれは戦争[3]に突入し、あるいは戦死し、あるいは敵に寝返り、あるいは日々の生活に困窮する市民の多くを目の当たりにした。さらには、民主制が二度までも転覆し、父祖伝来の城壁が破壊され、あげくは国家全体が奴隷化される危険に瀕し[4]、アクロポリスも敵の占拠するところとなった[5]のである。

三二〇　だが、怒りに駆られて思わず暴走したとはいえ、水時計の示す残りがわずかとなったのに、私は一日費やしても終わらない論議と告発に陥ってしまったようだ。それゆえ、彼らによって引き起こされた無数の災厄は省き、また彼らの行なった誣告について言うことは山ほどあるが、それも抑えて、ただほんの一言をそえて論を締めくくることにしたい[6]。三二一　訴訟の渦中にある他の人びとを見るに、弁明が終わりにさしかかると、子供や近親を壇上にあげて嘆願し容赦を請う。しかしながら私の考えるところ、そのようなことはどれ一つ私のような齢の者にふさわしいことではない。のみならず、私は私によって選ばれ書かれた弁論以外のものの力によって無罪を獲得したならば、それを恥じるだろう。私は国家と祖先とのいずれに関しても、またとりわけ神々に関して、敬虔と正義の道を踏みはずさずに言論をなしてきたと自覚している。したがって、もし神々が人間のことを気にかけてくださるものであれば、私に関していま出来している事件も、神々の見過ごすところでないと信じている。三二二　それゆえ、私は諸君の手で未来がどのように決せ

西洋古典叢書

——第Ⅱ期第21回配本——

月報 36

2002年6月
京都大学学術出版会

イソクラテスとアリストテレス

——フィリポス二世の周辺

澤田典子

前四世紀は、哲学者のプラトンやアリストテレス、弁論家のイソクラテス、デモステネスなど、西洋文化の源流を形成した数々の「巨人」を世に送った時代である。修士論文以来マケドニアのフィリポス二世にとりつかれている私は、これらの「巨人」への関心も、フィリポス二世との関わりで芽生えてきていると言っても過言ではない。終生反フィリポスの論陣を張ったデモステネスについては言うまでもないが、この小論でとりあげたいイソクラテスとアリストテレスは、祖父と孫ほどにも年齢が違うが、ともに前三四〇年代にフィリポスと密接に「関わって」いる。修辞学や哲学は門外漢である私にとっては、まずもって、イソクラテスはフィリポスにペルシア遠征を促した人物、アリストテレスはフィリポスが息子アレクサンドロスの家庭教師に選んだ人物として、興味をひくのである。

イソクラテスは、前三四六年の『フィリポスに与う』において、ギリシア諸都市を和合一致させてペルシアに遠征することをフィリポスに強く勧告している。ギリシアの和合一致とペルシア遠征は、前三八〇年の『民族祭典演説』以来イソクラテスの生涯の持論となった構想であり、彼の絶筆となる前三三八年のフィリポス宛第三書簡においても、九八歳の老人とは思えない力強い筆致でこの構想の実行を促している。『フィリポスに与う』における勧告について、具体性や政治性に欠け、アテネ中心主義に根ざす楽観的な構想であるなど、その弱点や矛盾を指摘することはたやすいかもしれない。しかし、アテネの国威の失墜やマケドニアの急速な台頭という現実を直視し、時代の動向をいち早く見抜いて永年の構想をその新たな状況に適応する形で練り直して、ギリシア世界の難局の打開のためにイソクラテスなりに最善の策を勧告したものとして評価できるだろう。

この『フィリポスに与う』における私の最大の関心事は、イソクラテスの勧告とフィリポスのペルシア遠征計画の因果関係である。イソクラテスの勧告がフィリポスの計画に何らかの影響を及ぼしたのか。これは実に古くから論じられてきた問題で、古代においても、ローマ時代の著作家アイリアノスは、イソクラテスの勧告がマケドニアのペルシア遠征の原因となったという説を紹介している（Ael. *VH.* 13.11）。そもそも、フィリポスがいつ頃ペルシア遠征を具体的に立案したのかという問題は、多くの研究者を悩ませてきた難問である。近年の研究には、彼は貧しいギリシア世界には関心がうすく、治世当初からペルシア遠征を志向していたとする見解も見られるが、辺境の一小王国にすぎなかったマケドニアを二〇年余りでギリシア世界の覇者の地位にまで押し上げた「鬼才」フィリポスに、西洋の知の源流となった「巨人」イソクラテスは、いかに関わり、どのような影響を与えたのだろうか、という関心は尽きない。

イソクラテスは、すでにペルシア遠征を計画していたフィリポスの野望を支持するために『フィリポスに与う』を著したのか。あるいはこの弁論がペルシア遠征計画の引き金となったのか。ただ、『民族祭典演説』以来ペルシア遠征を永年提唱してきたイソクラテスの著作はギリシア世界で広く読まれていたし、「ペルシア遠征」は、イソクラテスに限らずゴルギアスやリュシアスらによって好んで唱えられたテーマだったのである。さらにフィリポスは、父や兄の代以来宮廷に多くのギリシア知識人を擁し、また、自らも少年時代に人質としてテーベに滞在した経験からも、ギリシア世界の思潮には十分馴染んでいたはずである。彼は、イソクラテスに促されるまでもなく、当然「ペルシア遠征」という構想を熟知していたことは確かであろう。

イソクラテスの死後の歴史の歩みを概観すると、あたかも、ギリシアの和合一致とペルシア遠征を説いた彼の勧告の基本線に沿って展開していったかのごとく思われる。政論家イソクラテスが「ヘレニズム時代の先駆者」として、その「先見の明」をしばしば讃えられる所以である。カイロネイアの戦いの後に結成されたコリントス同盟では、ギリシア諸都市の自由自治の保障と平和の遵守がうたわれ、フィリポスの遺志を継いだアレクサンドロス大王によって、ペルシア遠征も見事なまでに実現された。コリントス同盟の規約における、ギリシア諸都市間の平和の遵守やマケドニア王による内政不干渉の原則についての条文、さらに最初の同盟会議でのペルシア遠征の決定は、イソクラテスの永年の主張と多くの一致を示すことが指摘され、そこにフィリポスへのイソクラテスの影響を認める見解がある。しかしコリントス同盟は、あくまでもマケドニアの支配下での秩序維持機構・軍事協力機構であり、イソクラテスのめざした個々のポリスの完全な自由独立に根ざすギリシア世界の安全保障体制とは、根本的に異なるものである。フィリポスは、ギリシアの和合一致とペルシア遠征を訴えるイソクラテスの主張を、自身の目的に適合する限りにおいて「形式的」「現象的」にとりいれることによって、実質上はマケドニアによる軍事的支配機構にすぎないコリントス同盟を、パンヘレニックな外観を持つ機構として装飾したのだろう。フィリポスへのイソクラテスの「影響」というのは、そういった限りのものだったのかもしれない。

そして、フィリポスが前三四三／二年に息子の教育を委ねた「万学の祖」アリストテレス。十代前半の王子アレクサンドロスが、アリストテレスによる三年間の訓育から何を学び、いかなる影響を受けたのかについては様々に論じられているが、それはさておき、アレクサンドロスの師としてのアリストテレスを考えるとき、私の興味をひくのは、小アジアのアタルネウスの僭主ヘルメイアスの存在である。アカデメイアと親密な関係を持つ哲学の愛好者として知られるヘルメイアスは、前三四〇年代末、ペルシア大王の手によって処刑されている。前三四八／七年、師プラトンの死と前後してアテネを去ったアリストテレスは、親交の深いヘルメイアスのもとに身を寄せ、その時期にフィリポスから王子の師としてマケドニアに招聘される。フィリポスがヘルメイアスのもとに滞在中のアリストテレスを呼び寄せたという事実から、当時ペルシアへの遠征計画のためにも小アジアにおける足場を欲していたフィリポスと、ペルシア大王から身を守る必要に迫られていたヘルメイアスが、このときアリストテレスを介して政治的な同盟関係を結び、アリストテレスはこの両者の間の political agent の役割を果たした、という議論がしばしば展開されている。

かのアリストテレスがフィリポスの企みに一枚嚙んだというのは面白いが、この碩学が果たしたとされる「政治的使命」を実証するのは困難であろう。当時まだ学者としての絶頂期に達してはいなかったアリストテレスが招聘されたことをもって、そこに「政治的使命」を想定する研究者もいる。しかし、プラトンの弟子エウフライオスがフィリポスの兄ペルディッカス三世の宮廷で重用されていたように、マケドニアの宮廷とアカデメイアの間に緊密な関係が存在していたことや、アリストテレスの父ニコマコスがフィリポスの父王アミュンタス三世の宮廷で侍医を務めていたことを考えれば、アリストテレスに白羽の矢が立ったのは政治的な理由がなくとも十分説明できるかもしれない。

さらにまた、この時期、イソクラテスの学派とアカデメイアの間で、アレクサンドロスの家庭教師の地位をめぐって、すなわち、今をときめくマケドニア王フィリポスの庇護(パトロネジ)をめぐっての争いがあったことをうかがわせる史料も興味深い。周知のように、前四世紀初頭の創設以来ギリシア世界の二大高等教育機関として名を馳せたイソクラテスの弁論学校とアカデメイアは強力な対抗関係にあったが、プラトンの後を継いでアカデメイアの学頭となったスペウシッポスは、フィリポスに宛てた書簡において、弟子のアンティパトロスをアレクサンドロスの家庭教師として推薦している(*Ep.Socr.* 30)。スペウシッポスはイソクラテスを最大のライバルと目しており、この書簡の中にもイソクラテスの弁論への批判や彼個人に対する非難が随所に見られるが、この時期、イソクラテスの弟子の歴史家テオポンポスに対しても鋭い攻撃を展開している。また同じ頃テオポンポスも、フィリポスに宛てた書簡の中でヘルメイアスを徹底的に誹謗中傷している(*FGrH* 115 F 250)。これは、テオポンポスの故郷であるキオスとヘルメイアスの関係が当時緊張していたという事情も無論考慮に入れねばならないだろうが、アレクサンドロスの師としてアカデメイア学徒の任命が取り沙汰されていた当時、以前から激しいアカデメイア批判を展開していたテオポンポスが、マケドニアにおけるアカデメイアの勢力増大を懸念して、アカデメイアと関係の深いヘルメイアスに対する積年の憎悪をフィリポスに表明した、とも考えられるかもしれない。また、アリストテレスによる教育が始まったのちにイソクラテスがアレクサンドロスに宛てた第五書簡から、この老大家自身も若き王子の教育になみなみならぬ関心を抱いていたことがうかがえる。最終的にアカデメイア出身のアリストテレスが選ばれたことは、フィリポスの庇護をめぐる争いにおけるアカデメイアのイソクラテス学派に対する勝利を示す、と考える研究者もいる。

ところで、もし仮にアレクサンドロスが、アリストテレスではなくイソクラテスに師事していたとしたら。勿論、当時イソクラテスは九〇を越す老齢であり、重い病に冒される身であったが、最晩年の大作『パンアテナイア祭演説』や文字通り絶筆となった第三書簡は、往年の知力がいまだ衰えを見せていないことをうかがわせる。もし彼が、直々にアレクサンドロスに薫陶を与えたとしたら、後年の大王に、そしてその後の歴史に、はたしてどのような影響を及ぼすことができただろうか——。学問的論証のレベルを離れたこうした空想は実に楽しい。

(古代ギリシア史・静岡大学助教授)

地方文化の伝統と宗教(5)

大戸千之

ミュラサにおいてエジプト神の信者がふえていたことを教える、いまひとつの史料がある。話は遠くデロス島に飛ぶ。ヘレニズム・ローマ時代、エジプト神の信仰は、ギリシア本土やエーゲ海の島々にもひろまったが、国際交易の拠点のひとつとなったデロス島には、イシスの神殿がひとつ、サラピスの神殿が三つ、建立されている。それらのうち、サラピス神殿Bと呼ばれる遺構から、前二世紀初めのものとみられる儀式用の台が出土し、その銘文に、ミュラサのイアトロクレスなる人物がこれを奉献したと、記されていたことが報告されている。奉献のいきさつは、もとよりわからない。おそらくは通商にたずさわる人の奉納であろうが、それにしても、キントス山へ登る舗道がはじまるところを少し下り、いまはほとんど形をとどめないサラピス神殿Bの跡に立って、エジプトからミュラサへ、ミュラサからデロスへの道程に思いをはせれば、信仰の力というものを感ぜざるをえないのである。

小アジアでは、プリエネやミュラサのほかにも各地で、エジプトの神々がひろく信仰された。代表的な都市であるミレトスでもエペソスでも、アゴラに間近い中心的な場所にエジプト神の神域がおかれていることは、その社会的勢威を端的に示しているといってよいであろう。またエペソスの博物館に行けば、妊娠と出産を守護するベスの小像が展示されているが、これもエジプトの神である。そういったややマイナーな神々の信仰をもくわえれば、エジプトの神々への信仰は、ひろがりを誇ったといっても、さしつかえないように思われる。

しかし、ふたたび在来の信仰のことに戻りたい。同時に、検討の対象をもう一度プリエネに戻すことにしよう。

ギリシア系の神々とエジプトの神々にくわえて、小アジア土着の神々が共生するという構図は、プリエネにおいても存在した。アテナ神殿から擁壁の横の石段を降りていくと、東西に通じる広い通りに出る。そこから西の方はゆるやかな下りの坂道で、両側に民家の区画がつづいている。坂道を歩いて西の門を目前にするあたり、左手の木立のあいだに、ひっそりしたキュベレの神域がある。五角形の境内には、犠牲獣の血を受けたとみられる穴以外、それらしい跡は何も遺されていない。町のはずれともいえる場所であるが、それは、キュベレが貧しい人々の信仰を集めていたこと、プリエネからの財政的支援はなされていなかったとみられること、などと関連しているであろう。ここで発見された首のないキュベレの小像は、現在イスタンブールの考古学博物館にある。

キュベレは小アジアの古い母神であるが、前五世紀後半にはギリシアへ、前三世紀末にはローマへ伝わり、地中海世界全域で信仰を集めるようになった。そうするあいだに、性格を変容させたり、地域的特性をそなえるようになったりして、相貌も多様化していく。プリエネにおける信仰の実態はどのようであったか、なかなか詳らかにはしがたいけれども、いまは問わないことにしたい。肝心なことは、ギリシア系とエジプト系と小アジア系の神々が、小さな都市のなかで共存していたということである。

さらにいえば、プリエネにはこのほかに、アゴラの東のゼウス・オリュンピオスの神殿があり、また山の斜面の一段高いところには、キュベレと性格が共通するところのあるデメテルとコレーの神殿がある。これらの神々が、すでに述べた神々と並び立って崇敬されたところに、みるべき時代性があるように思われる。

ヘレニズム時代からローマ時代にかけての、地方文化の伝統と宗教の問題を考えるさいには、従来しばしばなされたように融合や対立を強調するよりも、多様なものがせめぎあいつつ共存したという特色に、まず留意すべきではなかろうか。このエッセイで検討しえた例は、きわめて限定されていたといわねばならないであろうが、しかし、それらはけっして例外ではないと思われるのである。（了）

（『西洋古典叢書』編集委員・立命館大学教授）

リレーエッセー　21

トゥキュディデス　歴史 1, 2★　藤縄謙三・城江良和 訳

ペロポンネソス戦争を実証的に考察した古典的歴史書。

ピロストラトス他　哲学者・ソフィスト列伝★　戸塚七郎・金子佳司 訳

ギリシア哲学者やソフィストの活動を伝える貴重な資料。

ピンダロス　祝勝歌集／断片選★　内田次信 訳

ギリシア四大祭典の優勝者を称えた祝勝歌を中心に収録。

フィロン　フラックスへの反論 他★　秦 剛平 訳

古代におけるユダヤ人迫害の実態をみごとに活写する。

プルタルコス　モラリア 2★　瀬口昌久 訳

博識家が養生法その他について論じた倫理的エッセー集。

プルタルコス　モラリア 6★　戸塚七郎 訳

生活訓や様々な故事逸話を盛り込んだ哲学的英知の書。

リュシアス　リュシアス弁論集★　細井敦子他 訳

簡潔、精確な表現で日常言語を芸術にまで高めた弁論集。

●ラテン古典篇

スパルティアヌス他　ローマ皇帝群像 1　南川高志 訳

『ヒストリア・アウグスタ』の名で伝わるローマ皇帝伝。

ウェルギリウス　アエネーイス★　岡 道男・高橋宏幸 訳

ローマ最大の詩人が10年余の歳月をかけた壮大な叙事詩。

ルフス　アレクサンドロス大王伝　谷 栄一郎・上村健二 訳

大王史研究に不可欠な史料。歴史物語としても興味深い。

プラウトゥス　ローマ喜劇集 1, 2, 3, 4★★★★　木村健治他 訳

口語ラテン語を駆使したプラウトゥスの大衆演劇集。

テレンティウス　ローマ喜劇集 5　木村健治他 訳

数多くの格言を残したテレンティウスによる喜劇集。

西洋古典叢書　第Ⅱ期全31冊

★印既刊　☆印次回配本

●ギリシア古典篇

アテナイオス　食卓の賢人たち　3★, 4★　柳沼重剛 訳
グレコ・ローマン時代を如実に描く饗宴文学の代表的古典。

アリストテレス　魂について★　中畑正志 訳
現代哲学や認知科学に対しても豊かな示唆を蔵する心の哲学。

アリストテレス　ニコマコス倫理学☆　朴 一功 訳
人はいかに生きるべきかを説いたアリストテレスの名著。

アリストテレス　政治学★　牛田徳子 訳
現実の政治組織の分析から実現可能な国家形態を論じる。

アルクマン他　ギリシア合唱抒情詩集　丹下和彦 訳
竪琴を伴奏に歌われたギリシア合唱抒情詩を一冊に収録。

アンティポン／アンドキデス　弁論集★　髙畠純夫 訳
十大弁論家の二人が書き遺した政治史研究の貴重な史料。

イソクラテス　弁論集 2★　小池澄夫 訳
弁論史上の巨匠の政治論を収めた弁論集がここに完結。

クセノポン　小品集★　松本仁助 訳
軍人の履歴や幅広い教養が生かされた著者晩年の作品群。

セクストス　学者たちへの論駁　金山弥平・金山万里子 訳
『ピュロン主義哲学の概要』と並ぶ古代懐疑主義の大著。

ゼノン他　初期ストア派断片集　1★, 2★, 3　中川純男他 訳
ストア派の創始者たちの広範な思想を伝える重要文献。

デモステネス　デモステネス弁論集　3, 4　北嶋美雪他 訳
アテナイ末期の政治情勢を如実に伝える公開弁論集。

られるかを恐れはしない。むしろ、意気高く、生の終わりを迎えるそのときこそ、私にとって益となるときとなるだろうという大いなる希望をもっている。この日まで過ぐる日々を敬虔で神々を敬愛する人間にふさわしく生きてきたという事実が、その予兆なのである。

三二三　されば諸君は、私が以上のような見解を抱き、諸君が何を決定しようと、それは私にとって名誉であり有益なものとなると信じているということを念頭に、好きなように思うところに従って、票を投じられよ。

(1) とくにアルキビアデスが念頭にあると思われる。
(2) 『パンアテナイア祭演説』一三、一四二を参照。
(3) ペロポネソス戦争。
(4) クセノポン『ギリシア史』第二巻二・一九—二〇を参照。
(5) 三十人政府の時代、スパルタ駐屯軍がアクロポリスを占拠していた。
(6) 以下、プラトン『ソクラテスの弁明』の反響が随所にある。

一六　競技戦車の四頭馬について

一　……[1]かくて四頭馬については、父[2]がテイシアスから奪ったのではなく、アルゴスの国から購入したものであることは、アルゴスより来訪した使節ならびにその他真相を知る人びとの証言によって諸君もお聴きのとおりであるが、私を誣告する常習者の手口は旧態をあらためない。二　彼らは私的な係争を装って裁判を起こすが、告発の内実は国事に関わるものであり、宣誓[3]どおりに供述することはそっちのけで、はるかに多くの時間を費やして私の父を誹謗中傷する。どこまで法を蔑ろにすれば気がすむのか、諸君が父から受けた（と彼らの主張する）不正の罰を、公になり代わって私に下すことを要求する。三　私の考えるところ、公共に関わる責任は私人《しじん》間の訴訟を通して追及されるべき性質のものではないが、しかしテイシアスが繰り返し父の亡命のことで私を非難し、おのれの係争よりも諸君の被害に熱をあげている以上、それについて弁明をせざるをえない。私は市民の誰かの目に、私が父の名声を自分自身の危険より軽視していると映ることを恥とするからである。

四　さて年長の人びとには簡単な説明だけで足りたであろう。民主制の解体と私の父の追放とが同じ党派の手によることは周知の事実だからだ。しかし若い世代は、事件の後に生まれ幾度となく中傷を聞かされて育ったので、彼らのために時代をややさかのぼって真相を明らかにしたい。

五　はじめて民主制の倒壊をたくらみ、四百人政府を立てた[4]人びとは、私の父が招請を断わって彼らの側につこうとしなかったとき、父の行動力と大衆的人気の高さを知っていたために、体制の変革はとうていおぼつかない、六　まず父を除かなければ不可能であると考えた。彼らは、国家が何よりも神事に敏感で、もし秘儀冒瀆者の存在が明るみに出ようものなら激昂するであろうこと、またそれに匹敵する醜聞は民主制転覆の陰謀であると知っていたので、この二つの罪を抱き合わせて評議会に弾劾動議をかけ、父が体制革命の目的で政治結社をつくり、この結社の者たちがプリュティオンの館で酒宴を張りながら秘儀の実演をしている[5]と主張した。七　糾弾された罪の大きさに動顚した国家はただちに民会を招集したが、父は彼らの告発が偽りであることを疑いの余地なく示したので、民衆はすすんで告発者らを罰しようとし、シケリア遠征の将軍には父を選んだ[6]のである。この後、父はすでに讒謗《ざんぼう》を免れたものと信じて出航したが、彼ら告発者は評議会をまとめ弁論家を抱き込んだ上で、事件を再燃させ情報提供者を召喚した。八　長々と話を続ける必要

(1) これに先立つ部分に事件の陳述と証言があったはずだが湮滅。そのこともあって、この弁論は顕彰演説の性格を帯びたものになっている。
(2) アルキビアデス。この当時はすでに故人となっていて、語り手はその嫡子である同名のアルキビアデス。訴訟は彼が成人になってただちに起こされたと考えられるから、本弁論の執筆も前三九七年と推定される。
(3) 訴訟当事者は告発ないし弁明に先立って、真実を申し立てることを宣誓した。
(4) 前四一一年の寡頭派による短命に終わったクーデタ。
(5) この告発は前四一五年で、イソクラテスが時間の順序を入れ換えたのは意図的であろう。アンドキデス『秘儀について』一二を参照。
(6) アルキビアデスはすでに将軍に選任されていた。またこのときアルキビアデスは審理を要求したが容れられず、したがって潔白を証明していない。

はないだろう。彼らは執拗に工作を続けて、父を遠征隊から召還し[1]、父の友人をあるいは殺し、あるいは国外追放に処すまでやむことがなかった。政敵の実力行使と仲間の災厄の報を受けた父は、自分が臨席したときは審理がなされず、欠席裁判では有罪にされたので、まことに理不尽な目にあわされていると思いはしても、このような状況のもとでも敵国に身を投じるべきだとは考えなかった。九 ところが、父が国家に対して過ちを犯さぬよう慎重に配慮し、アルゴスに赴いて謹慎生活を送っていたのに対し、敵の党派はいっそうの暴虐に走り、諸君に説いて父を全ギリシアから追放し、石柱に反逆者の汚名を刻み、アルゴス人に引き渡しを求める使節を派遣した。父はかかる苦境に至って万策を講じたものの、他に生命を救う手だては見つからず、ついにラケダイモンに亡命を余儀なくされたのであった。

一〇 事実は以上につきるが、政敵の暴慢は衰えを知らず、父があたかも恐るべき罪を犯したかのごとく、亡命したことを糾弾し、またデケレイア[2]の城塞化と島嶼諸国の叛乱をそそのかした、敵国の軍師となった、と誹謗を試みる。そして時には彼など歯牙にもかけないかの素振りをして[3]、一一 どこといって他の者にまさるところはなかったと言いながら、その実は過去の出来事すべての責めを一身に負わせ、ラケダイモン人は戦術を彼から学んだなどと主張する。ラケダイモン人こそ世のすべてにこれを教える技術の持ち主ではないか。私は、時間が充分にありさえすれば、父が正しい行為をしながら、他人の不正行為の責を負わされた[4]ことを容易に証明できる。だが何とも恐るべき話ではあるまいか、父は亡命から帰国して贈り物を受けたというのに、私がその父の亡命のゆえに罰せられるとすれば！

一二 私は父が諸君から最大の寛恕を得て正当だと考える。実際、諸君が三十人政府の手に落ちたとき[5]、彼と同じ不運に見舞われた。その経験を念頭に置いて以下のことを反省してみなければならない。諸君の一人一人はどのように振る舞ったか、胸中にどのような考えを抱いたか、また外国暮しに別れを告げて祖国に帰り自分たちを追放した者に復讐するためなら、どのような危険でも耐えようとしたのではないか。一三 都市であれ友人であれ客人であれ、どこにでも帰国の援助を求めたのではないか。帰国のためには、どのような努力をも惜しまなかったではないか。ペイライエウスを占領した後、畑の収穫物を傷め[6]、土地を荒らし、郊外に火をつけ、ついには城壁に向かって攻撃をしかけたではないか。一四 しかも諸君はこれらの行動を正当と信じ、ために亡命の原因をつくった連中に対する以上に、亡命仲間でありながらこれに参加しなかった者に憤った。であってみれば、諸君と同じ欲望に駆られた者を責めるのは公平でない。亡命した後に帰国

(1) トゥキュディデス『歴史』第六巻五三―六一を参照。アテナイ本国からの召還状を携えた快速船サラミニア号をシケリアに派遣する。アルキビアデスはサラミニア号の護衛のもとに帰国を装い、南イタリアのトゥリオイに寄港した折に脱走し、一時アルゴスに身を隠す。

(2) アテナイ北東、パルネス山中の要塞。前四一三年スパルタ軍が占拠する。リュシアス『アルキビアデスの戦列離脱告発』(弁論第十四) 三〇、トゥキュディデス『歴史』第六巻九一を参照。

(3) リュシアス『アルキビアデスの戦列離脱告発』(弁論第十四) 三五―三八を参照。

(4) 追放を解除され、アテナイに歓迎されたアルキビアデスは黄金の冠を戴いて陸海全軍の総帥に任命された。プルタルコス「対比列伝」『アルキビアデス』三三を参照。

(5) 前四〇四年から翌年まで、スパルタの後ろ楯で寡頭政府が成立。民衆派の多くが亡命を強いられた。

(6) この論点はリュシアスの『アルキビアデスの戦列離脱告発』(弁論第十四) 三二―三三でも取り上げられ、反駁されている。

の途を探った者を無頼と決めつけるよりは、むしろ国内にとどまって国外追放に値する罪を犯した者を咎めるべきではないか。また私の父がどのような人間であったかを、彼がアテナイ国家に参与するのをやめた時から数えて判定するのも公平でない。一五　それをするなら、亡命前には多数者とどのような関係にあったかを思いめぐらし、二百名の重装歩兵を配下に擁して、ペロポネソス半島の最有力の諸都市をラケダイモンから離反せしめ、諸君の同盟者としたことに思いを致し、またどのような危険に自らを投じたか、さらにいかにしてシケリア遠征軍を率いたかを見なければならない。これらの実績には諸君も感謝してしかるべきであり、敗北のさなかに生じた出来事については、彼を追放した者たちこそがその元凶であると認めるのが至当であろう。

一六　諸君は自身に思い起こしてもらいたい。帰国後の父がどれほど多く国家に貢献したか、またそれに先立って諸君が彼の帰還を認めたとき、どれほどさまざまの難題を抱える状況にあったか。民主制は倒壊し、(1)市民は党派に分かれて争い、軍隊は本国に樹立された政権に叛旗を翻し、(2)対立する両党派の狂気は極限に達して、いずれの側も生き残る希望を完全に奪われていた。一七　一方は政権を掌握した人びとをラケダイモン人よりも憎い敵とみなし、他方はデケレイア(3)に駐屯する軍隊(4)と折衝を続けていた――わが国家のために戦った人びと(5)に市民権を分与するくらいならば祖国を敵に売り渡すほうがましだと考えていたのであろう。一八　市民の意見がこのように割れていた一方で、敵軍は海陸を制圧し、さらに軍費は諸君のもとでは払底していたが、敵にはペルシア大王が提供し、加えてまた九十隻の艦船がフェニキアからアスペンドスに到着し、(6)ラケダイモンの支援態勢に入っていた。アテナイ国家がこれほどの災厄と存亡の危機に見舞われて、

一九　父を召還すべく軍が派遣されたとき、彼はこのような現状にもかかわらず尊大に構えず、既往のことを非難せず、また将来の指図に時間を費やさず、ただちに国家と苦難をともにすることを選び、ラケダイモンの幸運にあずかる途を棄てた。そして戦う相手は諸君ではなく、彼の追放を画策した者たちであること、望みは帰国にあって国家の破滅にはないことを万人に明らかにした。二〇　諸君と命運をともにするや、彼はティッサペルネスを説得してラケダイモンに対する資金援助を断ち切り、同盟国の諸君からの離反をやめさせ、兵士たちに私財をさいて給料を支払い、民衆に主権を返却し、党争を和解させ、フェニキア艦隊を帰港の途につかせた。二一　それ以後の功績は、艦船の拿捕、海戦の勝利、諸都市を武力によって占拠し、言葉によって友好関係を確立するなど、一つ一つ枚挙して語るのは大仕事になるだろう。国家が危急存亡にあったあのときでさえ、父の指導のもとでは、敵が諸君に対する戦勝記念碑を打ち建てることは絶えてなかったのである。

二二　軍事の功績については、多くのことが語り残されていることを私は承知しているが、しかし、ほとんどすべての諸君が記憶していることでもあるから、それについては委細に立ち入ることを避けたのである。

(1) 四百人政府のクーデタ。
(2) アテナイ艦隊とサモス島駐屯軍は民衆派であり、四百人政府に反抗した（トゥキュディデス『歴史』第八巻八二、八六）。
(3) アテナイの寡頭派。
(4) スパルタ部隊。
(5) 艦船の漕艇に従事した奴隷のこと。
(6) ペルシア帝国の造船基地はフェニキアにあった。アスペンドスは小アジア沿岸、パンピュリアに位置する。

彼らは節度も遠慮もかなぐりすてて、父の私生活に悪罵を浴びせ、生きている人についてならば言うを憚ったであろう醜聞を死者になすりつけて恥じることもなく、二三　正気を失いでもしたのか、私の父についてあらんかぎりの誹謗中傷を行なえば、おのれ自身が諸君の間でも他国の間でも名声を博すると夢想している。あたかも、陋劣な人間であれば、最もすぐれた人物のみならず神々についてさえ、不埒な言葉を吐けることは、誰もが知るところでないかのように思っている。二四　おそらく誹謗のいちいちを気にかけるのは愚かなことであろう。しかし、父が何に励行したかということだけは諸君に審《つまび》らかにしたい。少しく時をさかのぼって祖先に触れ、古くからわれわれがアテナイ市民の中でも最大の貢献者であったことを諸君に知っていただきたいと思う。

二五　父方の祖先はエウパトリダイであり、その高貴な血統は名前そのもの[1]から容易に知られよう。他方、母方はアルクメオン一族[2]の血筋であり、この一族はその富を記念する金字塔を遺している——というのは、戦車を駆ってオリュンピア競技に優勝した最初のアテナイ市民はアルクメオン[3]だからである——が、もう一つ民衆に対する共感を僭主制の時代に明らかにしている。というのは彼らはペイシストラトスの縁戚であり、彼が権力の座につく前は市民のうちで最も親しく交際していたのだが、にもかかわらずペイシストラトスの僭主政治に参画することを潔しとせず、市民が隷従する姿を見るに忍びず亡命を選んだ。二六　内戦が四十年[4]にわたって続く間に、一族は僭主側からは誰よりも憎まれ、ために僭主の勢い盛んなときには家を破壊されただけでなく、墓までも暴かれた。しかしその一方では、亡命をともにした人びとからは篤く信頼され、終始、民衆の指導者に仰がれていた。そして最後に、アルキビアデスとクレイステネスの二人[5]が、一方は父

方の、他方は母方の、私の父の曾祖父であるが、亡命者の軍を率いて民衆を復権させ、僭主一族を追放し、

二七　民主制を創設したのであった。この制度のもとで市民は勇武の気風を育まれ、ついにギリシア全土に侵攻したペルシアをひとり迎え撃って降すまでに至り[6]、また正義にかけては、ギリシア人がすすんで彼らに海上支配を委ねるほどに高い名声を獲得し、また軍事力ならびに諸施設を整えて、ひとがアテナイをギリシアの首都と呼び[7]、また同様の誇張表現で呼び慣わしても真実を語っていると思われるほどに、巨大な国家をつくりあげたのである。

二八　父祖の民衆に対する親愛は、このように古くから続く本物の感情であり、しかも最大の貢献に根ざしたものでもあったが、父もまたこれを受け継いだ。彼自身は孤児として遺された——彼の父はコロネイアで敵と戦って討ち死にしたのである[8]——が、後見についたペリクレスは克己節制と正義と知恵とにおいて市民の中で随一の人物であったことは誰もが認めるであろう。私の考えでは、これもまた父の讃美されてしかるべきことに数えられる。このような血筋に生まれた上に、これほど傑出した人の監督のもとで養育と教育

(1) エウパトリダイは「高貴な父の息子たち」の意味。アテナイの初期の貴族階級。
(2) アルクメオニダイ。
(3) メガクレスの子。
(4) ペイシストラトスとその子の支配は、およそ前五六〇年から五一〇年まで。内戦の時期が正確にはどこを指すかは不明。
(5) クレイステネスはアテナイ民主制の創設者。
(6) 前四九〇年、マラトンの会戦。
(7) 『アンティドシス』二九九を参照。
(8) アルキビアデスの父はクレイニアス。コロネイアはボイオティアの小都市。アテナイは前四四六年ボイオティア連合軍と戦って敗れる。

を受けたのだ。二九　市民資格審査(1)にあたっては、いま述べたところの先祖の人びとに劣らぬことを証明し、また、自らに安逸な生き方を許して父祖の武勇を頼んで矜《ほこ》るのは、おのれにふさわしくないとみなした。はやくから高い志に燃えて、父祖の業績もむしろ自分の力で後世に記憶されるものとなるべしと心に決めた。そしてまず、ポルミオンがアテナイの精鋭一千を率いてトラキアに出征したとき(2)、彼らとともに行軍した父は、死地にあって殊勲を挙げて将軍から栄冠と重装武具一式を授かった。三〇　まことに、最高の賞讃に値する人間はいかに行動すべきであろうか。精鋭部隊とともに出征するときにあっては、武勇の勲を挙げ、ギリシア最強の兵に対して軍を率いるときには、あらゆる危難にあって敵にまさるはたらきを見せることではないか。そして私の父は、若年において前者を、長じては後者を果たしたのである。

三一　この出征の後、彼は私の母を娶った(3)。私は彼女もまた父の獲得した誉れの一つであると考える。というのは、彼女の父ヒッポニコスは、ギリシア随一の富者で、家柄においても市民の誰にも引けを取るものでなく、同時代において最も尊敬と讃嘆を集めていた。このヒッポニコスの娘には莫大な嫁資と高い名声をつけられていたので、すべての人が嫁に迎えることを願い、また市の第一人者たちは自分こそ迎えるに値すると考えていたが、ヒッポニコスはその中から私の父を選び、婿とすることを望んだのである。

三二　同じ頃、私の父は、オリュンピアの祭典が世の人の愛好し讃嘆するところとなり、ギリシア人がこの舞台で富と体力と教養(4)を誇示するのを、また競技選手が羨望の的となり、勝利者を輩出する国が名を轟かすのを見て、またさらに、アテナイでの公共奉仕が私人を代表して自国の市民のためだけになされるものであるのに対して、この祭典競技への参加は国家を代表し全ギリシア人の耳目を集めるものであることを認め、

三三　以上の考えから、父自身は運動能力も体力も誰にも劣らなかったが、運動競技は見下して（その選手が往々にして微賤の生まれや小国の出身、また貧しい教育しか受けていなかったりしたからである）、競走馬の飼育こそは幸運に恵まれた人のみがよくすることであり、卑賤の身にはなしえないものであったので、これを手がけ、そして競走相手だけでなく、従前の勝者すべての顔色をなからしめた。三四　すなわち、出走させた四頭馬の数は、最大の国家さえも出走させたことのない多数に及び(5)、その速力は、実に一等、二等、三等を独占するほど(6)に群を抜いていたのである。これを別格としても、供犠やその他の祭礼における費用を惜しみなく豪気に負担したので、他国の公共財産のほうが彼一個の私財よりも僅少に見えたほどである。彼が祭典の出し物を終えたとき、以前の人びとの成功は彼のそれに比べれば色褪せて思われ、同時代の勝者は羨望の的であることをやめ、将来の競走馬の飼育者にはもはやこれを凌ぐ余地を残さなかった。三五　当地での合唱隊奉仕(7)や競技訓練費負担や艦船艤装費負担については、私は発言を控えよう。なぜなら、他の奉仕

(1) 両親とも市民から生まれた者は、十八歳になると区民に登録され、評議会による資格審査を経て、二年間軍務に服した。アリストテレス『アテナイ人の国制』四二を参照。
(2) 前四三二年、ポテイダイア奪還の遠征。トゥキュディデス『歴史』第一巻六四では重甲兵の総勢千六百。このときのエピソードがプラトン『饗宴』二二〇Eに見られる。
(3) 名はヒッパレテであったことが知られている。
(4) 演説の披露も行なわれていた。
(5) 四頭馬七組、戦車七台を出走させた。
(6) トゥキュディデス『歴史』第六巻一六-二、プルタルコス「対比列伝」『アルキビアデス』一一を参照。
(7) 「（アルコンは）悲劇競演のために合唱隊奉仕者（コレゴイ）として全アテナイ人中から最も富んだ人三名を任ずる」。アリストテレス『アテナイ人の国制』五六を参照。

における父の貢献はあまりに大きいために、彼よりも劣った公共奉仕者でも自画自賛しているが、しかし彼のために誰かこれほどの事業に対する感謝決議を求めるならば、瑣末の業績について提議していると思われるからである。

三六　次に国制に対する姿勢も黙過すべきではない。ちょうどまた父が市民としての義務を等閑にすることなく、いずれ判明するだろうが、評判の非常に高かった人びとよりも、はるかに民衆に味方し、他の人びとが私利私欲のために党争に入れあげていたのに対して、ひとり諸君のために危険を冒したように、これに倣わなければならない。実際、彼が民衆派の側についたのは、寡頭派によって追放されたからではなく民衆に求められたからであり、また寡頭派と組んで政権を掌握するだけでなく、彼らをも傘下におさめる機会が幾度となくあったにもかかわらず、これを望まず、民主制を裏切るよりは国家による不当な措置を甘受することを選んだのである。三七　この不当な決定にしても、もし諸君が民主体制を継続していたならば、誰も諸君に説いて、納得させることはできなかったであろう。しかし現実は、このとき生じた内乱が民衆派と寡頭派、さらにいずれの党派にも加担しようとしない人びと、いずれにも属すると主張する人びととを明確に分けてしまった。この動乱において、彼は諸君の敵によって二度までも追放に遭った。先には彼を邪魔者として除くやいなや、彼らは民主制を解体し、後には市民の中でまず最初に彼を追放刑に処すると同時に、諸君を隷従の身に落とした。このように、国家は彼の不幸を心ゆくまで賞味し、三八　彼は国家の災厄をともにしたのである。それでも市民の多くは、あたかも僭主独裁制をたくらむ者であるかのごとく彼を猜疑の目で見たが、それは彼の行動に鑑みてのことではなく、誰もがその地位を羨み、彼が最もこれを実現する力をもっていると思ったからである。それゆえ、諸君は彼にいっそうの感謝をしてしかるべきだろう。市民のうちでただ一人彼だけがこの責めを受けるに値する力があったにもかかわらず、国制には他の人びとと平等な資格で参画すべきだと考えていたからである。

三九　父のために語りうることはあまりに多く、いま私はどれに言及するのが適切か、また何を省くべきか困惑している。実際、諸君にすでに述べたことよりも、まだ話していないことのほうが重大であるような感じがしてならない。とはいえ、このことだけはすべての諸君に明らかになったと信じるが、国家と苦楽をともにすることが最大であった人物は、国家の繁栄に最も献身的たらざるをえなかった。**四〇**　だからこそ、国家が順風満帆のとき彼以上に幸福で讃嘆され羨まれた市民はなく、逆境にあっては彼以上に大きな希望を、多くの財貨を、輝かしい名声を奪われた者もなかった。最後に、三十人政権が成立したのちは、他の人びとはこの国家から亡命しただけであるのに対して、彼は全ギリシアから追放されたではないか。ラケダイモン人とリュサンドロスは、彼を殺害することと諸君の政治権力を打ち砕くことにひとしく同じように躍起になったのは、城壁を破壊(1)しても、これを再建する力のある者を滅ぼさないかぎり、アテナイ国家には安心できないと信じていたからではなかったか。**四一**　かくして、諸君に尽くしたことだけでなく、諸君のゆえに苦難からも、彼の忠誠を認めることは容易である。彼が民衆に助勢したこと、諸君と同じ体制を熱望したこと、

(1) ペイライエウスとアテナイ市を結ぶ長壁は、前四〇四年に破壊された（クセノポン『ギリシア史』第二巻二-二〇）が、十年後コノンによって再建された。

同じ敵によって苦しめられたこと、国家と不運をともにしたこと、諸君と敵味方を同じくしたこと、あらゆる方法で、あるいは諸君によって、あるいは諸君のゆえに、あるいは諸君のために、あるいは諸君とともに行動することにおいて危険を冒したことは明らかである。**四二**　原告訴訟人の義兄弟であったカリクレス[1]とはまったく似ても似つかぬ市民であった。カリクレスは敵には隷属することを望むが、同胞市民はこれを支配する権利をもつと考え、亡命地ではおとなしくしていたが、帰国すると国家に悪逆非道をはたらいた。これ以上に味方としては陋劣な、敵としては取るに足りない者はありえない。**四三**　次に、あのような男の義兄弟であるあなたは、[2]三十人政府のもとで評議会議員であったにもかかわらず、他人については平気で旧悪を蒸し返し、あなた自身がそのおかげでこの国に暮らしていける取り決め[3]を踏みにじっているが、もし既往の犯罪についての報復決議が行なわれたならば、私よりも先にはるかに大きな危険があなたに降りかかることを、思い浮かべたこともないのか。**四四**　よもや、私には父のしたことで罰を下しておきながら、あなたには当人の犯した罪を赦してやるというようなことはないだろうから。そればかりではない、私の父と比べられるほどの釈明をあなたはもっていない。祖国から追放されたのではなく、政権に協力したのであるし、また強制されたのではなく自発的に、正当防衛ではなくあなたのほうが先に不正をはたらいたのであるから、弁明の機会すら犠牲者が認めるとは思えない。

四五　しかしいまはそれは措く。テイシアスの政治行動については、いつかそれをめぐる審理があったときに、もっと詳しく述べることができよう。諸君には、私を敵に引き渡さないように、回復不可能な災厄に投げ込まないようにお願いしたい。なぜなら、今すでに私は充分に不幸を嘗めつくしているからだ。生まれてすぐに父は亡命し母はこの世を去ったために、孤児として取り残され、四歳にもならないうちに父の追放ゆえに身の危険にさらされ、**四六**　さらに少年にすぎなかった[4]にもかかわらず、三十人政府によって国外に追放された。ペイライエウスから帰国の途についた人びと[5]もまたその他の人びとも財産を回収したのに、ひとり私だけが、先に没収財産[6]の代わりに民衆が与えた土地を敵の権力によって奪われた。これほどに度重なる不幸に加え、二度までも[7]財産を失ってなお、いま金五タラントンを提訴されている。訴訟は金銭に関わっているが、私がほんとうに争っているのは市民権の保証である。**四七**　というのは、法律に定められた科料は同じでも、冒される危険は同じではない。金満家は罰金の有無を賭けているだけだが、私のような貧窮者は市民権が奪われるかもしれぬ危険[8]にさらされるのであり、それは私にとって国外追放よりも大きな禍である。なぜなら、自国の市民の間で権利を剝奪されて生きるほうが、外国で逗留生活をするよりも悲惨だからだ。**四八**　ともあれ、諸君には私を助けてくださるようお願いする。政敵のほしいままにされて祖国を奪われ、このような不運のために衆人環視の的にされるのを看過しないでいただきたいのである。よしんば言葉

（1）三十人政府の最も過激な一員。リュシアス『エラトステネス弾劾』（弁論第十二）五五、クセノポン『ギリシア史』第二巻三-二を参照。
（2）テイシアス。
（3）大赦令。
（4）当時十二歳。
（5）民衆派の人びと。
（6）秘儀冒瀆の有罪判決で、アルキビアデスの資産の大部分が没収された。
（7）前四一四年と四〇四年。
（8）罰金が支払えない場合には、国家の債務者となり市民権が停止されることになっていた。

によっては諸君から憐れみの気持ちを引き出すことができなくても、事実そのものによって私が諸君の憐れみを受けるのは正当なことだろう。不正な策略によって訴えられ、最大の科料を賭して裁判を争い、自分自身にとっても祖先にとっても不当な生活を強いられ、ほとんどの財産を奪われ、生活の激変をこうむった者が憐れまれてしかるべきだとすれば。

四九　悲嘆の種が私にはいくつもあるが、とくに嘆かわしいのは、第一にむしろ私が罰してしかるべき相手から罰せられるおそれがあること、第二に父のオリュンピア祭典の勝利は、私の見るところ他の人びとの場合には褒賞がもたらされるものであるのに、これが原因で私の市民権が剝奪されるかもしれないことである。**五〇**　それに加えてさらに、テイシアスは何ら国家に貢献することなしに、民主制のもとでも寡頭制のもとでも権勢を振るっているが、私はいずれの体制のもとでも何ひとつ不正をしなかったにもかかわらず、いずれの側からも苛酷に扱われている。また諸君は、他のすべてにおいて三十人政府の措置に反対しながら、私についてのみは彼らに賛同するのか。そして私はあのときは諸君とともにあったのに、いまは諸君によって国を奪われるのだろうか。

一七　銀行家

一　この裁判[1]は、陪審のみなさん、私にとっては一大事です。というのも、私は大金を失うだけでなく、他人の財産を不当に奪おうとしたという汚名を着せられる危険に瀕しているからで、それが私の最も重大視していることなのです。財産ならば、今回訴えた金を取り返さなくとも私には充分な遺産が手に入るでしょうが、もしこれほど巨額の返済をその正当性もないのに訴え出たと判定されたならば、中傷が一生ついてまわるでしょう。

二　けれども、陪審のみなさん、私の立場を何よりも難しくしているのは、このような訴訟相手にぶつかったことです。銀行業者との取り引きは証人の立ち会いなしに行なわれるものですが、そこで不正の被害に遭った者が正邪を争おうとすれば、大勢の友人をもち大金を自由に動かすことができ、その手練によって信用を得ている人たちを相手にしなければならないのです。状況は厳しいものがありますが、それでも私は私がパシオン[2]によって金を奪われたことを万人に明らかにできると信じています。

三　では、はじめから事件のいきさつを私にできる範囲でお話ししましょう。[3]私の父は、陪審のみなさん、ソパイオスと申しまして、ポントス[4]に航行したことのある人なら誰でもご存じのように、サテュロス王[5]と格別に親密な関係にあり、自らも広大な領地を支配し、サテュロスの王国全体の重鎮でもありました。四　ところで私は、このアテナイの国や他のギリシアの国々のことを聞かされて、外国暮しに憧れるようになりました。そこで父は二隻の船に穀物を満載し資金をもたせて、交易と観光をかねた旅に送り出してくれました。それからフェニキア人のピュトドロスにパシオンを紹介された私は、彼の銀行を利用することになったのです。**五**　ところがやがて、サテュロス王に讒謗《ざんぼう》する者があって、私の父が謀反をたくらみ、私もまた追放された謀反人たちと連絡を取りあっていると吹き込んだので、王は父を逮捕し、さらに当地に滞在しているポントス人に書状を発して、私の金を押収し帰航を命じ、もし私がこれに従わない場合にはアテナイの法廷に強制出国を要請するよう指令してきました。**六**　このような苦境に陥って私は、陪審のみなさん、突然の災厄をパシオンに打ち明けました。私はたいへん彼と親しくなり、金銭面だけでなくほかのことでも彼に全幅の信頼を寄せるようになっていたのです。私がこのとき考えたのは、もし所持金をすべて没収されたならば、

(1) 後出三六節では、スパルタの海上支配が過去のこととして述べられているので、この裁判と弁論の執筆時期は、前三九四年以降のこと、おそらく三九三年。

(2) 古典期のアテナイにおける最も著名な銀行業者で、もとは奴隷の身であった。前三七〇／六九年に没。その子アポロドロスは後にデモステネス著作集に混入された、いくつかの弁論の作者である。この訴訟後もパシオンは銀行業を続けていることからして、おそらく原告は敗訴したと思われる。

(3) 以下、陳述（三－一〇節）、証人喚問と陳述の続き（一一－二三節）、立証（二四－三四節）、反駁（三五節以下）と続く。

(4) 黒海のこと。

(5) 前四三二／一年から三九三／二年にかけてボスポロス地方一帯（現在のクリミア地方）を統治。ディオドロス『世界史』第十四巻九三、リュシアス『評議会において資格審査を受けるマンティテオスの弁明』（弁論第十六）四を参照。

父の身に何かあったとき、当地に運んだ財産も故国の財産もともに奪われて、無一物になる危険がある、かといって、サテュロスの指令に同意しておきながら金を渡さなかったなら、私自身と父は讒謗の正しさを裏書きするものとサテュロスに見られるということでした。**七** パシオンと相談した結果、最善の策[1]は財産のうち「目に見えるもの[2]」は引き渡し、パシオンに預けた金については預けた事実を否定するだけでなく、パシオンにも他の人びとにも利子つきの借金をしているように見せかけ、私に金がないと本国人に信じさせるためにはあらゆる手を打とうということになりました。

八 そのときは、陪審のみなさん、私はパシオンがまったくの好意からこれらすべての忠告をしてくれたのだと信じていました。ところがサテュロス王の派遣した人びとをうまくしのいだあとで、私は彼が私の財産をねらっていることに気づいたのです。私は金を返してもらって、ビュザンティオン[3]に旅立とうと思っていたとき、本件の被告人は絶好の機会が訪れたと踏んだのでしょう。預かった金は巨額であり、手を汚すだけの価値がある、と。それに多くの人が聴いている所で私は無一文であると公言していましたし、返済を迫られたり他にも借金があるのを認めている姿を公衆の前にさらしておりました。**九** それだけではありません、陪審のみなさん、彼はこうも考えたのです。もし私がここにとどまろうとしても、私の身柄はアテナイ国家の手でサテュロスに引き渡されるだろう。またもし私がどこか他所へ向かうならば、私の言い分は何も気にかけなくてよくなるだろう。さらにもしポントスに帰国するならば、父もろとも処刑されるだろう。このように思いめぐらして、パシオンは私の金を横領しようと決めたのです。私に対してはいまは金繰りがつかないから返せないと偽り、私が真相をはっきり知りたいと思ってピロメロス[4]とメネクセノスを遣わすと、一転して私の金など鐚一文預かっていないと彼らに対して白を切りました。一〇　このように八方塞がりの状況になって、私にどんな妙案があったと思われますか。黙っていればこの男に財産を横領され、さりとて声をあげても金の回収はおろか、サテュロスの前で私自身と父とを重大な誹謗にさらすだけである。ここはおとなしくしているほかはないと私は覚悟いたしました。

一一　ところがそれから、陪審のみなさん、父が釈放されたという報せが届きました。サテュロス王は前非をたいそう悔やんだ結果、最も厳粛な誓約を父に行なって前よりも大きな権力を授け、さらに私の妹を彼の息子の妻に迎えたというのです。これを聞いたパシオンは、すぐにも私が自分の金をめぐって公然たる行動を起こすと覚って、使用人のキットスを隠したのです。この男は問題の金に関して事の一部始終を知っていたからでした。一二　私はこの使用人が私の訴えを最も確かに証明するものと考えたので、直接足を運ん

（1）以下「サテュロスの指令することはすべて行なうと約束しておいて」という文が伝えられ、またハリカルナッソスのディオニュシオスにも引用されているが、写本にはない。イソクラテス自身が、この弁論の公刊時に不穏当として削除した可能性もある。

（2）可視的財産と不可視的財産の区別は、所有主が容易に特定できるものと隠せるものとの区別で、一般には土地、奴隷、家畜、家調度などが前者、請求権や現金などが後者にあたる。ここでは、原告の場合は外国人であるから「目に見える」財産は土地ではなく、手持ちの財貨で、「見えない」財産は銀行に預けられた金を指している。

（3）穀物輸送の要路にあるボスポロス王国の影響力はアテナイに対して大きく、ビュザンティオンに対してより小さかったのだと思われる。

（4）イソクラテスに同名の弟子がいる（『アンティドシス』九三）が、詳細は不明。

で彼の身柄引き渡しを要求しました。するとパシオンは恐るべきことを言いだしました。私とメネクセノスは、店で業務にあたっていた使用人を買収と説得でたぶらかして、彼を介して銀六タラントンを引き出したというのです。この件についての取り調べや拷問[1]があるとまずいので、われわれは使用人を拉致して隠しておいて、逆に難癖をつけてきたのだとパシオンは主張し、われわれが隠した使用人の返還を要求しました。彼は色をなし涙も流しながら、そのように言って、私をポレマルコスの役所に引っ立て[2]て保証人を要求し、私が六タラントンを支払う保証人を差し出すまで放そうとしませんでした。では、この件についての証人を呼んでください。

証人供述

一三　証言をお聴きになったでしょう、陪審のみなさん。私は一方で手持ちの金を失い、また他方で破廉恥な罪状を着せられていたので、私自身はペロポネソス半島に捜索に出かけたのですが、メネクセノスのほうが当地に潜んでいる使用人を発見いたしました。そして彼はこの使用人を捕らえると、拷問にかけて預けた金とこの被告人がわれわれを告発している罪状の件で尋問するよう要求しました。一四　ところがパシオンはじつに大胆な挙に出て、この使用人はじつは自由人であるとして身元を保証し放免工作をしたのです。そして恥も恐れもなく、この使用人がわれわれによって誘拐され、またこの使用人からわれわれは大金を奪ったと主張しておきながら、自由の身分にして拷問を免れるようにはかったのでした。何よりも呆れはてたことに、メネクセノスがポレマルコスの面前で使用人の保証を要求したところ、パシオンは七タラントンの保証金を支払ったのです。では、この件についての証人に発言をゆるしてください。

証人供述

一五　これが、陪審のみなさん、パシオンのしたことでしたが、過去の行状については明らかに間違っていたが、いまからなら弥縫《びほう》策が可能だと思ったのでしょう。われわれのところにやって来て、使用人を拷問にかけることに異存はないと言ったのです。われわれは拷問を執行する役目の人びとを選び、ヘパイステイオンに集まりました。私は、引き渡された男が真実を白状するまで鞭打ちと締め木にかけるよう尋問官たちに要求したのですが、この被告人パシオンは彼らは執行人として選出されたのではないと言い、この使用人から聞き出したいことがあるのなら、言葉だけで尋問するようにと言い張りました。一六　われわれが採めているのを見て、尋問官たちは自分たちの手では拷問はしないと言い、パシオンが使用人を私に引き渡すべきだという決定を下しました。パシオンは拷問を何としても避けようとしていたので、引き渡しの件では頑として彼らの決定をきかず、もし彼らが彼に罪ありとしたならば、すすんで金を返還しようとしたほどでした。ではこの件についての証人を呼んでください。

証人供述

(1) アテナイの法廷では奴隷は証言することができず、訴訟当事者の双方が合意した場合には(ただし現存する法廷弁論にその例はほとんどない)、拷問による自白が証拠として採用された。

(2) 外国人の犯罪はまずポレマルコス職の扱いになった。この場合、パシオンはこの弁論の語り手を誘拐罪で訴えたのである。

一七　さて、この会合によって、陪審のみなさん、全員がパシオンは不正な恐るべき所業をはたらいたと判定するところとなりました。彼は、この金について事件の全貌を知っていると私が主張した使用人について、最初は自分の手で隠しておきながら、われわれが拉致したと非難し、次に見つかって捕らえられると自由人だと言って、拷問を妨害し、さらにそのあとでは、奴隷とみなして引き渡しに応じ、拷問執行官を選出しておきながら、言葉のみで取り調べるよう強要して実行を許さなかったからです。このため、もし法廷に呼び出されることになろうものなら、自分を救う途はないと観念して、パシオンは私のもとに使いを送り、聖域で会いたいので来てもらいたいと言ってきました。一八　そこでわれわれはアクロポリスに集まることになったのですが、このときパシオンは顔を蔽《おお》って泣き、金策に困って預かった事実を否定せざるをえなかったが、少し待ってもらえば必ず何とか返済するつもりだと言うのです。そして私に恕《ゆる》しを請い、預かり金を受け取りながら、このような過ちを犯したことが世間に知れわたらないように、彼の窮状を秘密にしてくれと懇願したのです。私は彼が自分の所業を後悔していると思ったので妥協し、彼の都合もつき、また私も金を取り戻せるように、何なりと善後策を探すようにと申しました。一九　二日後にわれわれは集まって、けっして事件を口外しないと、互いに誓約をかわしました。これを被告人が破ったことは、話が先に進めばみなさんの知るところとなるでしょう。またわれわれは、ポントス行きの船に同乗し、かの地で金の返還を行なうことに同意しました。それはできるだけこの国を遠く離れて契約のごたごたを解決し、当地の誰にもどんな和解方法がとられたか知られずにし、帰国してからパシオンが自由にものが言えるようにするためでした。他方、もしパシオンが以上を果たさなかったならば、明示的条件つきの仲裁(1)をサテュロスに委ねるということで、その条件はもとの全額に加えてその半分の追徴金を支払うことをサテュロスが命じるというものです。二〇　以上の取り決めを書類にしたためてから、ペライの人ピュロンが定期的にポントスに航行していたので、彼をアクロポリスに呼び寄せて誓約書の保管を委ね、われわれの和解がなったときには焼却し、ならなかったときにはサテュロスに渡すように依頼いたしました。

二一　われわれのほうは、陪審のみなさん、このようにして一応の決着がつきましたが、メネクセノスは、彼を巻きぞえにしたパシオンの告発[2]に憤り、キットスの引き渡しを求める訴訟を起こしたのです。メネクセノスの言い分では、かりにメネクセノスがパシオンの告発している罪を犯したことが判明したならば当然受けるべきものと同等の刑罰を、パシオンはその偽りゆえに受けなければならないというものでした。そこでこの被告人は、陪審のみなさん、私にメネクセノスとの和解の仲介を頼み込んできました。誓約書に従ってポントスに着いた後に金を支払っても、帰ってみれば前と同様に嬲《なぶ》り者にされるのであれば、何にもならない、あの使用人は拷問にかけられたら本当のことを白状してしまうだろうから、と言うのです。二二　で私は、メネクセノスに何をしようとかまわないが、私に対しては約束を果たすように要求しました。この間パシオンは、身に降りかかった災難に対処しかねて、低姿勢でおりました。拷問とメネクセノスの起訴が受理されたことについてばかりでなく、誓約書がメネクセノスに押さえられはしないかと怯えていたのです。

二三　窮したパシオンは、ほかに和解の手段も見つからず、客人ピュロンの従僕を買収して誓約書を改竄し

（1）『カリマコスを駁す』一〇を参照。

（2）前出一四節。

ました。私との和解が成立しなかった場合にサテュロスが受け取ることになっていた例の書類です。そして改竄したとたん彼はまったくの恐いもの知らずになって、ポントス渡航に私と同行するのはとりやめたと言い、また私に対して契約の事実を否定し、証人の立ち会いのもとで書類を開封するように要求しました。もうこれ以上私から述べることはないでしょう、陪審のみなさん。その書類には、私のすべての訴えからパシオンは免除されると書かれてあったのです。

二四　さて、これまでの出来事については、できるだけ正確にすべてをお話ししました。おそらくパシオンは、陪審のみなさん、偽造文書を楯に弁明を行ない、とりわけそこに書かれた内容に依拠して主張するでしょう。そこで、これから述べることに注意してください。まさにその同じ文書の内容によって、私は被告人の奸悪を明らかにできると思います。

二五　まず第一に、次の点を考えてみてください。われわれが客人ピュロンに誓約書を手渡したとき、その取り決めによってパシオンは訴えを解除されたと主張し、私はパシオンから黄金を取り戻すことになっていたと主張するのですが、そのときわれわれはこの客人に対して、和解が成立したならば焼却し、不成立の場合にはサテュロスに渡すように指示しておきました。この条件はわれわれ双方の合意によるものです。

二六　しかし、いったいわれわれは何を考えて、陪審のみなさん、和解がならない場合にはサテュロスに誓約書を手渡すように指定したのでしょうか。もしもですよ、すでにパシオンが私の訴えから解除され、われわれの問題は決着がついていたのだとすれば。いや、言うまでもなく、われわれがこの取り決めをしたのは、まだわれわれの問題が未決着だったからにほかなりません。それを被告人は誓約書に従って解決しなければならなかったのです。二七　第二に、陪審のみなさん、私はなぜ被告人が金を返却することに同意したか、そのわけを説明できます。われわれがサテュロスに委ねた告訴の調停がつかず、また預金についてすべてを知っているキットスを隠匿することもできなくなった。パシオンはこう考えたのです、その使用人を拷問に引き渡せば悪事が露見するだろう、二八　しかしそれを拒めば敗訴になる。[1] そこで彼は私に直談判して和解を取りつけようと望んだのです。被告人に説明を要求してください。これに対して、どんな利点があって、あるいは何を恐れて私は訴えから彼を免除しようとしたのか。もしも彼がこれについて何も表明できないのであれば、誓約書の件で彼よりも私を信用するほうが、どう見ても正当でしょう。

二九　さらにまた、陪審のみなさん、このことも誰にも容易に理解できる道理でしょう。原告の私は、もし事件の吟味を恐れていたならば、いかなる取り決めもかわさずに訴訟を取り下げることが可能でした。しかし被告人にとっては、拷問の結果も本法廷の審理も不利になることがわかっていたために、好き勝手なときに危険から自由になるわけにいかず、原告の私を説きつけるほかなかったのです。したがって、取り決めの必要があったのは、私が告訴を取り下げたことについてではなく、被告人が金を返還することについてだったのです。三〇　さらに、次のようなことも奇怪至極ではありませんか。誓約書をつくる前は、事件の決

（1）被告が彼の奴隷を拷問に差し出すことを拒めば、原告側から有罪の承認として利用された。アンティポン『ヘロデス殺害』三八、『合唱隊員殺人』二七を参照。

着に絶望してパシオンを訴えるのをやめただけでなく、この件で取り決めまでしたというのに、私に不利な証拠が出来上がったときになって、わざわざ法廷に訴え出る気になったというのは。とはいえ、誰が自分の訴訟について、それほど間抜けな段取りをつけるでしょうか。三一　しかし、その取り決めでパシオンは負債を解消したのではなく、金の返還に同意したのだということの、何よりも明白な証拠があります。メネクセノスが彼を提訴し受理されたとき、まだ書類は改竄されておらず、パシオンはお互いの知人であるアギュリオス[1]を仲介に立てて、メネクセノスの訴訟を取り下げさせるか、あるいは自分とかわした誓約書を破棄するかするよう、私に要求しました。三二　さてしかし、陪審のみなさん、彼が誓約書の破棄を望んだりすると思われますか。それがあれば、彼は私どもが嘘をついていると証明できるというのにですよ。とにかく、彼が誓約書を偽造してのちは、このような話はいっさいなく、万事仔細にわたって取り決めを楯にし、しきりに誓約書の開封を要求するようになったのです。では、最初のうち彼は取り決めの破棄を求めていたことについて、私はアギュリオスに証言してもらいます。[証人に対して]どうか、壇上にあがってください。

証人供述

三三　これで、われわれが取り決めをかわした経緯が、パシオンが説明を試みたのとは違い、私がみなさんに述べたとおりであることは、充分に立証されたと信じます。陪審のみなさん、誓約書を改竄したということは驚くに値しないでしょう。それはすでにたびたび同じような事件があったからというだけでなく、パシオンの仲間はもっと恐るべきことをしているからです。屋台店主と呼ばれているピュトドロスは、パシオンのためなら何でも言い、何でもする人間ですが、先年に票を収めた壺を開けて、評議会員が投票した審査員の名前を取り除いたことを、あなた方の間で知らない人はいないでしょう。三四　とはいえ、些細なことのために身の危険もかえりみず、これをひそかに開けるような人間ならば、しかもこの壺は当番評議会員の手で捺印され、合唱隊奉仕者によって封印され、財務官の監視下にアクロポリスに保管されているものだというのに、これを平気で開封するような人間であれば、何の不思議があるでしょうか。今回のような大金を稼ぐためならば、たかが客人に預けた書類ごときを改竄したり、下僕を買収したり、また他にもできるかぎりの工作をしたといって何の驚くべきことがありましょう。この点については、もはやこれ以上私から申し上げることはありません。

三五　すでにパシオンは説得を試みて、私が当地アテナイでは全然金をもっていなかった、ストラトクレスから三百スタテール(2)も借りていたのだからと一部の人たちに信じ込ませています。そこで、これについての説明もお聴きになる価値はあるでしょう。どのような証拠を頼りにパシオンは私から金を奪えると思っているか知っていただくためです。私は、陪審のみなさん、ストラトクレスがポントスに旅立とうとしていたとき、できるだけ多くの金を故国から集めたく思って、ストラトクレスに彼の黄金を私に渡し、ポントスの私の父から同額の金を受け取るように頼みました。三六　それは、もし航海中に金を失う危険を回避できれ

(1)当時の有力者。アンドキデス『秘儀について』一三三を参照。

(2)スタテールはキュディコスの通貨単位で、一スタテールはアテナイの二十八ドラクマに相当する。

ば、とりわけラケダイモン人が海上を支配していた当時にあっては、願ってもないことだろうと思ったからです。これは私の金が当地になかったという被告人の主張を支持する証拠になるとは思えませんが、ストラトクレスとの交渉は、私の金がパシオンの所にあったという私の主張の大きな論拠になります。三七 というのは、ストラトクレスは誰が自分に金を返してくれるのかと尋ねました。もし私の父が指示に従わず、またアテナイに戻ってみたら私がつかまらないということになったらどうするのだ、と。そこで私はパシオンを彼に紹介し、パシオンも保証人になることを承知して、元金とその間に生じた利子の支払いを約束したのです。さてしかし、もし私の金がパシオンに預けられていなかったとすれば、彼がこんなにも簡単に私のためにこれほどの大金の保証人になったと、みなさんは思われますか。ではどうか証人は壇上にあがってください。

証人供述

三八 さておそらく、陪審のみなさん、被告人はこの件についての証人を差し出し、私がサテュロスの代理人の前で彼らに渡した金のほかに所持金のあることを否定したこと、またパシオン自身が私の金に対する権利を主張したのは、(1)三百ドラクマの借りがあることを私が認めたからであること、さらに私が、私の客友であるヒッポライダスにパシオンからの借り入れを許した(2)ことの証言がなされるでしょう。三九 私は、陪審のみなさん、先に申し述べてきたような災厄に陥って、故国の財産は没収され、当地に持ってきたものも本国から来た役人に引き渡さざるをえず、残された道は、パシオンに預けた金をうまく気づかれないようにするほかに何もなかったのです。ですから私はパシオンにさらに三百ドラクマの借金を認め、他のことについても私に手持ちの金がないことを役人が納得しそうなことなら、何でもしたし、何でも言ったのです。四〇　またこのような次第になったのは、私が金に窮したためではなく、国の役人に信用してもらうためであったことは容易にわかるでしょう。最初の証人として、私がポントスから大金を運んできたことを知っている人びとを、次に私がパシオンの銀行を利用しているのを見たことのある人びと、最後に、当時その間に私が千スタテールを超える黄金を買い取った取引先を証人に挙げましょう。四一　さらに、上納金(3)がわれわれに課せられ、私以外の人が財産申告係となったときも私は外国人のうちで最高額を上納しましたし、また私が申告係に選ばれたときも、私自身に最大の上納額を登録し、パシオンのためには、共同申告者に請願して、私の金を運用しているからと申し立てを行ないました。では、証人たちは登壇してください。

証人供述

四二　次に私は、パシオン自身の行動が実質的に先の証人と同じ証言をしていることを示したいと思います。ある商船について、それに私は大金を投資していたのですが、船主がデロス島のさる男であるという理由(4)で没収を訴え出た人がありました。私が異議を申し立て、進水出航を要求したところ、この誣告を通そう

(1) 後出四四節を参照。
(2) 語り手には貸与する金がなかったことの証拠とされたのであろう。
(3) 戦時や緊急事態が発生した折の特別課税。
(4) デロスは前三九四年から(三九〇年まで)アテナイ領となっていた。この船はアテナイの国有財産となるという訴えであろう。

とした人びとは評議会を動かし、最初のうち私はあわや裁判なしで死刑[1]にされそうになりましたが、最後は彼らも私から保証人を受け取ることで納得しました。四三　そこで、私の父の客人であるピリッポスが指名を受け法廷に出頭したものの、危険の重大さに恐れをなして逃亡してしまいました。が、パシオンは私のために同業者のアルケストラトス[2]を七タラントンの保証人としてくれました。しかしもし彼がわずかでも横領されていたならば、また私がアテナイでは無一文であることを知っていたならば、けっしてこれほど多額の金の保証人にならなかったでしょう。四四　いや明らかに、パシオンが三百ドラクマの訴えを起こしたのは私への好意からですし[3]、七タラントンの保証人となったのも彼のもとに預けられた黄金が充分な担保になると考えたからです。こうして、当地アテナイに私の大金があったこと、そしてそれがパシオンの銀行に預けられていたことは、パシオンの一連の行為から明らかにすることができましたし、それをあなた方は実情を知る他の人びとからも聴取したことになります。

四五　私の思うに、陪審のみなさん、事件の起きた当時の情勢を思い出してくだされば、私どもの争っている問題について最もよく判定できるでしょう。あのとき、私はメネクセノスとピロメロスをやって、預けた金を返してくれと要求し、パシオンは最初は身に覚えがないと白を切ったのでした。おわかりでしょう、当時私の父は逮捕され全財産を没収されていました。私はといえば、降りかかった不運のために当地にとどまることもポントスに帰航することもできない状態でした。四六　いったいありそうな話は、このような不幸のなかで私が不正な訴訟を起こすのと、パシオンが私どもの災厄と大金とに目を眩まされて横領を企てたというのと、どちらでしょうか。かつて、どれほど極端な誣告に走った者でも、自分の身に危険が迫っていながら、他人の財産をねらって謀計をめぐらしたりしたでしょうか。(4) どんな望みを抱いて、あるいは何を意図して、私はパシオンに対して不正な訴えをしたというのでしょうか。私の力に恐れをなして、すぐにも金を払うだろうと私は考えたのでしょうか。いや、われわれのどちらもそのような立場にはありませんでした。

四七　いやしかし、裁判に持ち込めばパシオンよりも自分のほうが、正義に反してもあなた方に対して有利に立ち回れると私は考えたのでしょうか。ですが私は、サテュロスがあなた方に私の引き渡しを要求するかもしれないと恐れて、ここにとどまるつもりは毛頭なかったのです。何の見返りもないのにただパシオンの敵となろうとするためだった？　でもパシオンはこの国で私が一番親しくした人なのですよ。あなた方のうちの誰が、それほどにひどい狂気と無知を私に認めるべきだと言うでしょうか。

四八　ぜひとも心に留めておくべきは、陪審のみなさん、パシオンが言おうとしていることがどれも奇怪千万で信じがたいことです。私を取り巻く状況がまったく不利で、たとえ彼が金を横領したと自分から認めても、(5) 彼に対して訴訟を起こすことが私にできなかったときに、私が不正な訴訟を起こそうとしたと非難し、

(1) 評議会は三十人政府のもとで（原則的には民会と法廷のみに認められた権限であった）死刑宣告の権利を濫用した。その後も特別な雰囲気のもとでは、これが主張されたこともあった。リュシアスの『穀物商人告発』（弁論第二十二）二を参照。

(2) パシオンの以前の主人。実質的にはパシオンが保証人ということか。

(3) サテュロスの派遣した役人を欺く手伝いをしたこと。

(4) 同じような論法が『エウテュヌスを駁す』一四でも使われている。

(5) 同様の論法が、『エウテュヌスを駁す』一五にも見られる。

他方、サテュロスに吹き込まれた讒謗が打ち消され、誰もがパシオンの敗訴を認めたときになって、私が彼に対する訴えをすべて取り下げたと主張する。いったいどうしたら、これほど辻褄の合わないことができるのでしょう。

四九　おそらく、パシオンの言行上の自己撞着が明らかなのはその点に限ってのことかもしれません。しかし彼は、彼の使用人を自分で匿っておいて、私どもがかどわかしたと言い張り、またその同じ使用人を財産申告の際には他の使用人同様に奴隷として扱い、メネクセノスが拷問を要求したときは自由人だと言って釈放させたのです。五〇　それだけではありません、自分が預金を横領しておいて、私どもが銀行の金六タラントンを奪ったと平然と訴えている。しかし、あれほど人目に明らかな事柄について白を切る人間が、密室で行なわれた交渉について真実を述べるとどうして信じられるでしょうか。

五一　最後に、陪審のみなさん、パシオンは海を渡ってサテュロスのもとに赴き、王の下す判決に従うと約束しながら、それを違えました。そして私がかさねて催促しても自分は渡航しようとせず、代わりにキットスを送りました。そしてこの男はかの地に着くと自分はミレトス生まれの自由人であり、パシオンが金銭上の問題についての真相をサテュロスに明かすために派遣したのだと言いました。五二　サテュロスはわれわれ両人の言い分を聞いたのち、アテナイで起こった取引上の係争のことであり、またとりわけパシオンがこの場になく、しかもサテュロスの判決に従いそうになかったので、裁きを下すことを望みませんでしたが、私が不正な仕打ちを受けていることは間違いないと認め、船主たちを招集して私を援助すること、不正の犠牲になるのを看過しないよう求めました。そしてアテナイ国家にあてて親書をしたため、カルキノス(1)の子クセノティモスにこれを届けさせたのです。［書記に向かって］では、その書簡を朗読してください。

親書が朗読される

五三　さて、陪審のみなさん、私には正当な申し立てがいくつもありますが、次の点こそは、パシオンが私の金を横領したことの何よりの証拠だと考えるものです。すなわち、パシオンが使用人の拷問を、今回の預金についてすべてを知る者であるのに、何としても承知しなかったことです。銀行業者との取り引きについて、これよりも強力な立証方法があるでしょうか。われわれはこれについて、証人をもたないのですからね。五四　私の見るところ、あなた方も訴訟の公私を問わず、拷問よりも確かで真実な証明はないと信じています。証人は実際に起こってもいない出来事についても調達できるが、拷問による自白はどちらの側が真実を述べているかを明らかにするものだと考えているはずです。このことを被告人も知っているからこそ、あなた方が明確な事実を知るよりも推測で事を進めるほうを望んだのです。実際、彼は拷問が行なわれると自分に不利になるとは言うわけにもいかず、だから彼の奴隷引き渡しはもともとありうべくもないことだったのです。五五　どなたにもおわかりのように、この使用人キットスが主人の申し立てをくつがえしたなら、彼の人生は主人によってこの上なく惨めな末路を迎えたでしょうが、最後まで拷問に屈しなかったなら、自由な身分とされ、さらに被告人が私から横領した金の分け前にあずかることができたでしょう。これほど有利に運ぶはずであったにもかかわらず、パシオンは疾《やま》しい気持ちがあったからこそ、被告としてこの裁判

（1）カルキノスはペロポネソス戦争初期に活躍した将軍の一人。トゥキュディデス『歴史』第二巻二三を参照。

を引き受け、またその他の告発[1]を甘受してまでも、何とかしてこの件での拷問だけは避けようとしたのです。

五六　さて、私としては以上の事実を胸に刻んで、パシオンに有罪の票決を下すようお願いします。そして私に対して途方もない邪悪な罪を着せないように、ポントスに居住し他の人びとを援助するに足る充分な財産を保有している人間が、わざわざパシオンを誣告するために、ありもしない預金の詐取を訴えに来たなどという判決を下さないように願います。

五七　またサテュロスと私の父のことも、念頭に置いてもらって悪くないでしょう。彼らはこの間ずっと、ギリシアの中でもアテナイ人を最も尊重し、しばしば穀物の不作を理由に他国の商人の船は積荷を空のまま送り返したのに、あなた方には輸出の許可を与えたのですから。また私的な取り引きにおいても、彼らが司直の役にあるのですが、あなた方は公平に扱われているばかりか優遇されています。五八　それゆえ、彼らの書状を軽視するのは妥当なことではないでしょう。私のため、また彼らのためにも、正しい票決をし、パシオンの虚偽の釈明を私の申し立てよりも信用できると考えないようにお願いします。

(1) メネクセノスの訴え。

一八　カリマコスを駁す

一　本件のような特別抗弁(1)にすでに先例があったならば、事件そのものから私は論告を始めたであろう。しかしここでは最初に、いかなる法律に基づいて本法廷が開かれているかを述べておかなければならない。われわれの係争の性格を理解した上で諸君が判決の票を投じるように、またなぜ被告である私が、原告訴訟人よりも先に発言するのかと驚かれることのないようにするためである。

二　ペイライエウスを引き揚げて帰国した諸君(2)は、一部の市民が誣告に狂奔し取り決め(3)を無効にしようとするのを見て、これを阻止するとともに一般の市民にも、その取り決めが強制下でつくられたものではなく国家の利益を考慮したものであることを明らかにしようと考え、アルキノスの動議のもとで以下の法を制定した。もし大赦の誓いにそむいて訴訟を起こす者があれば、被告人に特別抗弁を認める。司法当局は案件をまず予備審に委ね、抗弁者が先に発言することを許すこと。三　さらに、いずれが敗訴しても、もとの補償訴求額の六分の一罰金刑を科すこと(4)。これは、積年の恨みを忘れようとしない者が誓約を破るのを罪するだけでなく、神々からの報復を待たずに即座に罰するためのものであること。そこで私は、法が以上のように定めているのに、わずか三十ドラクマの危険を冒すだけの誣告者に対して、むざむざ全財産を賭けて争うのは、正気の沙汰でないと考えた。

四　以下に私は、カリマコスが大赦の取り決めに違反して提訴しているだけでなく、起訴内容を偽っていること、さらにすでにこの件に関しては調停が成立していることを明らかにしよう。まず最初に、事件の経過をお話ししたい。諸君がこれを知り、彼が私によって被害を蒙ってなどいないことを理解されたなら、諸君はこれまでにもまして大赦の正当性を擁護し、カリマコスに憤慨すると私は信じるからである。

五　当時国家は三十人政府の後をうけて十人支配体制のもとにあり、[5] 私の友人のパトロクレスはバシレウス・アルコン[6]の職にあったが、たまたま私が彼と連れ立って歩いていたときのことである。パトロクレスは今回私を訴えているカリマコスと敵対していたのだが、そのカリマコスが銀を運んでいるところに遭遇した。

（1）パラグラペー（*παραγραφή*）の訳語。妨訴抗弁の意味で、本件は損害補償訴訟を起こしたカリマコスに対して、起訴が無効であることを示すために訴え出たもの。前四〇二年頃のことと推定される。

（2）前四〇三年、三十人政府の倒壊後、亡命していた民衆派の市民たちはアテナイに帰国するが、それに先立ってペイライエウス港にトラシュブロス指揮下に集結していた。

（3）内乱に終止符を打つために発せられた、前四〇三年の大赦令を指す。

（4）後出三五、三七節を参照。六分の一罰金刑（エポーベリア *ἐπωβελία*）の名は、オーボル貨、すなわち六分の一ドラクマに由来する。罰金の額は、特別抗弁に先立つ原告の賠償請求額から自動的に算出される。抗弁側が敗れた場合、本訴訟が受理されることになるが、そこでも勝てる見込みはないだろうから抗弁者にも罰金が科せられるのは妙な話に思われる。訴追を逃れるために、この妨訴審が悪用される可能性もあったからだろう。後出一二節を見ると、敗訴であっても「票決の五分の一を獲得」していれば、この刑を免れた。また、この特別抗弁がない場合には、原告は一万ドラクマの賠償金を求めて敗訴しても、法廷供託金（プリュタネイア）の支払いだけですんだ。

（5）三十人政権倒壊の後、十人の市民が内戦停止のために全権を与えられた（アリストテレス『アテナイ人の国制』三八）。

（6）公共の宗教儀式と、特定の犯罪裁判を司る。

カリマコスの腕をとらえたパトロクレスは、それはアンピロコスの遺産であり、したがって公共財産であると主張した。アンピロコスはペイライエウスに集結した人びとの一人であったからだ。(1)六　二人が言い争い、悪罵の応酬となって人が大勢集まってきたが、その中にたまたま、十人のひとりであるリノンがいて仲裁に入った。(2)早速に、パトロクレスはこの公金横領を告発し、(3)リノンは両名を同僚のもとに連行した。十人はこの決着を評議会に委ね、(4)審理の結果、その金は公共財産であるとの判決が下ったのである。七　その後、ペイライエウスから亡命者が帰国すると、このカリマコスはパトロクレスをおのれの損害の責任者として訴え、訴訟が受理されたが、和解が成立しパトロクレスから銀十ムナの支払いを受けると、今度はリュシマコスを誣告した。彼からも二百ドラクマをせしめると、さらに私を訴訟に持ち込んだ。そして最初は私を彼らの共謀者と主張したが、最後になると破廉恥にも既往の出来事の全責任を私に負わせた。おそらく今回も彼は同じ無謀な告訴をするだろう。八　私はまず、事の最初の現場に立ち会った人びとを、私がカリマコスを逮捕したのでも金に手をつけたのでもないことを証言してもらうために、証人として諸君に差し出そう。ひき続いてリノンと彼の同僚には、彼らに事情を説明したのは私ではなくパトロクレスであったことを、さらには評議会議員たちには、パトロクレスが告訴した当人であることを証言してもらう所存である。では以上の件での証人を喚問していただきたい。

証人の証言

九　このように、事件の現場には多くの人間が立ち会っていたにもかかわらず、あたかも目撃者がいなかったかのように、原告訴訟人は大勢の人が集う広場に姿を現わし、また店先の椅子に腰かけては、私のためにひどい目に遭った、大金をくすねられたと吹聴し、一方、彼をよく知る人びとは私に忠告した、「あいつとだけは和解しろ」「みすみす悪評をまかれるような馬鹿なことを考えるな」「大金を失うかもしれぬ危険を冒して訴訟を争うな」「事の経緯にいくら自信があってもやめておけ、法廷では常識では考えられないことが起こるのだから」。一〇 さらには「陪審の判定は正義よりも偶然に左右されるから、小金を失っても大きな訴訟は避けるほうが得だ」「鐚一文払うまいとして巨額の金を奪われる危険を賭けて裁判するよりましではないか」と諭した。諸君に事の詳細に立ち入って語る必要はないだろう。彼らはこの種の係争についての恒例の説教をほとんど言いつくした。ついに私は説得されて（諸君にはすべて真実を打ち明けるのだが）、彼に二百ドラクマ支払うことにした。二度と彼が誣告できないように、条件明示の仲裁[5]をバテー区のニコマ

（1）トラシュブロスの率いる民衆派。

（2）リノンは寡頭体制下で重要な任にあったが、民衆派の人びとからも信頼が篤い人物であった（アリストテレス『アテナイ人の国制』三八-三）。

（3）この箇所、とくに孤児保護法違反や国有の土地建造物の破損その他公益に関連する不正行為を訴える公訴手続きを指すパシスという法律用語が振られている。

（4）評議会は当時三十人政府の体制を引き継ぎ、司法権ももっていた。

（5）一定の条件のもとでの制限的仲裁。最初カリマコスと被告との間には、後者が二ムナを支払うことで同意が成立した。それから彼らは、この条件を確定するために、ニコマコスを仲裁役に選んだのである。この仲裁には裁量権がなく、ニコマコスの仕事は、すでに成立した合意に形式的な認定を与えることだけである。『銀行家』一九を参照。

コスに委ねた。…………[1]

証人の証言

一一　さて最初のうちはカリマコスも合意を尊重していたのだが、やがてクセノティモス――法を蹂躙し、陪審員を買収し、司法当局を蔑ろにするなど、あらゆる悪の元凶となった男――と共謀して、私を訴え出て一万ドラクマの賠償金を請求した。私が証人を提出して、この訴訟はすでに仲裁が成立しているので提訴不能である[2]ことを示すと、カリマコスはこの証人を偽証罪で訴追することはしなかった、一二　というのも、票決の五分の一を獲得できなければ、六分の一の罰金を科せられることになるのを知っていたからである。彼は当局を説得し、今度は法廷供託金を失う危険しかないと踏んで、再び同じ訴訟を持ち込んだ。私はこの不祥事に困りはて、危険を双方に平等にして陪審諸君に訴えるのが最善だと決心するに至った。訴訟に関わる事実は以上である。

一三　聞くところでは、カリマコスは告訴内容を偽るつもりでいるばかりか、仲裁の事実も否定しようとし、「ニコマコスに仲裁役を委任するはずはない、彼がわれわれの昔からの友人であることは知っていたのだから」とか、「一万ドラクマの代わりに二百ドラクマ受け取ったなどということはありそうにない」という議論を用意しているという。一四　まず第一に諸君の心にとめていただきたいことは、われわれは仲裁そのものを争っているのではなく、明示的条件のもとで仲裁を委任したのであり、したがってカリマコスがニコマコスを仲裁役に選んでも何ら奇妙なことではない。むしろ、条件には同意しておきながら、仲裁役の人間に異議を唱えたりすることのほうがよほどおかしな話である。第二に、もしカリマコスにほんとうに一万ドラクマの借りがあったのであれば、二ムナ[3]で和解するなどはありうべからざることであるが、しかしこれに対して、彼が不正な返還請求をし誣告を行なっているのであれば、それだけの金額でも受け取ろうとして何の不思議もない。さらには、巨額の請求をして取り立てることのできる金がわずかであったとすれば、そのことは彼にとって仲裁が成立しなかったことの証拠にはならない。かえって、そもそも要求がまったく不当なものであったことの、われわれに有利な証拠になるだろう。一五　私は不思議でならない、彼が一万ドラクマの代わりに二百ドラクマを受け取ることはありそうにないと自分は知っていると思いながら、私がもし嘘さえつく気になれば、その額より多く与えたと主張すべきだと私が気づくとは思ってもいない。私の証人が偽証罪を宣告されたならば、それは彼にとって仲裁がなかったことの証になるだろうが、彼が証人を訴追すらしないことが明らかである以上、これが私にとっては仲裁の件で私が述べていることの真実の同じように強い証拠になる。

一六　しかし私の考えでは、かりに仲裁の事実がなく、また実際の出来事の証人もなく、蓋然性だけから事件を見なければならなかったとしても、諸君が正しい判定を下すのはそれほど難しいことでない。というのは、もし私が他の人びとに不正をはたらくことを躊躇しない人間であったならば、このカリマコスに関し

(1) この箇所欠落。ブラスは「では、その証人を喚問していただきたい」という文言を補っている。

(2) 調停が成立している場合には、同じ訴訟を起こすことはできなかった。

(3) 二百ドラクマ。

ても、私に有罪判決を下すのが妥当な線であったろう。しかし実際は、私がいかなる市民に対しても、財産を横領したり、生命を脅かしたり、また市民名簿から抹殺してリュサンドロスの徴兵簿に登録[1]したりした事実のなかったことが判明するだろう。一七　しかるに、三十人政府の悪政は多くの者をそのような非道に駆り立てた。彼らは不正行為をはたらく人間を懲罰するどころか、ある者には犯罪を命じさえしたのである。ところで、私は彼らが支配した時期においても、何ひとつその類いの非道をはたらいたことがないことが明らかになるだろうが、このカリマコスが不正の被害に遭ったと主張しているのは、三十人が追放され、ペイライエウスが占拠され、民衆派が支配勢力となって、和解について論議していた時期のことである。一八　いったい、諸君は、三十人政権のもとでは節度を持していた人間がわざわざ、以前に罪を犯した者たちも後悔する時が来るまで待って、不正行為をはたらくということがあると思われるだろうか。何よりも寒心に堪えないのは、現存する敵の誰についても復讐の権利を否定する私が、この男にだけは危害を加えようと企てたという申し立てである。そもそも私は、かつてこの男と交渉も契約もしたことがない。

一九　以上でカリマコスの財産没収の責任が私にないことは、充分に立証できたと思う。また当時の出来事に関連して訴訟を起こすことは、かりに私が彼の主張するとおりのことをすべて犯していたとしても、カリマコスにはこれが許されないことを、諸君は大赦の取り決めから理解するだろう。[書記に向かって]ではその文書を取り上げ朗読していただきたい。

「取り決め」が読み上げられる

二〇　はたして私は、正当性の疑わしい根拠によって妨訴抗弁をしたことになるのだろうか。しかし大赦の取り決めは、密告通報や国有財産に関する告発、またその種の行為を公式に免罪したのであり、また私はその種の行為もその他の罪も何ひとつ犯していないことを明らかにできる。［書記に向かって］では、どうか誓約を読んでいただきたい。

誓約が読み上げられる

二一 陪審員諸君、恐るべきことではないか。取り決めの条項がこのようなものであり、このような誓いがなされたというのに、おのれの弁舌に傲ったカリマコスは大赦に反する票決に向けて諸君を説得できると考えている。それも、もしこの大赦令を国家が悔いていると知っての上でのことであれば、彼のふるまいも驚くには当たらなかったであろう。事実はしかし、諸君がこの取り決めをきわめて重視しているのは立法においてのみではない。二二 コイレ区のピロンが使節背任の罪を告発されたとき、告発事実に関して弁明の余地はなく、大赦の取り決めをもち出すのみであったが、諸君は釈放し、訴訟を棄却する決議をした。罪を犯したことが明らかに認められる者であっても、国家はその処罰を不当とした。ところが、原告訴訟人は平気で無辜の人間に誣告を行なっている。二三 さらにまた次の事実も彼が忘れているはずはない。国家の最高権力者であるトラシュブロスとアニュトスは、過去に多くの財産を奪われ、その没収財産の目録を作成し(2)た者が誰であるかを知っていたにもかかわらず、彼らを裁判にかけて旧怨を晴らすことを控えた。他のこと

(1) 後出六一節、『エウテュヌスを駁す』二、リュシアス『民主制破壊に関する弁明』(弁論第二十五) 一六を参照。

(2) 個人の財産を国庫に没収するときの、アポグラペーと呼ばれる手続き。

に関しては一般の人よりも思いを遂げる力があるとはいっても、こと大赦の取り決めだけは、他の人びとと平等でなければならないと考えたのである。二四　いや、そのように考えたのは彼らだけではない。諸君のうちの誰もそのような訴訟をした者はいない。しかるに自分自身の利害が関わる場面では誓約を守っている諸君が、この男の誣告を認めて誓いを蹂躙しようとするのは、まことに由々しいことだ。私的な合意にも公的な拘束力をもたせようしていながら、国家の取り決めを私的に破棄しようとする者は、これを許すことになる。二五　何よりも驚きに堪えないのは、和解が国家の益となるかどうか不確かな時期には、よしんば公益に結実しなくとも、和解についての合意事項を必ず遵守しなければならないと誓いをかわしておきながら、いまやその成果が着々と挙がり、かりにいかなる誓約もなかったとしても現体制(1)は守るに値することが判明したときになって、誓約を諸君が踏みにじることだろう。二六　大赦の取り決めは解消すべしと主張する者がいれば怒号を浴びせる一方で、いまここに訴え出た原告が文字に刻まれ発布された誓約を犯しても、罰しもせずに釈放する。いや、諸君がそのようなことをするのは正当でなく、諸君にふさわしいことでも、また以前になされた決定に合致することでもない。

二七　諸君は、きわめて重大な事柄に関する裁きのためにここに来ていることを肝に銘じるべきだ。諸君が裁決の票を投じようとしているのは、約定についてであり、これを蹂躙することは、諸君が他の人びとに対するときも、また他の人びとが諸君に対するときも、かつて利益をもたらした例はない。約定の力はまことに偉大で、ギリシアにおいても異民族の間においても、人間生活の大部分は契約に支えられている。二八　これを信頼すればこそ、われわれは互いに往来し、必要とする物資の交易を行なうことができる。契約の助けによって、われわれは互いの取り引きをし、私的な敵対関係も国と国との戦争も解消する。すべての人間が共通につねに役立ててきたのは、ただこの約定のほかにない。したがって、この約定に助勢するは、すべての人に、しかしとりわけ、諸君にふさわしいことである。二九　なぜなら、そう遠くない過去に、われわれは戦いに敗れ敵の軍門に降り、多くの国々がわが国を滅ぼそうとしたとき(2)、誓約と条約に避難所を求めた。このときラケダイモン人が誓約を踏みにじることを躊躇しなかったならば、諸君一人一人の悲痛は生半可でなかったであろう。三〇　しかし、そもそもおのれが破っておきながら、他に対して誓約の侵犯を非難できようか。約定に反してわれわれに危害が加えられても、われわれ自身が約定を蔑ろにする人間だと見られていたならば、誰がわれわれを不正の犠牲者とみなすだろうか。われわれ自身の間で結んだ信義をこのように軽々しく解消するならば、いかなる信頼を他の人びとに期待できようか。三一　父祖たちは戦争において多くの誉れを挙げたが、アテナイ国家はひとかたならず、この内乱の収拾によって高い評判を得ていることも、記憶にとどめるに値する。事実、戦争に直面してみごとに戦った国は数多く見られるが、内乱に関してわれらの国家よりもすぐれた審議決定を行なった国はない。三二　さらに、死地を切り抜ける行為の大部分は偶然に帰せられると言ってよいが、この、われわれがわれわれ自身に対して示した抑制をもたらしたのは、われわれ自身の識見以外の何ものでもない。それゆえ、この名声を裏切ることはすべきでないだろう。

三三　何びとも、私的な訴訟の被告でありながら私がこのような弁論を張ったことで、誇張しているとか、

---

(1) 民主制。

(2) クセノポン『ギリシア史』第二巻二—一九—二〇を参照。

高飛車であるとか考えないでいただきたい。なぜなら、この訴訟は提訴されている金銭に関わるだけでないからだ。たしかに私にとってはそれが焦眉の問題であるが、諸君にとっては少し前にも述べた事柄に関わる裁判なのである。そしてこれについては、誰も過不足なく語ることはできないし、また充分な罰金を指定することもできないのである。三四　この訴訟は一般の裁判とは性格が非常に異なるのであって、他の場合は原告と被告だけが関与するものであるのに対して、これは国益をも損ないかねない裁判なのである。この訴訟で裁きの任を果たすにあたり、諸君は二つの誓約に拘束されている。一つは年頭に行なわれる恒例の誓約(1)であり、もう一つは大赦の取り決めを批准した誓約である。今般の訴訟に不正な判決をするならば、国家の法ばかりでなく、万人に共通の掟を侵害することになるだろう。したがって、諸君の票決が依拠すべきものは、情実でも、公平感でもなく、また大赦の取り決めを批准した誓い以外のいかなるものでもない。

三五　さて、諸君が大赦の取り決めについてそのように判定すべきであり、またそれが公益と正義にかなうことは、カリマコスでさえ反対しないと私は考えている。だが思うに、彼は現在の貧窮と過去に蒙った災厄を愁嘆し、いかに非道な酷い目に遭わされることになるかを述べ立てるであろう。つまり、もし寡頭政府のもとで奪われた財貨のために、その六分の一の罰金を民主政体にあって払わなければならなくなるとすれば、またあのときは自分の財産ゆえに亡命を強いられたのが、正義の償いを得てしかるべき今になって、市民権を奪われるとするならば、と(2)。三六　彼は政体の変革に関与した人びとを槍玉にあげて、諸君を最も効果的に憤激させようとするだろう。おそらく彼は誰かから聴いて、諸君は不正な輩を有罪にすることができないときには、たまたま手近にある人間を罰すると見ている。だが私は、諸君がそのような了見を抱いてい

ると は考えないし、またいま仄めかした論難に反論するのは容易であると踏んでいる。三七　まず、彼の悲嘆の数々に対して言えば、諸君が助力してしかるべき相手は、おのれを最も不幸な人間だと示す人ではなく、宣誓したところのことを説明して、相手側よりも正しいことが明らかな人である。また六分の一の罰金については、もし私がこの訴訟事実にほんとうに責任があったとすれば、彼の報復行為に諸君が共感してもっともなことであったろう。事実はしかし、この男は誣告屋であって、彼の言い分を受け入れることには一片の正義もない。三八　さらにまた、次のことも考えてみなければならない。ペイライエウスから帰国した人はすべて、原告と同じ申し立てができるにもかかわらず、他に誰ひとりこのような裁判に訴え出た者はいない。多くの人びとと同じ災厄を経験し、報復だけは他の人とは別に特権を要求する人間は、諸君もこれを憎み、悪しき市民とみなすべきである。三九　以上に加えて、今でも彼は、諸君の判決を試す前に、訴訟を取り下げて面倒から離れることができるのである。そもそもが、自分が仕掛けた危険にわざわざ飛び込んで、しかも今でもなお危険を回避できるというのに、諸君の憐れみを求めるのがどうして理不尽なことでないと言えようか。四〇　もしも寡頭政府のもとで起きた諸事件に彼が言及するようなことがあれば、諸君はこう彼に

（1）陪審に携わる者が毎年行なう定めになっていた、いわゆる「ヘリアイアの誓約」。『アンティドシス』二一を参照。誓いの文言はデモステネス『ティモクラテス弾劾』（弁論第二十四）一四九―一五一に残されている。

（2）敗訴すれば、訴えている一万ドラクマの六分の一の額の罰金が科せられ、支払い不能の場合には市民権が停止されることをいう。

要求すべきである。誰も弁明しないような者の告発はやめて、諸君の票決が関わっている当のことを、私がたしかにその金を奪ったことを立証するように、また自分が怖るべき目に遭ったと開陳するのでなく、彼が奪われたものの返還を求める理由を、つまり私がそれをしたのだということを反駁によって明らかにするように、と。

四一　実際、彼は自分が不幸な目に遭ったということならば、市民の誰と裁判で争う場合でも、示すことができよう。しかし、諸君が重大なものとして受けとめる告発は、無辜の者に対しても使われうるようなそれではなく、不正をはたらいた者に対してのみ述べることのできる糾弾でなければならない。さて、以上の論点に関しては、これでおそらく充分であり、次に私が反論に回ることが許されるであろう。

四二　もし私が同じことを二度も繰り返していると気になるようであれば、多くの人びとがこの裁判に注目していることに留意していただきたい。それはわれわれの係争が気にかかってのことではなく、これが大赦の取り決めについての判決を意味すると考えているからである。諸君が正しい裁きをすれば、人びとはこの国で安心して暮らすことができるようになる。だがもしそうならなかったなら、亡命せず都にとどまった人びと(1)は、先の体制に参与した者に対しては無差別に諸君が憤激していると知って、どのように感じると諸君は思うか。**四三**　何の落度もなく市民生活を送っていた者でさえ、正しい裁きを受けることがないのを見れば、少しの過失でも身に覚えのある者は、どのような考えを抱くだろうか。一方では、諸君も自分たちと同じ意見だと信じて、誣告の誘惑に駆られる人びとが現われ、他方では、もはやいかなる避難所もないと思って、現在の体制を恐れる人びとが出ることになれば、どれほどの社会不安が生じると予想すべきだろうか。

四四　誓約を無効にすれば、元の木阿弥に戻ることを恐れなくてよいのだろうか。われわれが大赦の取り決めを強いられたのは、そのような状況から脱するためではなかったのか。さらにまた、市民の協和の善と内乱の悪がどれほどのものか、諸君は他国の人から学ぶ必要はない。いずれも身に沁みて経験したことであって、これについては諸君こそが他国人に最もよく教えることができる。

四五　長々と大赦の取り決めについて話を続けると、このことについてならば多くの正しいことがいくらでも言えるからだと誤解されかねないので、諸君には、票決に際して、なお次の点を想い起こすことだけを促したい。この取り決め以前には、われわれは敵味方に分かれて争い、一方は城壁に籠り、他方はペイライエウスを占拠して、互いに相手を父祖伝来の敵よりも憎んだ。四六　しかるに、一堂に会して固く信頼関係を守ることを誓ってからのわれわれは、あたかもかつての惨禍が跡かたもないかのごとく、実にみごとに公共の利益を重んじて国家を運営し、ギリシア随一の幸福で賢明な市民との評判を取っている。

四七　であるから、この取り決めをあえて踏みにじる者は、この程度の罰にとどめず(2)、大罪を犯した者として極刑に処すべきである。とりわけカリマコスのような生き方をしてきた人間は、それが相応である。この男は、十年にわたってラケダイモン人が諸君と戦争を続けた期間に(3)、一日たりとも兵役に応じたことがな

(1) 三十人政府の支配下で、参政権保有者として登録された三千人。アリストテレス『アテナイ人の国制』三六-一を参照。

(2) 取り立て請求の六分の一の額の罰金。

(3) ペロポネソス戦争後半、前四一四－四〇四年の通称デケレイア戦争の期間。

く、四八　最後まで逃亡を続け、また財産を秘匿していたが、三十人政府の樹立をみると、頃はよしと本国に帰航した。そしていまは民衆派と称しているが、他の誰よりも当時の政権に参画しようと望んだのであって、だからこそ、かりに彼が被害に遭ったというのがほんとうであったとしても、この体制から離れようとせず、自分に「危害を加えた」人びとともに攻城に堪えることを選び、市民として同じ非道を受けた諸君に加わることを拒んだのである。四九　彼はこの体制に参画して、諸君が城壁に向かって攻撃を開始した日まで、そこにとどまった。このときに及んで彼は都を脱出したが、それは当時の政治を憎んだからではなく、後に彼自身の行動が明らかにしたように、危険の迫るのを恐れたからである。というのも、ラケダイモン人の来襲があり、(1)民衆派がペイライエウスに閉じ込められると、今度はそこから身を隠してボイオティアで生活したからである。それゆえ、彼は亡命者仲間(2)と呼ばれるよりも、脱走兵名簿に記録されるのがふさわしい。五〇　彼は、ペイライエウスから帰国した人びとに対しても、都にとどまった人びとに対しても、また国家全体に対しても、このように行動した人間であるにもかかわらず、平等な分け前に満足せず、諸君よりも多くを得ようと腐心している。あたかも、自分一人が不正の犠牲者であるか、あるいは市民の中での最上の人であるかのように、また諸君によって最大の被害を受けたか、あるいは国家に最大の貢献をした人間であるかのように思っている。

五一　諸君には、彼について私が知るのと同程度に知っていただけたならと思う。そうすれば、諸君は彼の失った財産に同情する代わりに、残された財産を羨望するだろう。実際のところはしかし、彼の陰謀が差し向けられた人びとについて、また彼が提訴した私事および国事に関わる訴訟を取り上げて、彼が誰と結託し、誰に対して偽証をしたかを語りつくそうとすれば、二倍の量の水[3]を費やしても足りないだろう。**五二** だがこの男のしたことの一つだけでも聴けば、他の犯罪行為についても容易に察しがつくだろう。さて、クラティノスが領地のことで、この男の義兄弟と口論になったことがあった。これが私闘に発展し、カリマコスと義兄弟は召使女をかどわかして隠し、この女の頭を殴ったという罪をクラティノスに着せ、さらに傷がもとで女が死んだと言い張り、殺人の罪でパラディオンにクラティノスを訴えたの[4]である。**五三** 彼らの陰謀を知らされたクラティノスは、しばらくは隠忍自重し、彼らが計画を変更して新たな筋書きを設けることのないよう警戒し、彼らが犯行現場を押さえられるのを待っていたが、このカリマコスの義兄弟が告訴し、カリマコスが女の殺害を目撃したと偽証をするに至って、**五四** 女の匿われていた家に入り、そこから力づくで引き出して法廷に連行し、その場の全員に彼女の生存を明らかにした。かくして、陪審員は七百名、カリマコスと同じ証言をした証人は十四名もいたが、一票も獲得できなかったのである。［書記に向かって］この件に関する証人を召喚してください。

証人喚問

---

(1) 前四〇三年、パウサニアスの率いるスパルタ遠征軍の到来。

(2) 三十人政府のもとで亡命を強いられた民衆派の人びとのこと。

(3) 訴訟の弁論には制限時間があり、水時計によって測られた。アリストテレス『アテナイ人の国制』六七を参照。

(4) 殺人罪は通常アレイオス・パゴス会議で裁かれたが、奴隷や在留外人が殺された場合はアクロポリスの東方に位置するパラディオンの法廷で扱われた。アリストテレス『アテナイ人の国制』五七‐三を参照。

五五　この男の犯罪をそれ相応に充分な形で告発することは誰の手にもあまるだろう。これ以上に大きな不正と誣告と邪悪の実例は見つかるものでない。不正行為の中には、その行為者の性格を完全には示さないものもあるが、いま述べたような犯罪行為からは、その犯罪者の生き方のすべてが容易に察知されるだろう。**五六**　なぜなら、生きている人間を死んでいると証言するような者が、いったい何を手控えると思われようか。かくも悪質なことを他人の事件に関連してする人間が、自分の利害がからんだときに何を躊躇するだろうか。他人の裁判で偽証をした前科のある者が自分を弁護して発言するとき、これを信用できるだろうか。偽証の事実がこれ以上にあからさまに暴かれた者がいるだろうか。なるほど他の人間に対してならば、諸君もその陳述に基づいて判定を下すべきであるが、しかしこの男の証言は、すでに裁きを行なう者たちによって偽りであることが知られている。**五七**　彼はこのような罪を犯しながら、われわれが偽りを申し立てていると言い張ろうと試みているが、あたかもプリュノンダス(1)が誰かの詐欺を非難したり、「ゴルゴンの首(2)」を掠め取ったピルルゴスが他人を神殿泥棒と言うようなものである。ありもしない出来事の証人としてカリマコス以上の適役はいない。なにしろ、他人のためにみずから偽証を買って出る男である。

五八　カリマコスについては、何度でも告発することができる（彼はそのような生活を営んでいるのだから）からもうよしとするが、私自身については、公共奉仕のすべてには触れないとしても、諸君が感謝して正当であるだけでなく、今般の訴訟事件全体についても証拠として採用できるものがあり、それを諸君のために言及しておきたい。**五九**　すなわち、わが国がヘレスポントスで艦隊を失い、戦力を根こそぎにされたとき(3)、私は大多数の艦長よりもすぐれたはたらきをし、少数の艦長とともに船を破滅から救い(4)、またこの少数の艦長の中でも唯一、ペイライエウスに帰港したのちも艦船奉仕義務(5)を辞さなかったのであるが、六〇 このとき他の艦長たちは、この奉仕義務から解放されることを喜ぶと同時に、事態に直面して戦意を喪失していた。彼らは艦船に費やした私財に未練を残し、残った財産を秘匿しようとし、また国運は失われたとみなして、私事の処理を模索していたのであるが、私は彼らに同調せず、兄弟を説得してともに艦船奉仕を続け、私財を割いて水兵に給料を支払い、敵に一矢を報いた。六一 最後に、リュサンドロスが布告を出して、諸君のもとに穀物を搬入した者は死刑に処すと宣告したが、われわれの愛国の情はこれをものともせず、自分の食糧さえ運搬しようとする者もなかったときに、われわれ兄弟は敵地に向かう輸送船を拿捕して、ペイライエウスに曳航した。この功績に対して諸君はわれわれのために冠の授与を決議し、部族英雄像(6)の前で大功労者と賞揚したのであった。

(1) アリストパネス『女だけの祭り』八六一に名が挙げられている詐欺師。
(2) パルテノン神殿に置かれたアテナイ女神像のもつ楯に嵌めこまれた浮彫。ペイディアスの作である。なお、ピルルゴスについては、これを盗んだということ以外は不詳。
(3) 前四〇五年、アイゴスポタモイの海戦。
(4) クセノポン『ギリシア史』第二巻一‐二八‐二九ではコノンの指揮する八隻とパラロス船のみが脱出に成功とあるが、イソクラテスのこの一節のほかにも、リュシアス『収賄罪に問われた某市民の弁明』(弁論第二十一) 九‐一一に十二隻の三段櫂船がアテナイに帰還したと記されている。
(5) 三段櫂船の指揮と艤装費用負担とを義務づけられる公共奉仕。トリエーラルキアーと呼ばれる。
(6) アテナイの十部族がそれにちなんで名づけられている英雄たち(エポニュモイ)の立像、アゴラの北部辺りに建立されていたと伝えられる。

六二　民主制の真の味方は、民衆が勢い盛んなときに国事に参画しようとする者ではなく、国家が逆境に苦しむとき諸君の楯となって危険を冒す者であるとしなければならない。また感謝を捧げるべきは、被害に遭った者ではなく、諸君のためにはたらいた者であり、その貧窮を憐れむべきは、財産を失った者ではなく、諸君のために私財を費やした者である。六三　私がそのような者の一人であったことについては、歴然たる証拠があがるだろう。だがそのような私も、かつては私財の多くを国家のためになげうったが、のちには他人の財産をねらって策謀をめぐらし、諸君のもとで非難を浴びても屁とも思わぬ人間だと判定されるならば、この世の誰よりも運命から見放された人間だということになるだろう。私は諸君の好評を得るためならば、財産のみならず生命さえ惜しむものでないことを明らかにしているではないか。六四　ただちにではないにしても、少し時が経過して、もし誣告者が富み栄え、私が公共奉仕にあてた残りの財産さえも奪われて放置されているのを見ることになれば、諸君のうちの誰が後悔しないだろうか。かつて一度も諸君のために危険を冒したことのない男が、法や大赦の取り決めの限度を越えて権勢を振るい、六五　これほどに国家に積極的に奉仕した私はといえば、相応の正当な権利も与えられないでいることになってよいのか。もしも諸君がカリマコスの口舌に乗せられて、これほどに悪辣な罪を私どもに着せたならば、誰が諸君を非難しないであろうか。私どもこそは、諸君がその行為を判定した結果、功績を認めて冠を授与した市民ではないか。それは現今とは違って、そのような栄誉を獲得するのが容易でない時代のことである。(1)　六六　ここでわれわれは、論告の一般の慣行と正反対の行き方を取ることになった。通常はこちらが与えた贈物の受け手に言及するものであるのに対して、私は私に栄誉を贈った諸君のことを想い起こすよう求めて、私の陳述すべての、また私どものはたらきの証としようとしているからだ。六七　むろん、私が自分自身をこの栄誉にふさわしい者として示したのは、寡頭政府の威をかりて他人の財産を奪うためではなく、復興した民主国家のもとで、すべての市民が自分の財産を保持できるようにするためであり、また多くの市民の胸に私どもに対する感謝の気持ちを呼び覚ますためである。いま私は諸君にその感謝を要求するが、これは正義を逸脱する要求ではなく、私どもがいかなる不正も犯していないことを証明し、……誓約と大赦の取り決めを遵守するものだ。[2]六八　実際、もしこの取り決めが犯罪者の無罪放免を正当化し、私どものような功労者に報いるに無力なものとなりはてたなら、恐るべきことになるだろう。現在の幸運がまもるに値するものであることは、他の国々では取り決めがかえって内乱を引き起こすものであったのに対し、わが国には融和をもたらしたことを想い起こしてみればよい。これを肝に銘じて、諸君は正義と公益とにかなう票決をしなければならない。

（1）国家の功労者への栄冠授与は前四世紀に至ってかなり頻繁に行なわれるようになった。デモステネス『アリストクラテス弾劾』一九六―二〇三、アイスキネス『クテシポン弾劾』一七七―一八八を参照。

（2）この箇所脱落。ブラスの補訂に従えば、「誓約と大赦の取り決めを遵守することを諸君に求めるものである」となる。

一九　アイギナ弁論

一　アイギナ市民のみなさん、私はトラシュロコスが自分の後始末をよくよく考えて決断を下したと信じておりましたから、彼の遺言にそむく者が現われようとは思ってもみませんでした。(1) ところが、今般の訴人はずいぶんと思い切って、これほど遺漏のない遺言状にも異議を申し立てるに及んだので、あなた方に正義の裁きをお願いせざるをえない次第です。二　しかし私はここで、世間一般の人びととは正反対の感想を抱いておりります。と申しますのは、これまで私の見るところでは、何か悪辣な手口で訴えられたとき、たいていの人はこれを堪えがたく感じるものであるようですが、私はこの法廷の争いに引き込まれたことで、むしろ彼ら原告にほとんど感謝したい気持ちなのです。(2) もし事が裁判にならなかったなら、私が故人にとってどのような人間であったので彼の遺産相続人となったか、あなた方は知る由もなかったでしょう。けれども、ここで一部始終を聞いたなら、みなさんは私がもっと大きな遺贈を受けても正当であったことを理解するでしょう。三　遺産をめぐって異議申し立てをしている婦人も、あなた方に訴えてトラシュロコスが遺した財産を獲得しようとするのでなく、彼のためによく尽くした上で財産に関する権利を主張すべきでありました。しかるに実際は、彼女は生前の彼に対して犯した自分の過ちを悔やむどころか、彼が死んだ後もその遺志を蔑ろにし、家を後継者のないままに放置しようと画策しております。

四　私は彼女を代弁している者たちに驚きを禁じえません。この訴訟に賭けることが、賞讃されるべきことだ、敗訴したところで罰金が科せられることはないのだからと思っているのでしょうか。しかし、私の思いますに、もし彼らの申し立てが反駁され不当なものであると立証されたなら、それだけでも厳しい罰であるのに、さらにまた、あなた方の間で札つきの無頼と噂されることになるでしょうに。さて、彼らの悪辣は、みなさんも彼らの行なったことを最後まで聞かれたならば、その所業そのものから了解されるでしょう。しかし、われわれの係争点について手早く知っていただけるよう、話を始めることにいたしたいと思う次第でございます。

五 遺贈者の父トラシュロスは、先祖代々の財産というものはありませんでしたが、占い師のポレマイネトスの客人に迎えられてのち、身内同然の親しい間柄になり、この人が亡くなる際に、占いに関する書物を何冊かと財産の一部を、これが今般の係争の的になっているのでございますが、遺しました。**六** トラシュロスはこの書物を種本にして占術師となることができました。彼は旅占い師となって、さまざまの都市で暮らし、女性遍歴もして、そのうち何人かの女との間に子を儲けましたが、彼はけっして正嫡の子と認知しませんでした。そして、いま訴人となっている女性の母と出会ったのは、この時代のことでございます。**七**

(1) シプノスの市民トラシュロコスは死に際して、前もって養子縁組を結んでいた(この弁論の)語り手に財産を遺贈した。ところが、ここに遺贈者の義理の姉が現われて、遺産相続をめぐって語り手を訴える。裁判は語り手の一家が居住するアイギナ島で行なわれた。以下の一八―二〇節に述べられる政治事件から推察して、本裁判と執筆の時期は、前三九三年以降のことになるだろう。

(2) これは法廷弁論の、むしろ常套文句である。

やがて獲得した財産が巨額になり、懐郷の思いがつのった頃、彼はこの女とも また他の者たちとも別れを告げ、シプノス島に帰還して私の父の妹を娶ったのです。彼は富においては市民の中で第一等でしたが、家柄その他の栄誉においては私どもの家のほうがまさっていることを認めていたのでございます。八　そのようなわけで、トラシュロスは父との友情をことのほか大切にし、妻が子をなさずに亡くなった後、今度は父の従姉妹を嫁に迎えたのでした。私どもの家との姻戚関係を断ちがたく思ったのでしょう。ところが、この結婚後ほどなくして、彼はこのたびの妻についても先妻と同じ不運に見舞われたのでした。九　こうしたことのあった後、彼はセリポス出身の婦人と結婚しました。この婦人の家は、物の数にも入らないその国(1)とは違って、たいそう重んじられていた一族に属していたのでございます。そしてこの結婚から、ソポリスとトラシュロコス、またいまは私の妻となっている娘が生まれました。

つまるところ、トラシュロスはこの子たちだけを正嫡とし、彼の遺産相続人と定めて、生涯を終えたのでございます。

一〇　私とトラシュロコスは父親たちから、先に申しましたような固い友情を受け継ぎ、受け継いだそれをさらに大きなものにいたしました。と申しますのは、子供の頃、私どもはお互いに兄弟よりも大切に思い、供犠も観劇もまた他のどんな祭りのときも、いつも一緒に過ごしました。長じて、私どもは一度たりとも対立し争うということがなかったのですが、それは私生活上の便宜をともにし、国家公共の事柄については見解をまったく同じくし、客友には同じ人びとを迎えたからでもあります。一一　さてこの上、家郷(2)での親密さを述べる必要がありましょうか。いや、亡命中でさえ、私どもは離れ離れになることを拒んだのです。ついに、トラシュロコスが羸痩《るいそう》にとりつかれ長く患ったとき、兄のソポリスはすでにこの世の人でなく、母と妹はまだ病床に駆けつけておらず、はなはだ心細く孤独感に襲われていましたのを、私は心をつくして看病いたしましたが、このため、彼はこの恩に充分に報いることはとてもできないと思いつめたのでした。

二二　といっても、彼は何もせずに世を去ったのではなく、いよいよ病苦がひどくなり、もはや生き続ける希望を失ったとき、証人を立ち会わせて私を養子縁組みし、彼の妹と全財産を私に委ねたのでございます。

ではどうか、そこにあります遺言状を取り上げてください。

遺言状の朗読

では、アイギナの法律も読み上げていただきましょう。遺言状は、その法律に則って作成されなければならなかったからです。私どもは当地の居留民でありましたから。

法律の朗読

二三　ほかならぬこの法律に従って、アイギナ市民のみなさん、トラシュロコスは私を養子としたのです。彼にとって私は同じ都市の者であり友人で、生まれはシプノス市民の誰にも劣るものでなく、自分と同じように育てられ教育を受けた人間でありました。したがって、私は、彼のなしうる手続きとして、これ以上に

（1）セリポスが取るに足りないポリスであることは諺になっていた。プラトン『国家』三二九Eを参照。

（2）シプノス島のこと。

合法的なものを知りません。法は、養子とすることのできるのは同等の身分の者に限ると規定しているからです。

法律の朗読

一四　さてもし、アイギナ市民のみなさん、原告が当地の法律に違反してはいるが、彼ら自身の国の法律に照らせば合法的な訴えをしているのだとしたならば、これほど驚くにはあたらなかったでありましょう。しかるに、実はかの地の法律でも、いま朗読されたものと同じ規定がなされているのです。

その書類を手に取ってみてください。

法律の朗読

一五　いったい彼らにどのような論が残されているというのでしょうか。遺言状については、彼ら自身、これがトラシュロコスの書き残したものであると認めるところであり、法律はといえば、彼らに加勢するものは一つもなく、すべてが私を支持するものばかりです。まず第一に、これから本件について判決を下すところのあなた方の法律が、次に、遺言した当人の出身地であるシプノスの法律が、さらには、いま異議を申し立てている人びとの国で定められている法律が私を支持しているではありませんか。まったくのところ、どのような犯罪行為も控えない人間だとは思われませんか。法律が以上のように定められ、あなた方はその法律に従って票決すると宣誓したというのに、この遺言を無効とすべきであると、あなた方を説得しようとするのですから。

一六　以上で、係争点そのものについては充分な立証がなされたものと信じます。しかしながら、それは私が遺産相続する根拠としては弱いとか、この女性はトラシュロコスに親切をつくしてきたのであって、自分のものになるはずだった金を奪われているのだとか誤解する人が出ないように、その辺りの事情についても述べておきたいと存じます。と申しますのは、私は、もしもみなさんが納得していただけなかったなら、故人に会わせる顔がないからなのです。彼がこの遺贈をしたのは、合法的であったというだけでなく、まことに正義にかなうことだったということを知っていただかなければなりません。一七　これを証明するのはわけもないと、私は考えております。なんとなれば、われわれの間にはまことに大きな違いがあって、この女性は血縁を楯に異議申し立てを行なっているものの、これまでずっと、トラシュロコスその人とも、ソポリスとも、また彼ら両人の母なる人とも不和で、険悪な関係にあったのに対して、私はトラシュロコスとその兄弟に関してのみならず、財産に関しても——これをいまわれわれは争っているわけですが——最も忠実な友人であったことが明らかになるでしょう。

一八　昔のことを話せば長くなりますが、パシノス(1)がパロス島を占領したとき、たまたまトラシュロコス家は財産の大部分を、その島の私の客人たちの家に預けておりました。それと申しますのも、私どもはパロス島がまことに安全な場所であると思っていたのでございます。彼らが気も動転し、一切合財が失われたと観念したとき、私は夜の闇を利用して、身の危険をかえりみず、彼らのために財産を取り戻しました。一九

(1) この人物については他に何も知られていない。

そこには部隊が警備を張っていましたし、島の占拠に協力した者の中には私どもの国を追われた者たちがいました。彼らは、わずか一日のうちに、私の父と叔父と義兄と、さらに三人の従兄弟ををその手で殺《あや》めた連中でした。それでもしかし、これは私の行動を阻むものではなく、私は船出したのでした。彼らのために危険を冒すことを自分のためにそうするのと同じように考えていたからです。二〇　その後、私どもも城市[1]を追われる日がやってまいりました。それは、たいへんな混乱と恐怖の中で行なわれ、ある人びとに至っては家族のことも忘れるありさまでした。このような悲惨な情況では身内の者たちを救うことができただけでも満足すべきでしたが、しかし私はソポリスが外国に旅しており、またトラシュロコスは病身であるのを知っておりましたので、彼とともに彼の母と妹を連れ、また全財産をかき集めて出発しました。いったい、この財産の所有者として、かつてその保全を助け、いままたもとの持ち主から合法的に受け取った者以上に、正当な人間がありえましょうか。

二一　さてこれまでお話ししたことは、たしかに身の危険を冒したものですが、実際には私は何ら被害に遭ったわけではありません。けれどもお話しできることはこれだけでなく、その後トラシュロコスを喜ばせようとして、私自身がこの上ない不幸に見舞われたのです。メロス島に到着してからのことでした。トラシュロコスは私どもがそこに落ち着くつもりであるのを知って、トロイゼン[2]まで船旅に同行してくれと私に懇願しました。体の調子がすぐれないこと、敵が大勢いることを話し、また私と別れたら家産の管理が思うにまかせないと言うのです。二二　私の母は不安に思い（その土地は健康によくないと聞いていましたので）、また客人たちもとどまるよう忠告したのですが、私どもは彼の気がすむようにしてやるべきだと決心しました。それからトロイゼンに着くと、瞬く間に私どもは病に感染しました。私自身は辛うじて死を免れましたが、十四歳になる妹はこの病気で三十日後に亡くなり、それから五日もたたないうちに母も妹の後を追ったのでございます。これほどの人生の激変にあって、私の心痛がどれほどであったかご想像がつくでしょうか。

二三　他のときはさまざまの不幸にもみだりに動揺することのなかった私ですが、つい最近に亡命を経験し、異国の人びとのもとに移住し、自分の財産は失うという辛酸を嘗め、加えて母と妹が祖国から追われ、異国の地で見知らぬ人びとの間で亡くなるのを、この目で見てきたのです。ですから、誰も私を妬み羨むことなどあってはならないはずでしょう。トラシュロコスの財産のかなりの部分を手に入れたごときが何だというのでしょうか。実際、彼を喜ばせるために、私はトロイゼンに移住して、そして忘れようにも忘れることのできない不幸に遭ったのです。

二四　さらにまた訴人側から、トラシュロコスが金持ちだったから私もこれらすべての不運に堪えることができたが、不遇になると彼を見捨てたなどとは言うことはできないでしょう。まさにそのような逆境においてこそ、私が彼に抱いた愛情をいっそう明確に示すことができるからでございます。アイギナに居を移してから、彼は死に至る病に罹りました。このとき、私が彼を看病した以上に、人が人につくすことのあった例を私は知りません。日の大部分の時間を苦しみ続け、もはや動きまわることもできず、六ヵ月間ずっと病

(1) シプノス。
(2) サロニケ湾の南沿岸、ペロポネソス半島北東部。エピダウロスに近い。

床にあったのでした。二五　親族の誰ひとりとして、この苦痛をともにしようとしませんでした。それどころか母と妹のほかに、見舞いに訪れた者すらありません。そして彼女らはというと、かえって他の人の厄介になりました。と申しますのは、病身をおしてトロイゼンからやって来たので、彼女たちのほうが世話を必要としたのです。それでも私は、他の人びとが彼のために役立つどころではなかったのですが、あきらめることも見放すこともなく、召使の子供一人だけの助けで、看病を続けました。二六　ほかに家の従僕は一人として堪えることができなかったのです。実際、彼は生まれつき癇癪もちで、それが病気のためにいっそう嵩じてまいりました。ですから、彼らがそばにおれなかったのは不思議ではなく、むしろそのような病気を看取りながら私が我慢できたことのほうを人は驚くべきでしょう。患者は長いこと身体中に膿ができ、寝台から起き上がることもままなりませんでした。二七　彼の苦痛はひどく、私どもは一日として涙なくして過ごしたことはありません。ただただ、お互いの苦しみと、一族の亡命と孤立を嘆き続けるばかりでした。しかもこれには中断がありません。彼のそばを離れることもできず、また彼が疎んじられていると思わせてもなりません。これがそのとき襲ったさまざまの不幸よりも私には、はるかに恐ろしく思われました。

二八　私が彼にどのようにつくしたかを、あなた方に明らかにできたらと切に思うものです。それができたなら、みなさんは、訴人の口から発せられる声にすら堪えることができないと思うからです。しかしながら実際は、看病の際の最も辛い出来事、最も手に負えなかったこと、堪えがたい苦痛、長時間にわたる世話の必要などは、とうていよく語ることのできるものではありません。二九　私は疲労困憊し、訪れた友人はみな、私も倒れるのではないかと心配だと言ったほどです。そして彼らは私に気をつけるよう忠告し、こういう病気を看病する人びとの大部分が、自身も病に倒れて死んだと申しました。彼らに対して私はトラシュロコスが世話する人から見放され、運命の定めよりも早く死ぬのを座視するくらいなら、私は死んだほうがいいと答えたものです。

三〇　このような私に対して、一度たりとも彼を見舞うことすら当然と思わなかった人が、厚かましくも遺産をめぐって私に異議申し立てをしたのです。トラシュロコスはこれほど長い間病に臥していて、この女性は毎日、彼の容態を知らされており、訪問するのは彼女にとって簡単だったはずなのです。さらに、いまになって彼女はトラシュロコスのことを弟などと呼んでいますが、まるで死者に親しげに呼びかければ、それだけ彼女がかつて大きな恐ろしい過ちを犯したと思われないとでも言うかのようです。三一　この女性はトラシュロコスが危篤の際にも、トロイゼンに居留していた私どもの同胞市民がアイギナに向け出航するのを見ていながら、葬儀参列のためにアイギナに渡るということもせず、このような機会に顔を会わせようともせず、冷酷非情にも葬儀に参列する義務を認めなかったにもかかわらず、遺産のことになると、十日もたたないうちに駆けつけて異議を申し立てる。これではまるで彼の身内というより金の親戚ではありませんか。

三二　そしてもしトラシュロコスがひそかに、自分に対するこのような憎しみの感情が彼女にあり、きっとそのようなふるまいに及ぶだろうと踏んでいたとすれば、この女性にではなく友人に財産を遺そうと望んだのも、深い思慮があったと申せましょう。他方、いかなる不和もなかったのに、彼女が彼をなおざりにし、悪意のふるまいをしたのならば、彼の遺産相続人どころか、自分の財産も剝奪されてしかるべきでしょう。

三三　よくよく銘記しておいてください。彼が看病を受けたのも、また死んで手厚く葬られたのも、彼女のしたことではなく、いずれも彼のために私の行なったことなのです。まことに、血筋においては近いと称してはいるけれども、その行ないにおいては敵に等しい者のために票を投じるのではなく、むしろ名前こそ何ら同じ血筋のものではないが、必然の定めによる不運のなかで自らがより近しい者であることの証を立てた者にくみするならば、あなた方は正しく判決することになるでしょう。

三四　ところで原告側の申し立ては、トラシュロコスの遺言状が信用ならぬものだということではなく、ただ理不尽で常軌を逸しているというものです。しかしながら、アイギナ市民のみなさん、ひとは自分の亡き後について、これ以上に行き届いた、また利益にかなった配慮ができたでしょうか。彼は、家の断絶を防ぎ、友人たちに感謝をつくし、さらには母と妹に対しても、後者を私の妻とし、前者には私を息子に縁組みすることによって、彼の遺産だけでなく、私の財産の所有者ともなるようにしたのです。三五　はたして、これ以上に賢明な処置を彼はとったことになるでしょうか。もし母親の扶養者を置かず、私にも何の指示も残さなかったなら、また妹を運命のなすがままに放置し、彼自身の家系の名も消え去るにまかせたとしたら、どうであったでしょう。

三六　しかし問題はそこになく、とにかく私はトラシュロコスの養子になる資格がないのかもしれません。おそらく彼の妹を妻にしてはいけないのでしょう。しかし、すべてのシプノス市民が、私の先祖について、血筋と富と評判の点で第一等の市民であったことを証言してくれるでしょう。いったい、私の祖先よりも高い官職に値し、また高額の納税者であり、立派に合唱舞踏隊の費用を賄い、気前よくその他の公共奉仕を果たした人びとがいたでしょうか。シプノスのどの家が、私の一族よりも多くのバシレウス(1)を輩出しているでしょうか。三七　そういうわけですから、トラシュロコスにしても、かりに私が彼と言葉もかわしたことのない者であったとしても、家柄からして私のもとに妹を嫁がせようと考えてもおかしくなかったでありましょうし、また私は私で、以上申し上げたような家の者ではなく最も卑しい市民の一人であったとしても、彼に対する献身のゆえに、大きな報償を受けて当然だとみなしたでありましょう。

三八　さらに、私の思いますのに、彼は以上の譲渡によって兄のソポリスの意にも添ったことになります。実際、ソポリスはこの女性をひどく嫌い、自分の財産をつけねらっていると見ておりましたが、私のことは彼の友人の中で一番大切にしていたのです。このことを彼はさまざまの機会に表明しましたが、とりわけ亡命をともにした人びとが、守備隊の援助を借りて、城市(2)を占拠しようと決定したときがそうでした。彼は指導者として全権を委ねられましたが、私を秘書と軍資金の出納官に選びました。そしていよいよ戦いが始まると、彼は私を自分の隣に配置したのです。三九　さてこれがどれほど彼の助けになったか見てください。われわれの攻撃が失敗に終わり、撤退もわれわれの思うようには運ばず、ソポリスは負傷して歩くこともままならず、ほとんど意識もない状態でしたが、私は私の従卒と力を合わせ肩に背負って船まで運びました。このことがあって、彼はのちに幾度となく何人もの人を相手に、自分の命が助かったのはひとり私のおかげであると言うことになりました。四〇　たしかに、これ以上に大きな親切はないと申せましょう。さてそれ

(1)もとは「王」の意味だが、時代が下ると祭司機能だけのものとなっている。
(2)シプノス。

から、ソポリスはリュキアに渡航し、その地で亡くなりました。するとこの女性が、死の報せが届いてからまだ日も浅いというのに、犠牲の式を執り行ない祭りを祝い、そしてまだ生きている彼の弟の面前で、恥じる気色がありませんでした。それほど死者を軽んじていたのです。一方、私は近親者に定められた法に従い、哀悼の式を行ないました。**四一**　これらすべてはまったく、私の流儀から彼らに対する友情の気持ちから出たもので、今回の裁判を予想して手を打ったわけではございません。彼らがこのような不幸に遭うとは、私には思いもよらないことでした。いずれも子供なしに世を去ったために、彼らのために原告と私がそれぞれどのように振る舞ったか、その立証をよそに委ねることになったのです。

四二　さて、トラシュロコスとソポリスに対して、この女性と私とがどのような関係にあったか、ほぼそのすべてをみなさんは聴かれたことになります。けれども、原告側はおそらく、彼らに残された議論に向かうでしょう[1]。それは、もし死者にもこの世の出来事が知覚できるとするならば[2]彼女の父トラシュロスは、娘が財産を奪われ、私が彼のかつての所有物を相続するのを見て、ひどい目に遭っていると思うだろう、というものです。**四三**　私はしかし、はるか以前に亡くなった人びとについてではなく、最近に相続財産を遺して世を去った人びとについて論議すべきであると考えます。なんとなれば、トラシュロスは、彼が望んだ者たちに、彼の財産を継がせたのですから。同じ権利がトラシュロコスにも認められてしかるべきでしょう。そして遺産相続人となるのは、彼女ではなく、彼が遺言で指定した人でなければなりません。しかしながら私には、トラシュロスの遺志にも目をつぶってはならないだろうと思われます。**四四**　私の推察では、トラシュロスは、もし彼女が彼の子供にどのようにしてやったかを知ったなら、誰よりも彼女に厳しい態度で臨んだであろうと思います。法に従ってみなさんが票決するのを見て苦しむどころか、むしろ子供の遺言が無効になるのを見るほうを、はるかに堪えがたく思うでしょう。実際、もしトラシュロコスが財産を私の一家に贈与したのだとすれば、トラシュロスのために非難することができたでしょう。しかし実際は、彼の一族へ私を迎え入れたのであり、彼らは与えたよりも少なく受け取ることにはなりません(3)。

四五 それとは別に、トラシュロスは誰よりも、遺贈に基づく権利を主張する人に好意的であったはずです。と申しますのは、彼自身がその生業とした技術を、占い師のポレマイネトスから学び、また財産も血筋ではなく徳のゆえに譲られた人であり、したがって、誰かが彼の子によくつくしてやった結果、彼がそうであったのと同じ贈与を受けて当然とみなされても、羨み妬んだりしなかったことは確かでしょう。**四六** 最初にお話ししたことを思い起こしていただかねばなりません。私はみなさんに説明いたしました。トラシュロスは私どもとの親しい関係をことのほか大切にし、父の妹と結婚し、またその後妻に父の従姉妹を迎えたほどであったことを。自分の娘の嫁ぎ先には、どこよりも、彼自身がそこから嫁を迎えた家を選んだでしょう。また法に従って養子を取るとすれば、どこの家からよりも、自分の息子を儲けようと求めた家から迎えるのを喜んだでしょう。

(1) このように反論を先取りするのは法廷弁論の常套で、プロカタレープシス (lat. anticipatio) という。

(2) ギリシア文学にしばしば見られる感情の表現。『プラタイコス』六一、『エウアゴラス』二一を参照。

(3) 養子を迎えることで一族の連続性が保たれる。全財産は一族に保存されたままになる。

四七　以上の次第で、みなさんが票決において私の遺産相続を承認されるならば、トラシュロスの供養ともなり、また他にもこの件に正しく関与している人びとすべてに感謝されるでありましょう。しかしもしこの女性に説得させられ、判断を誤るならば、私に不正をはたらくだけにとどまりません。その不正の犠牲者には、これを遺言したトラシュロコスも、ソポリスも、またいまは私の妻となっている彼らの妹も、彼らの母も含まれることになるでしょう。いや、彼らの母は子を奪われただけでは足らず、さらに悲しみを見なければならないとすれば、この世で最も不幸な女性となるでしょう。亡くなった子たちの遺志は無にされ、家は跡継ぎもないままに置かれ、四八　この老女の不幸をほくそ笑むような原告が裁判で財産を勝ち取り、他方、私のほうは正義の一端にもあずかることができない。彼女の子のために誠心誠意つくした私は、かつて贈与に基づく権利を主張した人びとと比較してみても、友人のために役立つ点で、彼らの誰にも劣らない者であることが明らかになるであろうというのに。いや、私のような者こそが、他人から遺贈されたものを奪う人びとよりも尊重され、評価されてしかるべきではありませんか。四九　また、法は、われわれが養子を取り、われわれ自身の財産について慎重に配慮することを許しておりますが、これは支持するに値するものです。それは、子のない人びとにとって、子の代わりになるのがこの法であることを思ってみるだけでわかるでしょう。これによってこそ、血縁で結ばれた者も無縁の者も、いっそうお互いに配慮しあうことができるからなのです。

五〇　ここで話を終わりにし、これ以上時間を引き延ばさないようにいたしますが、どれほど強力なまた正しい論拠をもって私があなた方に訴えているかに、注意を促したいと存じます。まず第一に、遺産を残した人びととの、古くからずっと途切れることのなかった友情。次に、彼らが逆境にあったときも変わるところなくつくした多大の献身。加えて、提訴人の側さえも本物であることを承認した遺言状。さらにこれを支持する法、これが立派な掟であることはギリシア中で認められていること。**五一** その最大の証は、他の多くのことでは意見を異にする人びともこの点では同じ認識をもっているということです。そこで、みなさんにはお願いいたします。このこととまた他にも語られたことを銘記して、正義の判決を行なうこと、そしてみなさん自身が裁かれたいと望むような裁判官として振る舞うことを。

二〇　ロキテスを駁す

一　ロキテスが先に私に暴行を加えたことは、現場にいた人のすべてが諸君に証言したところであるが、この犯行は一般のそれと同様の扱いをすべきものではなく、また損傷に対する罰は人身の場合と金銭の場合とで同等であってはならない。知ってのとおり、身体は万人にとって最も切実なものであり、われわれが法律を定め、戦いを辞さず、民主制を欲し、その他一般に生活に関わる一切を行なうのも、その自由を守るためであるからだ。したがって、諸君が最重視しているものに関して罪を犯した者は、最も重い罰をもって懲らしめるのが至当である。

二　われわれのために法律を定めた人びとについてみても、とりわけ人身保護に強い関心がはらわれていたことを諸君は見出すだろう。まず第一に、不正行為の中でもこれについてのみ、私訴も公訴も訴訟費(1)が免除され、われわれ各人がその力と意欲に従って不正を罰することができるようになっている。次に、他の訴訟で犯人の提訴ができるのは被害者だけであるが、暴行傷害に関しては、事が公共の利益に関係するとき、市民の誰でもそうしようとすればテスモテタイ(2)に訴状を提出し、法廷を招集することができる。三　彼らは市民が互いに暴行沙汰に及ぶことを恐るべき事態であると考えて、暴言についてさえ法律を定め、許すべからざる言葉を吐いた者には五百ドラクマの罰金を命じている(3)。しかし、言葉において聴いただけの者になり代わってこれほど憤るのであれば、実際行為において被害を蒙った者のためにはどれほどの報復がなされるべきだろうか。

四　だがもしも、諸君が寡頭政府のもとで暴行凌辱をはたらいた者は死罪に相当すると認めながら、民主体制にあって同じ行為にふける者を処罰もなしに放免するとすれば驚くほかない。むしろ、より重い罰を受けてしかるべきではないのか。なぜなら、こちらのほうがおのれの姦悪をいっそう露骨に示しているからである。実際、いまこれが禁じられているときでさえ平気で蹂躙する輩は、いざ国家の支配者がこのような犯罪者に感謝さえするような事態に立ち至ったとき、いったい何をするであろうか。(4)

五　おそらくロキテスは事件を針小にしようと試みて私の告発を冷笑し、「殴られたといっても大した怪我をしたわけでもなし、話を棒大にしている」と言うであろう。私は、もし彼の行為に侮辱の意図が微塵もなかったのであれば、諸君の前で訴えることなどしなかったであろう。事実はしかし、私が彼に正義の償いを求めてここに来たのは、打撲で受けた傷のためではなく、人間の尊厳と名誉が蹂躙されたからなのである。

六　これこそ、自由人が何よりも憤り、最大の罰を求めてしかるべきものである。私の見るところ、諸君は

(1) 原語はパラカタボレー（παρακαταβολή）で法廷術語ではないらしい。アリストテレス『アテナイ人の国制』五九-三ではパラスタシスと呼ばれているが、ここと違い公訴に限定されている。いずれにせよ、法廷供託金（プリュタネイア）が原告被告双方に課せられるのに対して、こちらの訴訟費は原告のみが差し出し、敗訴となったときには没収された。

(2) 法廷の運営に関わる六名の最高責任者（アルコン）で、一年任期。アリストテレス『アテナイ人の国制』五九を参照。

(3) 実際に、リュシアス『テオムネストス告訴（一）』（弁論第十）一二に暴言罪（罵詈雑言罪）について言及がある。

(4) 同じ論法がリュシアス『民主制破壊に関する弁明』（弁論第二十五）三〇－三二で用いられている。

神殿荒らしや盗みを断罪するとき、犯人が奪ったものの大きさによって科料を定めはせず、すべて同等に死刑を申し渡し、同じ行為を企てた者には同じ罰をもって懲らすべきであるとみなしている。(1) 七 であるから、狼藉者についても同じように考えなければならない。それは大した暴行ではないのではとかいうことが問題なのではなく、法を侵害していないかを見るべきなのであり、また行為の結果ではなく行為全体の性格を理由に罰するべきである。些細な口実がしばしば巨大な悪の原因となったことを忘れてはならない。八 また、平気で人を殴りつける輩のために、憤激のあまり、ついには傷害事件や殺人、亡命、また最大の災厄に至った人びとの例が過去にある。今般、その種の事態が生じなかったのは、被告人の力によるのではなく、被告側からはあらゆることがなされたのであり、ただ幸運と私の性格のおかげで修復不可能な惨事に立ち至らなかったにすぎない。

九 私の考えるに、この犯行が他の犯罪よりもどれほど重大であるか、もし諸君がひとり静かに思いめぐらしたならば、事件に正当な怒りを覚えるだろう。なぜなら、他の不正行為は人生の一部を損なうものであるのに対して、暴行凌辱はわれわれの活動全体を辱めるものであり、多くの家がこれによって破壊され、また多くの国家が荒廃に帰したのである。一〇 他国の不幸を物語って時を費やす必要はあるまい。われわれ自身がすでに二度にわたって民主制の解体を目撃し、(2) また二度にわたって自由を剝奪されたではないか。その元凶は並の悪党どもではなく、法を蔑ろにして、敵には隷属し同胞市民には暴虐をほしいままにしようとする輩であった。(3) 一一 ロキテスはまさにそのような輩の一人である。当時政権にあった者どもよりも年少であるとはいえ、その性格はあのときの体制のものであるからだ。その性根は、われわれの戦力を敵に売り

渡し、祖国の城壁を破壊し、千五百人の同胞市民を裁判なしに殺したそれとまったく違わない。(4)

一二　諸君はかつての出来事を想い起こして、報復の相手を当時の暴虐者にとどめず、いまも国家に対してそのような魂胆を抱いている者にも向けるべきだろう。いやむしろ、以前に過ちを犯した者たちよりも、犯罪的傾向のある者をいっそう厳しく処罰してよいだろう。過去の行為を罰するよりも、未来の悪を逸らす方策を講じるほうがずっとよいのだから。一三　諸君は手を拱いたまま、彼らが徒党を組んで国家全体を破滅に追いやる機会をつかむまで、待っていてはならない。どんな口実でも彼らが諸君に明け渡したならば、それを理由に処罰すべきである。小事件であろうと、奸佞《かんねい》の性をさらけ出した者を捕まえたなら、もっけの幸いとみなして利用しなければならない。一四　なぜならば、もし邪悪な人間にその徴《しるし》があったならば、市民の誰かに不正をはたらく前に、これを懲らすのが最上であるが、(5)誰かが被害を受けるまでは感知できない以上は、とにかくもそれと知れたときは、そのような者を共通の敵とみなして憎むのが万人の務めであるからだ。

一五　さらに、財産にまつわる危険は貧乏人の関知するところでないが、身体に暴行を蒙る可能性は、誰

(1) リュクルゴス『レオクラテス反駁』六五―六六に同様の論法が見られる。
(2) 前四一一年の四百人寡頭政府、四〇四年の三十人政府の樹立を指す。
(3)『競技戦車の四頭馬について』四二では、三十人政権の一人カリクレスに同様の表現がなされている。
(4)『アレイオス・パゴス会演説』六七に同数の犠牲者が挙げられている。
(5) エウリピデス『メデア』五一六―五一九を参照。

もがひとしく共有することに留意しなければならない。したがって、財産を奪った者を罰しても富者を益するだけだが、暴行凌辱を犯した者を懲らしめることは諸君自身を助けることである。一六　まさにそのために、このような裁判は何よりも重視されなければならない。他の私的な訴訟の場合は、原告にとって妥当な補償と同額に科料が評価されるが、暴行凌辱については、被告はそれを支払って以後、これまでの放恣をやめさせるに充分な罰金が科せられなければならない。一七　そこでもし諸君が、市民に対して暴力団まがいのふるまいをする者から財産を剥奪し、また身体に危害を加えた者は罰金だけでは充分な刑罰にならないとするならば、名裁判官の義務を果たすことになろう。一八　そして目下の係争についても、諸君は正しい判決を下し、一般の市民をより節度ある者にし、諸君自身の生活をより安泰にすることができよう。分別のある裁判官ならば、他人の問題であっても正しい判定に票を投じ、あわせて同時に自分の身柄も安全な状態に置かなければならない。

一九　諸君は、私が貧しい大衆の一人であることを見て、私の申し立てた科料を減らしてよいと考えてはならない。無名の人が訴えた場合には、有名な人の場合よりも刑罰を軽くするというのも、また貧者が富裕な者に比べて、より悪人であると考えるのも、正義に反することである。もし市民についてそのように考えるならば、諸君は自分自身を貶めることになるだろう。

二〇　さらに、もし国家が民主制をとりながら、同じ権利をすべての人が享受することなく、政務に参画する権利をもつとはいえ、法のもとでの正義からはわれわれだけが除かれ、また戦いの場面ではこの国家体制のために死ぬことも厭わないのに、票決においては富裕な者がより多くを配分されることになるならば、何よりも恐るべき事態になるだろう。二一　私の申し立てを信じるならば、断じてそのような扱いを諸君自身に許してはならない。若者に法を蔑ろにすることを教えてはならない。また、このような裁判を他人事だと思うのでなく、自分自身が訴えているつもりになって、諸君一人一人が票を投じてもらいたい。このような人身保護を目的として定められた法を平気で蹂躙する者は、誰にでも無差別に危害を加えるであろうから。二二　それゆえ、諸君の分別が確かなら、互いに声援を送って、ロキテスに諸君自身の怒りを合図で示すべきだろう。このような輩はすべて、既存の法律を馬鹿にし、ここ法廷での決定だけを法律とみなしていることを知っておかなければならない。

私はこの件について力の及ぶかぎりのことを語った。もしこの場にいる誰かが私に口添えすることができるのであれば、壇上にあがって諸君の前で発言させていただきたい。

二一　エウテュヌスを駁す

一　何ゆえ私がこのニキアスを代弁するのか、その申し開きに困ることはありません。彼が私の友人であること、窮地に立たされていること、不正の被害者であるが、言葉が不自由であること。以上すべての理由から、やむなく私が彼に代わって事情を説明することになりました。(1)

二　では、ニキアスとエウテュヌスとの貸借関係がどのような経緯で生じたか、できるだけ手短にお話ししましょう。このニキアスは、三十人政府の樹立後、政敵が彼を市民名簿から削除しリュサンドロスの徴兵簿に登録しようとしたので、事態の切迫に怯えて、家を一時売却し、家僕たちを国外に送り出し、動産は私の家に運び込み、銀三タラントンの保管をエウテュヌスに依頼して、自分は市街を去って田舎に籠りました。(2)(3)

三　しかしそれからまもなくして、ニキアスは海外に出ようと決心し、銀の返還を求めました。ところがエウテュヌスは二タラントンは返却したが、残り一タラントンは預かった覚えがないという。ニキアスはそのときはほかになすすべもなく、友人たちのもとへ行って訴えて非を鳴らし、自分の受けた仕打ちを打ち明けました。それでも彼はエウテュヌスを尊敬し、また当時の新政府をひどく恐れていたこともあって、わずかな金を騙し取られたぐらいなら沈黙するほうを選ぶような人であって、けっして何も奪われていないのに訴訟を起こしたりする者ではありません。(4)

四　以上が一連の事実なのですが、われわれにとって厄介な事情があります。ニキアスが金を預けたときも、またそれを取り戻そうとしたときも、自由人と奴隷とを問わず、[5]誰もその現場に立ち会っていない。したがって、拷問によっても証人喚問によっても、事の真相を知ることができず、われわれは推定証拠によって説明せざるをえないし、諸君もそれによって、いずれが真実を語っているのか判定しなくてはなりません。**五** さて、ご存じのように、誣告というものは、弁論に長けている無産者が、弁は立たないが支払う金は充分ある者に対して企てるものです。ところでニキアスは、エウテュヌスよりも金持ちだが訥弁である。したがって、彼が欲に駆られてエウテュヌスに不正な攻撃をするということはありえません。**六** さらに事柄そのものからして、エウテュヌスが受け取っておきながら白を切っているというほうが、ニキアスが預けもしないのに請求しているというより、はるかにありそうだということに気づかれるでしょう。なぜなら、言うまでもなく、人が不正を行なうのはすべて利得のためです。ところが横領した者はすでにその不正行為の

(1) ニキアスの友人。これがイソクラテス自身ということはまずないと思われる。一般にはアテナイの裁判では当事者が法廷に立って弁論を行なわなければならなかったが、例外的に、当事者が病気とか、解放奴隷でギリシア語が不自由(デモステネス『ポルミオン弁護』)などの理由で、代弁者(シュネーゴロス)が認められることもあった。
(2) この当時の事情についてはクセノポン『ギリシア史』第二巻三、アリストテレス『アテナイ人の国制』三六を参照。当時、三十人政府は正市民を三千人に制限しようとした。
(3) 原語の名詞形はヒュポテーケー(「抵当に出す」)。買い戻しの権利を留保して売却すること。
(4) 前四〇四年の末、市民中三千人の名簿に載っていないものは誰でも殺しうるという絶対権が三十人に与えられたことから、身の危険を感じて亡命を図ったものとみられる。
(5) 奴隷は法廷で証言できなかったが、外廷で拷問によってその真偽が検証されたものは採用された。

目的を手に入れていますが、訴えている者のほうは、はたして取り戻せるかどうかわからない。七　加えて、国内情勢が不安で法廷が開かれていないときには、訴え出ても何の甲斐もないが、詐取する側は恐れる理由が何もない。以上の結果、証人の立ち会いのもとで借りても白を切る人間が現われる時世に、第三者のいないところで受け取った場合、これを着服しても何ら驚くべきことが起きたわけではないし、また正当な債権者であっても取り立てができなかった当時において、不正な訴えを起こすことによっていくらかでも取得できると思ったとすれば、どうかしている。

八　さらに、かりにニコクレスを阻むものが何もなく、また誣告の可能性も意志もあったとしても、それでもエウテュヌスを相手取ったりはしないことは容易にわかります。なぜなら、そのような行為に走る人間は、手始めに友人を標的にするようなことはなく、むしろ仲間を騙《かた》らって縁もゆかりもない者に向かい、羞恥も恐れも抱かなくてすむ相手を、すなわち裕福ではあるが孤立していて無力な人間を見つけて訴訟に持ち込むものです。九　ところがエウテュヌスはこういう誣告の鳧《カモ》になるどころではない、その正反対の人間です。彼はニキアスの従兄弟であり、弁舌も行動力もこの従兄弟よりまさり、また財産は少ないが、多くの友人に恵まれている。したがって、かりに誰かを訴えるとしても、エウテュヌス以上に手強い相手はいません。もっとも、両人の親しい関係を知る私の見るところでは、エウテュヌスにしても、もし別の誰かからこれほどの大金を横領できたなら、ニキアスに不正をはたらいたりはしなかったでしょう。一〇　しかし実際のところ、この事件に複雑な仕掛けはありません。(1) 訴訟の相手なら誰を選ぶこともできるけれども、横領は預けた者以外からはできません。したがって、ニキアスが誣告を欲したとしても、エウテュヌスに対してすることはできなかったであろうが、エウテュヌスが横領を企てようとしたとき、ニキアス以外に候補がなかったのです。

一一 次に最大の証拠を挙げましょう。これですべての疑いが氷解するはずです。この訴えが出された当時は、寡頭制政府が樹立され、両人の置かれた立場は対照的でした。ニキアスのほうは、かりに別のときには誣告の常習者であったとしても、このときばかりそれを控えたであろうし、他方でエウテュヌスは、かつて一度も不正を考えたこともない人であったとしても、このときばかりは誘惑に負けたでしょう。一二 なぜなら、一方は犯罪によって尊敬を受け、他方は財産ゆえに狙われていたからです。諸君の誰もが知るごとく、あのときは不正を行なうよりも富を有しているほうが危険でした。犯罪者は他人の財産をわがものにし、富裕者は自分の財産を失った。国家を統治する者たちは犯罪者を罰せず、有産者からその財産を奪い、不正をはたらく者は忠実な味方で金持ちは敵であるとみなしていました。(2) 一三 というわけで、ニキアスは、誣告をして他人の財産を掠めようとするどころではなく、何とかして不正に手を汚さず、自分も被害を受けないようにするだけで精一杯でした。なぜなら、エウテュヌスほどの力のある者ならば、受け取った金をそのまま横領することも、貸してもいない金を請求することもできたのですが、ニキアスのような立場にある人びとは、債権を放棄し、誣告屋に金を支払うことを強いられたからです。一四 私の発言が真実であること

(1) ここの原文は破損の疑いがあり、さまざまの校訂の試みがあるが、ἀρχαιότερον を単純素朴の意に解しておく。

(2) リュシアス『エラトステネス弾劾』(弁論第十二) 五以下を参照。

は、エウテュヌス自身が証言してくれるでしょう。というのは、ティモデモスがこのニキアスから三十ムナを脅し取ったことを彼は知っているからです。しかし、ニキアスがいくら血迷ったとしても、自分の生命を危険にさらしてまで、他人を誣告するわけはありません。一五　自分の身も護れないのに、他人の財産を狙って謀計をめぐらすでしょうか。いまいる敵に加えた諍いの相手を増やそうとするでしょうか。横領の罪が明らかでも罰せられない人間に、不正な訴訟をしかけるでしょうか。力が同等でないときに、多く取ろうと求めるでしょうか。受け取ってもいない金を支払うよう強制されているときに、貸してもいない金を取り立てることができると期待するでしょうか。

一六　事件そのものについては、言うべきことは以上で充分でしょう。おそらくエウテュヌスは、すでに先に述べたことを繰り返すかもしれません。もし不正をはたらくつもりなら、預かった金の三分の二を返して、残りを横領するなどということはせず、不法な行為を意図した場合であれ、正しくあろうと慮った場合であれ、いずれにせよ、全額同じように処置したはずである、と。一七　私の考えるに、諸君の誰もが承知しているように、人はみな、不正をはたらこうとするときには、同時に弁解の道も考えておくものです。したがって、エウテュヌスの不正もそのような言い訳が立つようになされたとしても驚くにはあたりません。さらに私はほかにも、大部分は返却し、ごく一部を着服した人の例を示すことができます。そういう人は、ごくわずかな貸し借りにおいて不正をはたらき、大部分は正しく振る舞うのであり、したがってその種の行動の例はエウテュヌスが唯一でも最初でもありません。一八　また諸君にはよくよく留意していただきたいのだが、このような言い抜けを認めると、不正はいかに行なうべきかの法律を立てることになり、以後これからは、一部は返却するが、一部は自分のために取っておくということが慣例になるでしょう。横領して罰を免れようと思えば、返却分を証拠とするのが得策であるということになるでしょう。

一九　また、エウテュヌスのした弁明と同じようなやり方で、ニキアスを弁護するのがどれほど簡単か見ていただきたい。ニキアスが二タラントンを返してもらったとき、その場に立ち会った者は誰もいない。だから、もし彼が誣告しようと望み、決意したならば、明らかにその分だけ取り戻したことも認めず、全額について横領されたと言い張り、エウテュヌスをさらに大きな金額を失う危険に陥れ、同時に彼が今回推定証拠としたものを奪うことができたであろう。

二〇　最後に、ニキアスがなぜこのような変わった告訴をしたかは、誰もその理由を示すことができないでしょう。[1]他方、エウテュヌスについては、何のために不正行為をそのような仕方で行なったかということが、容易に察知できます。ニキアスがこの災難に遭ったとき、親族も友人もみな、彼のものであった銀をこのエウテュヌスに預けたことを知っていたからです。二一　そこでエウテュヌスは覚ったのです。預かった金が彼のもとにあることは大勢の知るところであるが、いくら預かったのかは誰も聞いていない。ならば、と彼は考えました、一部を着服しても知られることはないが、全額を横領するならば露見するだろう。このようにして彼は一切返却しないことによって預かったことも否定できなくなるよりは、充分な弁解を残しておく道を望んだのです。

(1)「それが真実であるからという以外に」ということ。

書簡集

書簡一　ディオニュシオス一世宛

一　私がもっと若かったならば、書簡を送るまでもなく、海を渡って直々に閣下とお話をかわしたでありましょうが、(1)私の年齢と閣下の事業とが熟する時期を同じくせず、私が盛りを過ぎたいま、事業の絶頂期を迎えることになりましたので、現下の状況で力の及ぶかぎり、これについて愚見を明らかにしようとする次第です。

二　さて、建策を試みるにあたっては、書かれた文字を通してでなく、じかに対面して言葉をかわすほうがはるかにまさることを私は承知しております。それも同じ主題についてなら、面と向かって述べるほうが、書簡で説明するよりも簡単だからというだけではありません。また誰もが、書かれたものよりは実際に語られる言葉のほうを信用し、後者は提案として聞くけれども、前者はこしらえものだとして本気で相手にはしないというだけでもありません。三　それだけでなく、直接に話をかわせば、発言の中でわからないことや信じがたいことが出てきても、その話の語り手が居合わせて、いずれの場合にも助けになるのに対して、手紙に書かれたものは、そのようなことが起こった場合に、正してくれる者がいないからです。著者がその場にいないので、孤立無援の状態に置かれるのです。(2) しかしながら、閣下が事の判定者となってくださるでありましょうから、私どもが言うべきことを言っていることが明らかになるであろうと、私は多大の希望をもっております。すべてここに述べられた懸念を閣下は一掃して、事業そのものに注意をこらすであろうと信じるからです。

四 しかしながら、すでに一部の人びとは、私が閣下と近づきになるのを遠慮するように、「あれは追従者を大事にし、忠告する者を蔑む人間だ」と申しております。もしもこのような警告を本気に受け取ることができたなら、私の心はどれほど平安であったことでしょう。けれども、誰も私に説いて、識見においても行動においても、かくも秀でることが、人から学び、また聴従することなしに、またみずから発見することなしに可能であると信じさせることはできません。世界の各地から賢知を呼び集めてこそ、おのれの精神を鍛えることができるのです。

五 書簡をさしあげようと思い立ったのは、以上の理由からですが、これから申し述べようとすることは、きわめて重大な事柄に関わり、いま生を享けている者のうちで閣下以上にこれを聞くにふさわしい方はありません。どうか、閣下を私の著述の聴講者にしようという下心から、熱心に勧めているとお考えにならない

(1) これと、いまスパルタが自国の領土防衛で精一杯であることと（八節）、アテナイとディオニュシオスが友好関係にあることから、本書簡の執筆は前三六八年と推定される。

(2) プラトン『パイドロス』二七五Eに同趣のことが言われている。また『ピリッポスに与う』二五―二六を参照。

ように願います。私の野心は弁舌の誇示にはありませんし、また閣下がそのような者にすでに飽いておられることも忘れてはおりません。**六**　それだけでなく、以下のことは衆目にも明らかです。雄弁の披露を必要とする者には祭典こそがふさわしい——というのも、そこでなら実に多くの人の群れに、おのれの力量をふり注ぐことができるでしょうから——が、何かを成し遂げようとする者は、言論によって説明された事業をすみやかに完成するであろう人と話をかわすべきである。**七**　そこでもし私が一国のためだけに忠告をなそうとしていたのであれば、その当事国の指導者たちに対して語りかけたでしょう。しかしながら、私の用意した献策は全ギリシアの安寧のためであり、そうであってみれば、ともに語るべき相手として、ギリシアの第一人者であり最大の権力を有している方以上に正当な人がいるでしょうか。

八　しかも状況は明らかに不利に動いてはおらず、私どもがこれに言及する好機です。なぜなら、ラケダイモンが覇権を掌握していたときは、閣下にあってもギリシア本土方面に関心を振り向けることは難しく、彼らと対抗して事を進めると同時にカルタゴ人との戦争を続行することも容易ではありませんでした。しかし、ラケダイモンがいま自国の領地を守ることに汲々としているありさまで、他方私どもの国は、もし閣下がギリシアの幸福のために事業をなさんとするならば、喜んで共闘するであろうこのとき、閣下が手中にしているいま以上の好機がどうして訪れましょうか。

九　どうか驚き訝しまないでいただきたく存じます。私が民衆を指導する雄弁家でもなければ、選ばれて将軍となった者でもなく、またいかなる意味での実力者でもないのに、これほど深刻な事柄を取り上げ、全ギリシアのために述べ、かつまた閣下に忠告するという、二つの重大な企てを行なったことを。つとに私は政治活動を断念いたしました——その理由を述べれば、長い話になります——けれども、よもや私が、小事を蔑して大事を遂げようと努める教養に欠けるとみなされることはないでしょう。一〇　したがって何も異とするにあたらないのです。何がほんとうに有益かについて、なりゆきで政治家となって名声を博している者らよりも、私のほうが深く知っていて当然ではありませんか。なにがしかの取り柄のある人間ならば、事を明らかにするに逡巡してはならず、次に述べる事柄によって[1]…………

(1) 以下欠落。

書簡二　ピリッポス宛(1)

一　私はよく承知しております。ひとはすべて賞讃する者に感謝することはあっても、忠告する者には、まして頼まれもしないのに説教する者を喜ぶものではありません(1)。私にしても、もし以前に(2)閣下にふさわしいと私が思うところの事業を、どのようにして実現に導くかの勧告を非常な好意をもってしておりませんでしたら、今回、閣下の遭遇した事故についても何も申し上げることはしなかったでありましょう。二　しかし、私が閣下の事業に深い関心をはらうことにしたのは、わが国のためでありまた他のギリシア人のためであったので、絶対に避けて通れないというほど重要ではないことについて勧告しておきながら、緊急のことのためには一言もしなかったなら、恥としたでありましょう。しかも先般は名声の発揚のためでしたが、今回は一身の安全がかかっていたことを承知しているだけになおさらです。閣下は命を粗末にされているのではないか、今回の件をめぐる批判を聞いた者は一様にそういう印象を受けました。三　死地に身を置くなどは匹夫の暴勇であって、王者のなすべきことではない、また閣下は全体の情勢よりも武勇の賞讃に気を取られている、と評さなかった者はありません。敵に取り囲まれておめおめと屈するのも、また不慮の出来事が強制しているわけでもないのに敵勢のただ中に突入するのも、ひとしく汚名となります。後者の場合、成功しても大事業を成し遂げたわけでなく、命を落とせばいままでに築き上げた繁栄のすべてを無に帰することになったでしょう。**四**　戦場で最期を遂げることのすべてが美しいものではなく、ただ祖国と親と子のために果たしたそれだけが賞讃に値するのであって、それらすべてを害し以前の功業に泥を塗る死は恥辱とみなすべきであり、汚名の原因となると考えてこれを避けなければなりません。

五　私の考えるところ、諸国の軍事行動のやり方をまねるのが閣下にとっても有益であろうと信じます。というのは、どの国も軍隊を派遣するときの慣習として、命令機関と喫緊の要事を審議する機関とを安全な場所に確保しているからです。この措置によって、わずか一度の敗戦で国の力のすべてが失われることはなく、多くの災厄に堪えて再起をはかることができます。**六**　これを閣下も検討すべきでしょう。そして身の安全よりも尊いものはない、これによって勝利を得た場合もそれを適切に生かすことができるのだと考えなければなりません。またラケダイモン人を例にとれば、王たちの安全について多大の配慮がなされているのを見ることができるでしょう。(3)市民の中から名望の高い者を選りすぐって親衛隊をつくり、この隊員は王が討ち死にするのを座視するのは、楯を投げ捨てるよりも大きな恥とされています。**七**　さらにまた、例の、

(1)『書簡九』(アルキダモス宛) 六を参照。
(2) この書簡は、前三四二年から始まったトラキア戦争中に書かれたと推定される。これに先んじて前三四六年に『ピリッポスに与う』が執筆された。
(3)『平和演説』一四三、『ピリッポスに与う』八〇を参照。

ギリシアを奴隷化しようとしたクセルクセスと、王位継承を争ったキュロスとの間に起こったこともお忘れでないでしょう。一方は、他に例を誰も知らないほどの散々な敗北と災禍に陥ったにもかかわらず、おのれの生命を大切にしたおかげで、王座を維持してこれを子供に遺したのみならず、ギリシアにとっての脅威を前代よりいささかも減らさずに、アジアを統治しました。八　他方のキュロスは、ペルシア王の軍とのすべての戦いに勝ったのち、おのれが性急に走らなければ帝国をわがものにしたであろうに、これほどの権力を取り逃がしたばかりか、彼に随行した軍勢を窮地に追いやりました。また、大軍の将でありながら、先に討ち死にしたために、無数の兵を巻き添えに滅ぼした例は、たくさん挙げることができるでしょう。

九　以上を念頭に置いて、先を考えぬ愚かしさや時機を逸した名誉心にとらわれた勇猛を誉れとしてはなりません。また専制君主制には特有の危険が多くあるのに、栄えなき兵士にふさわしい危険をおのれのために編み出すべきではなく、さらに、不運な生を逃れようと願う者や、もっと高い給料にありつくために一か八かの勝負に出る者と張り合ったりしてもなりません。一〇　ギリシア人でも異民族でも多くの者が得たような名声を望むのではなく、いまの世にある人の中でひとり閣下のみが獲得しうるような、空前の名声を望むべきです。匹夫でもあずかりうるような徳をむやみと愛好せずに、劣悪な人間にはけっして手の届かない高い徳を目指さなければなりません。一一　また、名誉ある容易な戦ができるのに、栄えなき困難な戦争をしてはならず、最も親密な味方を苦慮させ、敵に大きな期待を抱かせる（いま閣下のしているような）戦争は避けるべきです。いま閣下が相手をしている異民族については、閣下の支配する地域の安全が確保される程度で満足し、いま大王と呼ばれている者をこそ打倒すべく努めるべきでしょう。閣下自身の名声を挙げ、ギリシア人に誰と戦うべきかの手本を示すために。

一二　このようなことは、出征以前に書簡で申し上げていたならば、どれほどよかったことか。閣下が耳を貸してくださったならば、これほどの危険に陥ることはなかったでしょうし、また聞き入れなかった場合でも、苦い経験で誰もが知ることと同じ内容の忠告を私がしているとは思われず、実際の出来事が私の語った言葉の正しさを証言するものとなったでしょう。

一三　まだまだ言うべきことはありますが、事柄の性質上、ここでやめなければなりません。思うに、閣下にせよ、側近のすぐれた方々にせよ、私の申したことに好きなだけ、容易につけ加えることができましょう。加えて、時宜を逸することになりはしないかと私は懸念するのです。いまもいつのまにか少しずつ、書簡の適正な長さを越えて、論説の域に漂着してしまいました。

一四　しかしそうではあっても、アテナイのことを省くわけにはいかず、わが国との友好と親昵《しんじつ》を深めることを閣下に勧める試みをしなければなりません。思うに、報告に来る人間は大勢いて、閣下についてわが国で語られている一等厳しい意見を述べるだけでなく、自分からもつけ加えていることでしょう。これらに注意をはらうことは適当でありません。一五　なぜなら、もし閣下がわが国の民衆が讒言《ざんげん》を軽々しく信じすぎると非難しながら、ご自分は讒言の術に長けた者をほんとうのところは信じているのだとすれば、奇妙なふるまいになるからです。アテナイ国家が有象無象によって引きずられやすいと明言する人は、それだけアテナイが閣下の目的に役立つと証明しているのであり、これが閣下にわからぬとも思えません。実際、もし何らの善もなしえぬ輩が言論によって思いどおりのことを成し遂げているのであれば、実際行動によって最大の恩恵を下す力のある閣下ならば、きっと、われわれからどんな成果でも取得できるとみてよいでしょう。一六　私の考えるところでは、わが国を厳しく告発する例の人びとに対しては、すべてそのとおりであると言う人と、アテナイはまったく不正行為をしていないと主張する人とを対置すべきです。私はいずれの主張もする者ではありません。世には、神々さえ過ちを犯すこともあると認める人もいるというのに、いまだかつて一度もわが国が正道を逸脱したためしはないと言いつのり説得しようと試みるなどは、わたしの恥とするところだからです。(1)一七　しかしながら、アテナイについては次のように言うことができます。この国以上に、ギリシア人にとっても閣下の事業にとっても役立つ国は見つからないだろう、と。この点にこそ注意がはらわれるべきです。というのは、アテナイが閣下と実際に同盟して戦えばもちろんのこと、友好関係にあると思われるだけでも実りが大きいからです。一八　いま閣下の膝下にある国々が、もしどこにも避難所をもたないことになれば、これを押さえ込むことはいっそう容易になり、また異民族についても、望みさえすればどこでもすみやかに征服できるでしょう。この友好関係によって、現有の支配は安全に維持し、しかもさらに勢力を拡大することが危険なしにできるというのに、それでもこれを強く求めてはならない理由があるのでしょうか。一九　私は驚きに堪えません。傭兵軍というものは頼りにする者を救うよりは、むしろ不正をはたらくことのほうが多いと百も承知しながら、有力な国々がこれを雇って大金を費やす一方で、これほどの実力を備え、個別の都市をも全体としてのギリシアをも、すでに幾度となく救ってきた実績をもつ国家とは、どうして誼を通じようともしないのでしょうか。二〇　だが考えてもみてください。閣下はテッサリア人との交渉で、(3)賢明な決断をされたと多くの人に思われていますが、それは、彼らが扱いにくく、自尊心も高く争いごとの絶えない人びとであるにもかかわらず、正義と彼らの利益をともに尊重してこれに対処したからです。ならば、われらアテナイに関しても同じように行動すべきでしょう。閣下と近接するところのものが、テッサリア人にあっては領地であり、われわれにおいては軍事力であることを知るならば、何としてもわれわれを味方に引き寄せる努力をすべきです。二一　諸国家の好意を獲得することは、城壁を築くよりもはるかに美しいことです。(4) 後者のような動きは、嫉視を生み出すだけでなく、その原動力が軍隊にあることを悟らせます。これに対して、親睦と好意を獲得されるならば、すべての人が閣下の心ばえを賞讃するでしょう。

二二　アテナイについて私が申し上げたことは、信用してくださって大丈夫です。私は言論において自国におもねったりする習慣はなく、誰よりも多く批判してきたからで、(5) また多数者やその場次第で意見を左右する人びとの間では人気がなく、閣下と同様に、誤解や嫉妬の対象になっていることが判明するでしょう。もっとも、次の点だけは異なります。閣下に対する誤解と嫉妬は権力と栄華が招いたものですが、私の場合は、私が彼らよりも思慮にすぐれると公言し、また彼らが彼ら自身よりも私と話をかわすのを多くの人びと

(1)『パンアテナイア祭演説』六六に「すでに以前にも言ったことであるが」と断わられて同じことが述べられている。

(2)『ピリッポスに与う』一二九でアテナイは、マラトンの戦いとサラミスの海戦においてペルシアから、クニドスの海戦でスパルタから、ギリシアを救ったと言われている。

(3)『ピリッポスに与う』一二〇を参照。

(4)『ピリッポスに与う』六八を参照。

(5)『アレイオス・パゴス会演説』『平和演説』などを指す。

が願っているのを見ているからです。二三　われわれが彼らから受けている評価を、同じように容易に駆除できたらと思わずにはいられません。しかし実際は、閣下の場合は望みさえすれば、取り除くのは難しいことではありませんが、私は老齢やその他の事情によって、現状に満足せざるをえません。

二四　これ以上の言葉はもう必要ありませんが、ただ一点、閣下の王権と現在の栄耀の基盤をギリシア人の好意に委ねるならば、まことに瞠目すべきことであると申しておきましょう。

書簡三　ピリッポス宛（2）

一　私は、(1)アンティパトロスとも、(2)アテナイと閣下の双方にとっての善後策を話し合い、納得のいくまで充分な時間をかけましたが、閣下にも一筆啓上し、和平後に取るべきと私の信じる政策について、論説の形式で書かれるものと同様ではありますが、それよりはずっと簡潔に表明したいと愚考いたしました。

二　先のときは、私は次のように勧めました。閣下はまず、わが国とラケダイモン、テーバイ、アルゴスを和解させ、ギリシアを一致団結させなければならない。それというのも、主要な都市の思慮をその方面に向けるよう説得しえたならば、他の諸邦もすみやかにこれに従うと考えられるからである。さて先般は機が

（1）この書簡は前三三八年のカイロネイアの会戦の直後に書かれた。イソクラテスは九十八歳、まもなく死ぬことになるので、絶筆になる。

（2）マケドニアの筆頭重臣で、ピリッポスが外征するとき（さらに後にはアレクサンドロス大王の東征のときも）、留守役となって国王代理を務めた。前三四六年にはピロクラテスの和平条約締結のためにマケドニア全権使節としてアテナイを訪れ、カイロネイアの会戦以降も、アテナイとの折衝に当たった。

熟しませんでしたが、今回はもはや説得の必要はありません。戦いの結果、すべての国が慎思し、閣下のなさんとするところ、言わんとするところを忖度《そんたく》し、その忖度したところをおのが望みとするほかはありません。すなわち、互いに振り向けていた狂気と領土拡張をやめ、アジアに戦いの鉾を向け変えることです。

三　多くの人の尋ねるところですが、異民族征討は私が閣下に勧めたことなのか、それともそれは閣下がお考えのことで、私の論が一致しただけなのか。私ははっきりしたことは知らない（というのも、閣下とは一面識もございませんから）が、しかし思うに、あちらにはその腹案があったであろう、私の論はたまたまその願望に一致したのであろうと答えておきました。これを聞くと誰もがみな私に要望し、ほかならぬこの決意を閣下が守り抜くように勧め励ますように、かつてこれ以上に美しく、またギリシアに貢献する偉業はなく、また今後これ以上の好機もないのだから、と口々に申すのです。

四　もし私にかつての気力があり、老衰の甚だしきに至っていなかったならば、書簡によって意見を述べるのでなく、じかに面談して閣下を督促し、この偉業に向けて激励したでありましょう。しかしそれはかなわぬこと、力を振りしぼって遠くから声援を送ることにいたします。これに最終的な決着をつけるまでけっして断念されないように。一般には、飽くことを知らぬのは美しいことでありません。中庸が世の多くの人びとの間で歓迎されるものだからです。しかしながら、偉大な輝かしい名声への望みは、これにけっして満足しないことこそが、まさに閣下のごとく卓絶した人にふさわしいのです。五　考えてもください、やがて、異民族を（閣下に従軍したものを除いて）ギリシア人の農奴とし、いま大王と呼ばれている者をして、閣下のあらゆる指令に服せしめたあかつきには、この世の誰も凌駕しえない、かつはまた閣下の事業にふさわしい名声を獲得されるでしょう。もはやこの上は、神となることのほかにないでありましょう。そしてこの偉業の達成は、閣下がはじめにもっていた王座から出発して現在の権力と名声に登りつめることに比べれば、はるかに容易であります。六　私がこの老齢に感謝することはただ一つ、私の生をここまで引き延ばし、ついに、壮年の頃に夢想し、民族祭典演説にも閣下に宛てた論説にも書き綴ったことが、すでに一部は閣下の行動によって実現するのを見、残りは実現の希望がもてるに至ったことであります。

(1) カイロネイアの会戦。

書簡四　アンティパトロス宛

一　マケドニアに書簡を送るのは、わが国が貴国と戦争状態にある今[1]だけでなく、平時においても、私どもには危険であったのですが、私はそれでもディオドトス[2]について、あなたに書き送ろうと決心しました。私の門弟となって私どもの名を辱めなかった人びとはすべて高く評価するものですが、とりわけて彼は私どもに対する好意とそのほかにも立派な人柄のゆえに大切に考えてしかるべきだと信じるからです。二　何よりも私自身から彼をあなたにご紹介していたらよかったのですが、別の人を通してあなたに面会した後ですので、私にできることは、彼について証言し、あなたから受けた知遇をいっそう確実なものにすることだけです。多数の人びとがさまざまの国からやって来て私に弟子入りし、なかには大変有名になった者もありますが、それ以外にも、あるいは言論に、またあるいは思考と行動に練達した者があり、さらにまた慎み深く典雅な生き方を身につけたが、一般の実際的な活動には生来不向きの者もありました。三　ところがディオドトスは、実に恵まれた素質の持ち主で、以上挙げたすべての点で完璧の域に達したほどでした。このようなことは、もし私自身が厳密に検査したのでなかったなら、またあなたが実際に検分する一方で、他にも彼の知り合いから情報を得ることで登用することになるだろうと予期していなかったなら、あえて申し上げはしなかったでしょう。**四** 彼を知る者で、よほど妬み深い人間でないかぎり、次のことに同意しない人は一人もおりません。ディオドトスの語る力、熟慮決定する力が誰にも劣らないこと、正義と克己節制において比類なく、金銭の誘惑にけっして屈しない人物で、さらにともに日を過ごし、生活をともにする相手として、これほど楽しく愉快な人はなく、以上に加えて実に率直であること、それも度を越すことはなく、友人に対する好意を証するものとしてこれ以上はないと思われるような表裏のない態度で接する人であること。

五 このような率直さは、権力者たちのうちでも魂の器量の大きな人物ならばこれを有用なものとして尊重いたしますが、生まれつきが与えられた自由裁量よりも貧弱な者たちは、おのれの好まぬことをするように強いられると思って毛嫌いするものです。彼らは、何が益するかについて諫言を敢えてしてくれる者こそが、自分たちに望むことをする自由を用意してくれることを知らないのです。**六** けだし、阿諛追従を習いとする者を登用するならば、不可避の危険を多く伴う君主制の維持ばかりか、比較的安定した体制さえ存続が危ぶまれるのに対して、最善の道を率直に公言する者によれば、破滅するやもしれない多くが救われるでしょう。まさにこのことゆえに、真実を隠さず表明する人物は、いずこの君主制のもとにあっても、甘言に終始して何ら恩賞に値しないことを述べる者たちよりも重用されてしかるべきでしょう。しかるに現実は、

(1) 本書簡は、この戦争への言及から前三四〇か三九九年に書かれたと推定できる。

(2) この人物は本書簡以外に知られていない。

いくつかの君主政体では前者が不遇をかこっております。

七　ディオドトスもまた、さるアジアの権力者たちのもとで、まさしくそのような不興を買ったのですが、それは彼らのために建策だけでなく実際の行動や戦争においても実績を多く挙げたにもかかわらず、彼らを益するための事柄について率直に意見を具申したために、故国で有していた栄誉ある地位もその他栄進の望みも奪われ、いい加減な人間のへつらいのほうが彼の功績よりも重んじられたからです。八　このことがあったために、ディオドトスは貴国へ赴こうと思い立っても、そのたびに躊躇することになりました。権力者というものはいずれ似たり寄ったりだとみなしていたからではなく、以前の君主との間で難渋した経験があったために、貴国にかける望みが萎えていたからなのです。たとえてみれば、船乗りがはじめて嵐を経験すると、快適な航海にあうことのほうが多いと知っていても、二度と海に乗り出す気がしなくなる、それと同じような心境にあるのだと私には思われます。しかしながら、ディオドトスはあなたにお会いしたのですから、正しい道を進んでいるのです。九　私はそれが彼のためになるだろうと計算していますが、それはとりわけ、あなたが異国の来訪者に温情をかける人だという評判から推し量ってそう思うからですし、次に、恩恵を施すことによって信頼できる有能な友人を獲得し、また人に親切にしてやって他の人びとからも感謝されることほど、快くしかも有益なことはないのを、あなたが知らないはずはないと思うからです。実際、情理をわきまえた人はみな、すぐれた人物が丁重に遇されるの見ると、自分が厚遇されたかのように、これを遇した人を賞讃し尊敬するものです。

一〇　とまれ、思うに、ディオドトスは自分の力であなたの関心を引くことができるでしょう。私は彼の息子にも説得を続けて、貴国に仕えることを勧め、あなたに弟子入りするつもりで、立身の道を試してはどうかと言ってみました。こう私が言うのを聞いて、彼はあなたの愛顧を受けたいとは思うが、それに対しては栄冠を争う競技を前にするときと同じような気持ちでいると答えました。一一 競技に勝ちたいとは思うけれども、栄冠に値する力をもたないために競技に出る勇気がないのと同様に、貴国で栄誉ある地位を得たいとは願うものの、得られるとは期待していない。自分の経験不足と貴国の赫々たる名声に気おされてしまっている、それにまた体格が貧弱で、欠陥もあるので、これが実務の多くの障害になっているというのです。一二 さてしかし、この息子も自分にとって益になると思われることがあれば、そうするでしょう。あなたは、彼が貴国にとどまるにせよ、こちらのアテナイに落ち着くことになるにせよ、何なりと彼が必要とすることにご配慮いただきたいのですが、とくに彼と彼の父親の身の安全を、よろしくお願いします。彼らは、いま充分に敬意がはらわれてよい私の老齢からの、また、いくらかでも真剣な関心に値するものだとして、私の得ている名声からの、さらにつねに変わらずに保持してきた私の貴国に対する好意からの預かりものであると、彼らのことを考えていただくように。一三 いささか長い手紙になり、また余計な口出しや、老人の繰り言めいたものになりましたが、驚き訝しまれないように。私は他の一切の顧慮を振り捨て、ただ一つ、親しい人たち、私の大切な人たちのために、誠意を表わすことだけを考えたからなのです。

書簡五　アレクサンドロス宛

一　ご尊父[1]に手紙を書きながら、同じ場所に住んでおられる殿下に挨拶状も差し上げないのは、おかしなことだろうと私は思いました。ここはぜひ、一筆したためて、読む人に私が老齢[2]のために惚けてしまったとか、まったくたわごとを弄しているとか思われないように、まだまだ壮年の頃の知力を辱めないものが残っていると認めてもらわなければなりません。

二　誰もが口をそろえて言うに、殿下は仁愛に満ち、アテナイ贔屓で、哲学に励んでおられるとか。それも思慮を逸したものではなく、正気の哲学を学んでいると聞いております。というのも、われわれアテナイの市民の中から殿下が迎えているのは、自分自身を閑却したり、つまらぬものに欲望を抱く者でなく、ともに時を過ごす際にも悩まされることがなく、また集まって共同で事を行なっても危害や不正を蒙ることのない、つまりは賢明な人が親しくする者であるから、と。三　さらに哲学についても、論争競技的なもの[3]も拒否はされないけれども、しかしそれは私的な議論では優位に立つが、人民の指導者や君主にはふさわしくないとみなしておられるとか。たしかに、並外れて高い志を抱懐する人間にとっては、同国の人びとに論争をしかけたり、またほかの者に反論するよう誘ったりするのは、有益なことでも似つかわしいことでもありませんからね。

四 そのような課業を好まず、むしろ言論の教養を選ばれているとお聞きします。これは日々に生じる実際の問題のためにわれわれが役立て、また国家公共の事柄についても是非を論じるときも助けとなるものです。これによって殿下は、将来のことについて前もって適正に判断することができ、配下の者にも、それぞれが何をなすべきか、思慮ある命令を下すことを学ばれるでしょうし、他方また正邪美醜について過たずに判定し、加えて各人にふさわしい賞罰を与えることができるでしょう。**五** ですから、いま殿下がそのような課業に励まれるのはまことに賢明なことです。長じてなおこの教養を堅持するならば、いま父上が世のすべての人を上回っているのに劣らず、殿下の賢慮はひときわ抜きん出たものになるだろうと、父上はじめ他の人びとも期待できるからです。

(1) ピリッポス二世。冒頭の挨拶から見て、この書簡は『書簡二』(ピリッポス宛(1))と一緒に届けられたものと思われる。後のアレクサンドロス大王は、このとき十四歳ぐらい。新しい教師としてアリストテレスが着任していた。

(2) イソクラテスはこの頃九十四歳。

(3) 『ヘレネ頌』六を参照。プラトン学派へのあてこすりと想像される。

書簡六　イアソンの子ら宛

一　あなた方[1]のもとに派遣された使節の一人が知らせてきたところによりますと、ひそかにその人だけを招いて、私があなた方のもとに逗留してじっくり話し合うことができないかご下問になったとか。私としましては、イアソンとポリュアルケス[2]との客友関係のためにも、伺候できましたなら嬉しかったことでしょう。親交を温めることで、われわれみなが裨益されると思うからです。二　しかしながら、私のほうに障りごとが多々あって、何よりもまず、体力が長旅に耐えられず、またこの齢になって異国に長期滞在するのは何かと不都合があり、次にまた、この海外移転のことを聞きつけたなら、皆こぞって私を軽蔑するでしょうが、これまではずっと隠遁生活を選び取っていたのに、年老いてから他国に滞在したりするというのでは、侮られてもいたしかたありません。かりにこれまで異国の地で過ごしていたとしても、死期も近づいたいまは、帰国を急ぐほうが至当であったでしょう。三　加えてまた、私はアテナイに（ほんとうのことを打ち明けなければなりません）懸念を抱いております。私の見るところ、諸都市のアテナイとの同盟関係は早晩壊れるでしょう。貴国との関係もそのような事態を迎えたなら、かりに裁判に訴えられる危険を逃れえたとしても

（それすらもほんとうは難しいのですが）、しかしその場合でも、アテナイ国家のためにあなた方を冷たくあしらったと人に思われるにせよ、あなた方を慮って国家を蔑ろにするにせよ、いずれにしても私の恥となります。利害が相反する以上、いずれをも満足させる方策がどうしても私には立ちません。これが、私の意のままにならない事由です。

四　しかし、自分の都合ばかり書き綴って、あなた方の事情は等閑にしてよいと思っているわけではなく、実際に対面していたならば話したはずの論題については、全力をあげて委曲をつくす所存です。私がこの書簡を綴ったのはあなた方との友情のためであって、どうか、筆力を誇示しようという魂胆からだなどと誤解なさらぬように。私は、すでに壮年の時を過ぎて、以前に公表したものよりも上手には書けないだろうし、拙いものを公にすれば、現在の評判を損なうことになります。私はそんなこともわからぬほど惚けてしまったわけではありません。**五**　それにまた、かりに私が自己顕示にばかり気をとられて、真面目にあなた方の相手をするつもりがなかったのであれば、私は、適正に立論することの難しい、このような題目をわざわざ選んだりはせず、別にもっと美々しく理にかなった主題を探し出したでしょう。しかしそれはともかく、以

（1）前三七二年、テッサリアのペライの独裁者イアソンが暗殺された後、その兄弟ポリュドロスとポリュプロンは二頭政治を行なうが、並び立たず、まもなくポリュドロスが殺される。翌年、ポリュドロスの子アレクサンドロスが、ポリュプロンを殺し独裁者となる。その十年後、アレクサンドロスは、妻のテベ（イアソンの娘）にそそのかされた彼女の異母兄弟たちによって殺される。本書簡は前三五九年に、テベとその異母兄弟ティシポノスに宛てたもの。

（2）この人物については不詳。

前も私はけっしてその辺りに名誉を求めたことはなく、むしろ多くの人の眼にはとまらぬ別の野心を抱いていたのだし、また今回もわざわざ骨折って書簡を寄せたのは、そのようなつまらぬ了見からではなく、六 一つにはあなた方がさまざまの深刻な問題をかかえているのを知り、また一つにはこれについての持論を披瀝したいと考えてのことです。按ずるに忠告ということにかぎれば、私はいまが盛期にあるでしょう。私のような老人は経験によって教えられ、最上のことを見抜く力が若年の者よりはよほどまさっています。しかしながら文辞に関しては、以前よりも優雅に調べを整え、彫心鏤骨をつくすなどは、もはや私どもの年齢のよくするところではなく、あまりだらだらした論を垂れ流すことがなければよしとしなければならないでしょう。

七 これから申し上げることの中に、以前に聞いたことがあっても驚かないでください。なかには、うっかりして紛れ込んだものもあるでしょうが、ほかは議論に適切かどうか見きわめて、取り入れたものです。実際のところ、他の人びとが私の考案を利用しているのを見ていながら、当の私だけ自分が以前に述べたことの繰り返しを避けるというのも妙な話ではありませんか。(1) このような前置きをしたのも、これから最初に引きあいに出す考えが、いつも口にしているものの一つだからです。八 さて私は常日頃、私どもの哲学に携わる人びとにこう申しております。まず、言論全体およびその各部分がなしうることは何かを検討しなければならない。そしてこれを見つけ出し、細かい段取りを決定した上で、これらを実現し、最初に掲げた目標に達するための表現法を探さなければならない。以上は言論の鉄則として言っているのですが、その他万般について、またあなた方の懸案についても妥当することです。九 といいますのも、最初に充分に予知をはたらかせて、これを推理し思量を重ねなければ、何事も理性的に遂行できません。肝心なことは、将来に向けておのれ自身をどのように導くか、いかなる生き方を選ぶか、またいかなる名声を目指し、いずれの名誉を大切にするか、市民が自発的に贈るものをか、それとも強いられて捧げるものをか、ということです。これらを明確に定めたならば、次は日々の業務を検討し、最初に立てた基本方針に向けて全力を傾注すべく努めなければなりません。一〇　このような追求と哲学を持続することによって、いわば標的が据えられたように、精神の狙いが定まり、よりよく真の益を射当てることができるでしょう。(2) これに対して、そのような基本方針を確立せずに、偶然の運を頼みに行動するならば、必ずや、考えがあらぬ方向に揺れ動き、さまざまの方面で失敗するでしょう。

一一　おそらくは、なりゆきまかせの生き方をしている人びとのうちには、こういった条理をせせら笑い、先に述べられたことについての忠告をただちにするよう強要する者がいるでしょう。であるからして、忌憚なく愚見を表明しなければなりません。私には、僭主よりも庶人の生のほうがはるかに望ましい生き方に思われます。名誉も専制君主制国家のもとで受けるものよりも、共和制の国家のもとでのそれのほうが心嬉しいものと考えています。そこで、これについてご説明いたしましょう。一二　といっても、私はこの考えに反対する者が、とりわけあなた方の側近に多数いることを失念してはおりません。思うに、誰よりもそうい

(1)『ピリッポスに与う』一一および八四を参照。『ニコクレスに与う』九に類似の表現がある。また『ピリッポスに与う』一二九を参照。
(2) 到達目標を明確にした上で統治のあたるべきことの心得は、

う人びとが、あなた方を専制支配に駆り立てていることでしょう。それというのも彼らは、物事の本質をあらゆる角度から見ることをせず、自らを欺いて多くの間違った結論を引き出すからです。放恣や利得、快楽を目の当たりにし、その分け前にあずかることを期待する一方で、支配者とその親族に降りかかる擾乱、恐怖、災厄は目に入らない。醜悪きわまる非道な行状に及ぶ人びとと同じ幻想にとらわれています。一三　彼らとて事の陋劣無惨を知らないわけではなく、ただ甘い夢を抱いているのです。そこに含まれている善だけを摘み取り、その現実に附着した恐るべき悪は免れることができる、危険からは遠ざかり利益からは離れずに自分自身のことを取り仕切ることができるだろう、と。一四　実に気楽なものだと、こういう考えの人びとが羨ましくも思えるのですが、私自身は他人に忠告する際に、当事者を閑却して自分自身の利のみを図ることを恥といたします。私一個のことは完全によそにして、利益にせよ他の何にせよ最善を勧めなければなりません。そこで、私がこのような考えでいることを忘れずに、どうか注意して………(1)

(1) 以下欠落。

書簡七　ティモテオス宛

一　私どもの旧交[1]については、いろいろな人からお聞きになったと思いますが、私は報せを聞き、謹んで慶賀を表明するものです。何よりもまず、継承した支配権力を父上よりも立派に思慮深く行使されているということですし、さらにまた、大きな富を集めるよりも美しい名声を獲得するほうを選ばれているとか。それは徳の小さな徴ではなく、そのような見識の持ち主であることは、徳を最大に証するものだからです。それゆえ、あなたのいまの評判を裏切ることがなければ、あなたの賢慮とその選択を賞讃する人が陸続と現われることでしょう。二　按ずるに、広く知られた父上についての話は、あなたが思慮に秀でた抜群の人物で

(1) この書簡が宛てられたティモテオスの父クレアルコスは、かつてイソクラテスに学んだ人物（その後プラトンのアカデメイアで聴講したという）。故国の黒海のヘラクレアの寡頭派に請われて帰国したが、民衆派指導者に転じ、やがて前三六四年僭主となる。性格も変質し恐怖政治をしいて悪名を馳せた。前三五三年没。弟のサテュロスが摂政として七年ほど統治した後、前三四六年頃、甥のティモテオスに王座を譲った。

あるという世評を大いに保証することになるでしょう。というのは、大多数の人間は、評判のよい父から生まれた子を、残忍非情な父の子が父親と似ても似つかぬ者であると知った場合ほどには賞讃も崇敬もしないものです。およそ一般に世の歓迎するところは、意外な善が結果することであって、ありうべき適正な事態が生じることではないからです。

三　このことを胸に刻んで、探求と哲学に努めなければなりません。どのようにすれば、また誰とともにあれば、誰を助言者とすれば、国家の不幸を立て直し、市民を仕事と克己節制に向けて励まし、人びとが前の時代よりも快適に溌剌と生きるようにすることができるか、と。これこそが、正しく思慮深い君主の行なうべきことだからです。**四**　しかし君主の中にはこれらの努力を蔑む者もいて、考えることはといえば、放埒三昧に生きること、市民のうちの最もすぐれ、裕福で思慮深い人びとを虐待し、財産を没収することしか頭にない。思慮にすぐれ栄位に就いている者にふさわしい行為は、他の人びとの不幸を自分の快楽に供することなく、おのれの身を慎んで市民を幸福にすることであり、**五**　酷薄非情な統治をしていながら、おのが身の安全について油断するようであってはならず、むしろ逆に、誰も反逆しようとする気を起こさないほどに穏やかにまた法を尊重して政務を指導しつつ、他方では誰もが命を狙っていると考えて、細心の警戒を怠らないことが肝要である。このような心がけでいれば、身の危険から免れるとともに人びとの尊敬も得られるだろう。これよりも大なる善を見つけるのは困難です。**六**　ところで、書きながら気づいたのですが、たまたまあなたには幸運が授かっている。巨大な富を獲得するには、暴力と独裁権力を行使し、多くの怨嗟を浴びてしなければならなかったでしょうが、それは父上があなたに遺してくれました。これを美しく仁慈にかなった仕方で使うことは、あなたの意のままです。このことには周到な配慮を惜しんではなりません。

七 さて以上は私の考えを述べたものですが、実状もこのとおりであるのです。もしあなたが富や強大な権力や、またこれを獲得するために危険を冒すことがお望みならば、誰かほかの人を助言者として招聘すべきです。だがそれらにはもう満足し、望むところは徳と美しい名声と多くの人びとからの好意にあるのでしたら、私の言葉に注意をはらい、おのが国家を立派に治めた人びとと競い、これを凌ごうと努力しなければなりません。**八** 聞くところによると、メテュムナ(1)に君臨するクレオンミスは他の行動一般においても高貴ですぐれた思慮深い人物ですが、とりわけ市民を殺したり追放したり財産を没収するなどの悪政を排して、自国民の安全をはかり、国外亡命者の帰国を許して、**九** 失った財産を返還し、これを先に買い取っていた人びとには、それぞれの物件に応じて補償してやり、加えてさらに全市民に武器を給付したといいます。彼に対して体制転覆をもくろむ者はないと信じてのことですが、かりにそういう事態になっても、このような徳を示して死ぬほうが、国家に最大の悪をもたらした元凶として長く生きるよりも、自分にとってよいことだと判断したのです。

一〇 この点については、もし緊急に書簡を呈しなければならない事情になかったならば、さらに多く、またもう少し優雅な言葉づかいであなたに宛てて論じたことでしょう。老いの身が私を妨げることがなければ、またの機会にご忠言することにいたしましょう。さしあたっては、私事をお知らせしなければなりませ

(1) レスボス島の都市。

ん。この書簡を持参したアウトクラトルは、私どもの親しい友人です。一一　同じ学業に携わり、私も何度か彼の技術を借りたこともあり、また、あなたのもとに伺候することについては、最終的に私が相談役になりました。以上すべての理由から、私はあなたが彼を登用し、私ども双方に益するようにしてくださることを、またアウトクラトルが有為の人物となったのは一部は私の力もあずかっていることが明らかにされるのを願っております。

一二　また、あなたにはこのように熱を入れて書簡を呈したのに、クレアルコスにはかつて何も要請しなかったことを不審に思わないでいただきたい。海を渡って私どもを訪れる人のほとんどすべてが、あなたは私の最良の門人に匹敵すると申しております。これに対して、クレアルコスは、私どものもとにあった当時は、出会った人びとがこぞって承認したように、同学の者のうちでも最も自由人らしく穏和で仁慈に富んだ人物でした。しかるに権力者となるや、以前に彼を知る誰もが驚くほどに豹変したのです。一三　このようなわけで私は彼と疎遠になりました。しかしあなたを疎んじる理由はまったくなく、もし私どもと打ち解けてくださるならば、非常にありがたく思うものです。もしあなたも同じお考えであれば、早速にそれを明らかにしてください。アウトクラトルを忘れずに、またかつての友情と客人関係を新たにして、私どもに書簡をお送りください。ご健勝あれ、もし何かこちらのもので必要があれば、ご通知を。

書簡八　ミュティレネの支配者たち宛

一　アパレウス(1)の子供たち、というのは私の孫たちになりますが、アゲノル(2)に音楽・文芸のことを習っておりましたので、あなた方に宛てて手紙を書いてくれと私にせがみました。お国では何人かの亡命者に帰国を認めたのだから、アゲノルとその父と兄弟にも帰国を許してもらうようにしてほしいというのです。私は孫たちに、いままで一度も話をしたこともなく昵懇でもない人たちに、これほど重大な願いごとをするのは、場違いでお節介に思われる心配があると言いきかせたのですが、これを聞いて彼らはよけい意固地になってしまいました。二　彼らは自分たちの希望が一つも実現しないので、不愉快で堪えられないでいることを誰にも隠しませんでした。その失望がいささか常軌を逸しているのを見て、とうとう私は書簡を綴ってあなた

(1) イソクラテスの養嗣子で、悲劇作家として名を知られた。この書簡は、レスボス島の都市ミュティレネの寡頭制政府に宛てて亡命者の帰国を請願したもの。八節より前三五〇年執筆であることが知られる。
(2) アリストクセノスに先行する音楽理論家として一派をなした人。

方に送ることを約束したのでした。私が愚かで厄介な人間だとみなすのは不当であるということのために、これだけは言っておきたいと思う次第です。

三　私は、あなた方がよく審議をつくして立派な決断をしたと考えています。同胞市民との和解においても、また亡命者をできるかぎり少なく抑え、国内に留まる者を多くし、わが国が内乱の際にとったやり方(1)をまねるなど、賢明な措置を取られました。とりわけ、帰国者に財産を返還したことについては、ひとはあなた方に賞讃を惜しまないでしょう。これによって、先に彼らを追放したのは、あなた方が他人の財産を没収しようとしてではなく、憂国の心情によるものであったことを証明し、世に明らかにしたからです。四　しかしながら、かりにあなた方がこれら亡命者を一人も許さないと決議したときでも、アゲノルたちだけは帰国を認めるほうが、あなた方を益すると私は信じるものです。貴国は音楽・文芸にかけて最も進んでいると世にあまねく認められ、この分野で名高い人びと(2)を生み出した国でありながら、この教養の探求において当今随一の人物を国外追放しているのは恥でありましょう。しかも他国のギリシア人は、何か立派な仕事で抜きん出た人物がいれば、もともと何の縁故もなかったとしても同じ市民に迎えているのに、あなた方は、外国で著名になった人びとで同じ血族に属する者がいても、異郷に居留しているのを放置しているというのは何としたことでしょう。五　私は、運動競技で活躍した者を大きな褒美で報いることを当然として、知恵や刻苦勉励によって有用な発見をした人を顧みない国々のあることを不思議に思っています(3)。体力の強さや速さは身体とともに滅び、知識はこれを活用する人を永劫に益するものであることが見えていない。六　ここに思いを致して、まっとうな知性をそなえた人は、自国を立派に正しく統治する人びとを誰よりも高く評価し、次いで栄誉と名声の点で国家に貢献できる人を尊重しなければなりません。というのも、世のすべての人はそのような人を見本として、他の同国市民もそのような人びとであるとみなすからです。

七　あるいはこう言う人があるかもしれません。何か頼みごとをしようとする者は、その当該のことを評価すればすむものでなく、自分自身もそれについて論じている事柄に正当な資格があることをみずから示すべきだと。そのとおりです。私は政治活動と議会演説からは身を引いていて、それは声量も胆力も充分でないからですが[4]、しかしまったくの殺潰しでも無名というのでもなく、あなた方をはじめとする同盟諸国について、何かすぐれた具申をしようとした人びとのためには、相談役でも協力者でもあったし、また私自身、ギリシアの自由と独立についでは、演壇の床をすり減らした人全部を合わせたよりも、多くの論をなしてきたことが明らかになるでしょう。八　これについては、あなた方もいくらでも私に感謝していいはずです。なぜなら、私の主張してきたような決着こそ、あなた方の望んでいたものですから。思うに、もしコノンとティモテオスが生存していて、ディオパントスがアジアから帰還していたならば[5]、いま私の求めている願いがかなうための努力を惜しまなかったでしょう。この点については、さらに多く語るべきことを私は知りま

(1) 前四〇三年の民主制復興においてとられた大赦令が念頭に置かれている。
(2) テルパンドロス、アルカイオス、サッポーなど。
(3)『民族祭典演説』の冒頭を参照。
(4)『書簡二』(ディオニュシオス宛)九を参照。
(5) コノンの子ティモテオスが亡くなったのは前三五四年。またディオパントスは前三五一年から翌年にかけて、ペルシアから離反したエジプト王の軍団を指揮していた(ディオドロス『世界史』第十六巻四八)。

せん。あなた方の中には、彼らから受けた恩を知らないほどに年が若い人も、物忘れがひどい人もいないでしょうから。

九　しかしこの件に関しては、頼みごとをしているのが誰であり、どのような人びとのために願い出ているのかを検討すれば、あなた方は最上の決定に導かれることになるだろうと思われます。私については、あなた方にも他の国々にも最大の貢献をした人たちとは、きわめて親密な間柄であったこと、また私がお願いしている人たちは、年長者や国家の重責をになう者を悩まさず、年少の者に楽しく有益な、またその年頃にふさわしい授業をするものであることが判明するでしょうから。

一〇　この書簡がいささか熱っぽく、また長くなっているのを怪訝に思わないでいただきたい。私には二つ狙いがあったのです。一つは子供たちを喜ばせることですが、もう一つは、ギリシア人の間で軽んじられることなしに生きるには、民会演説や軍隊指揮をしなくとも、私のやり方をまねるだけでよいことを、子供たちに示してやりたかった。最後にもう一つだけ言わせてください。もしも以上の提案のどれかをあなた方が実行することに決まりましたなら、アゲノルとその兄弟に、彼らの願いが実現したのは一部は私の力もあずかっていることを伝えていただきたく思います。

書簡九　アルキダモス宛

一　アルキダモス[1]、あなたとご尊父の、またあなた方の一族の讃歌を捧げようとする人びとが多数いるのを見て、頌辞をつくるのはあまりにやさしい仕事なので、その人びとに委ね、私はあなたに遠征の指揮をとることを勧める所存です。それは現今の戦争とは一線を画する雄図であり、あなたをご自身の国家のみならず全ギリシアの大いなる功績者とするでありましょう。二　このような主題を選びましたのは、どちらが扱いやすい論であるのか知らないからではありません。かえって、美しく偉大で有益な行為を見つけ出すことは困難かつ稀な業であるのに対して、あなた方の徳を賞讃するのは、その気になれば造作もないことであると知悉しているからです。あなた方については、何を語ればよいか知恵をしぼる必要はなく、その業績の跡を追うだけで十分な材料が提供されていて、そのため他の人びとに捧げる讃辞は、あなた方への頌辞にごく

(1) 三世。スパルタ王アルキダモス二世の孫。前三六一年父王アゲシラオスが没して、王位を継承する。この書簡は前三五六年、イソクラテス八十歳のときに書かれた。『書簡一』、『書簡六』と同様にこれも結論部が欠けている。

わずかな点でも拮抗することすらできません。三　なぜなら、貴種ということでいえば、ゼウスとヘラクレスに始まる一族にまさるものはなく、そしてこの血筋に属するのはあなた方のほかにないことは、あまねく承認されている事実です。あるいはまた武勇においては、ペロポネソスにドリス諸都市を建設しその地を領有している人びとを、生死を賭けた危険と戦勝碑の数においては、王たるあなた方が指揮をとって獲得したものを、いかにして人は凌駕しえましょうか。四　また、国を挙げての勇猛と克己、さらにはあなた方の祖先によって定められた国制を審らかにしようとして、言葉に不足する者があるでしょうか。父上の思慮と、またその存亡の危機のさなかで示した指導、首府に侵攻する敵を迎え撃った戦いについては、贅言を要しません。その一戦では、あなたも将として大軍に寡兵をもって決死の戦いを挑み(1)、抜群の軍功によって祖国を救いましたが、世の何びともこれほどに鮮やかなはたらきを示すことはできないでしょう。五　城市を攻略することも多数の敵兵を倒すことも、かかる死地から祖国を、まして凡庸な国ではなく、武勇に燦然と輝く祖国を救出することほどに、荘厳偉大な行為ではありえません。以上については、言葉を洗練することなく無技巧に語っても、また文辞を飾らずに数えあげ、羅列するだけでも、評判を取れない弁者はいないでしょう。

六　こうして、私はそのような題目についてなら縦横に語りつくすことができたでしょうし、また次のことも知っております。第一に、豊富な史料を利用して過去の出来事を展望することのほうが、将来の事態について知性を研ぎ澄まして語るよりも容易であること、第二に、世人は忠告する者よりも賞讃する者を喜ぶこと——一方は好意的な人として受け入れられるが、他方は頼まれもしないのに説教して、鬱陶しい奴だとみなされるから——を。七　しかしながら私は、すべてこれらをすでに承知した上で、歓を買うための言論を離れ、ほかの誰もあえて言及しない事柄を論じようとする次第です。考えるに、公正と思慮のために論議する者は、安易な弁論ではなく困難な説諭を選ぶべきであり、聴く者の耳には快くなくとも、自国ならびに全ギリシアに裨益する論を張らなければなりません。まさしくそれを、私はいま目指すものです。

八　私は不思議でなりません。言行ともによくする人びとが、ギリシア共通の問題をかつて思案したことがなく、これほど恥ずべき惨状を呈しているギリシアの不幸を悲しむこともなかった。いずこを見ても、戦争と党争と殺戮と数知れぬ悲惨に蔽われていない場所はありません。[2] この不幸の大部分はアジアの沿岸に居住する人びとが蒙っているのであって、それもわれわれが、和約[3]によって、彼らすべてをペルシアに、さらには言語こそわれわれと共通だが、異民族の生活風習に染まった者どもに売り渡したからなのです。九　このような輩が一つ所に集まるのも、また素性の知れない指揮官に率いられるのも、流れ者を募って市民軍よりも強大な軍隊を編制するのも、もしわれわれがまだ正気であるなら、これを座視したでありましょうか。この徒輩は、ペルシア王の領地においては、ごくわずかな部分を荒らすにとどめるのに反して、ギリシアの諸都市に入城するや、破壊行為のかぎりをつくし、あるいは殺し、あるいは追放し、あるいは財産を奪う。

一〇　さらに婦女子に暴力を振るい、見目麗しい女性を見れば辱め、また誰かれとなくその着衣を剝ぎ取る。

(1) クセノポン『ギリシア史』第七巻五-一二を参照。前三六二年、スパルタに侵入したテーバイ軍に対し、アルキダモスは百名に足らぬ兵を率いて、これを防ぎ守った。

(2)『民族祭典演説』一七〇―一七一を参照。

(3) 前三八七年のアンタルキダスの和約。

こうして、以前は着飾っていたときでも、よその人間からは見られることがなかった女性が、裸にされ衆人の目にさらされ、またある者に至っては生活の糧に窮乏し、襤褸《らんる》をまとって市中をさまよう。

一一　この惨状は始まってすでに久しいにもかかわらず、ギリシアの指導者を自負している諸国のいずれからも悲憤の声は上がらず、また指導的な地位にある人びとの間に心を痛めた者は、あなたの父上を除いて誰もおりません。われわれの知るかぎり、ひとりアゲシラオスのみが終生、ギリシア解放のために、ペルシアとの戦いを続行したのでした。しかしながら、彼も一つだけ過ちを犯しました。一二　あなたに向かってお話ししながら、父上の認識の誤りに触れることになりますが、驚かないでください。私はいつも率直に物言う流儀なので、度を越した賞讃をして喜ばれるよりも、譴責をして憎まれることのほうを正しいとしているのです。一三　私の信条はそれとして、父上のことに話を戻しますが、彼は他のあらゆる点で傑出し、とくに克己と正義と政治的才覚において比類ない人物でしたが、二重の望みを抱いておられた。これはそれぞれ別に切り離せば、いずれも美しく思われるが、二つ同時には折り合わず実現不可能なものです。すなわち、彼はペルシア王と戦うと同時に、国外追放にあった友人たちを助け、それぞれの故国に復帰し政権を奪還するよう図りました。一四　その結果はといえば、この友人たちのための工作が原因となって、ギリシアは危機的な惨状を呈し、足元で進行する動乱のためにペルシアとの戦争を続ける暇も力も失うことになったのです。されば、あの当時にはわからなかった事情から、容易に理解することができるでしょう。正しい熟慮を重ねるならば、ペルシア王に戦いをしかける前に、ギリシアに和解をもたらし、われわれの間に蔓延する狂気と敵愾心に止めを刺さなければなりません。この点については、以前も述べたことがありますが、今般も再説する所存です。

一五　とはいえ誰か、およそいかなる学問にもあずかることなしに、他の人びとを教育することができると請けあい、私に関して平然と嘘を並べる一方で、懸命に模倣している人びとのうちに、この私がギリシアの益を顧慮するなどは烏滸の沙汰であると言う者がいるかもしれません。あたかも、ギリシアの幸不幸が私の文業とは無縁であるかのように思っているのです。このように難じる人間については、当然、誰もがその怯惰と小心を見破るでしょう。哲学をすると称しながら、自らは些事における勝ち負けに拘泥し、重大事に関して献策する能力のある者を妬んでやまないのですから。一六　かかる徒輩はおのれの非力と怠惰に助け船を出して、そのようなことを口走るものですが、しかし私はおのれを恃む気持ちがすこぶる高く、いまや齢八十となって力もめっきり衰えたとはいえ、このような問題について論じることこそ私にふさわしい仕事であり、またその論説をあなたに向けて開陳することによって立派に建策を果たし、この建策から必要な対処法が汲み取られるであろうと思っております。一七　私の考えるところ、他のギリシア人もまた、異民族征旅に向けてギリシア人を言論によって最も上手に勧める力をもつ者と、さらに有益と判定された行動を最も迅速に遂行できる者とをギリシア世界から選ぶ必要が生じたなら、誰よりもまず、われわれ両名を指名するでしょう。しかるに、それほどの名誉を帯びながら、すべての人が一致してわれわれのものであると認めている事業をなおざりにするならば、どうしてわれわれの恥辱にならないでありましょうか。一八　もっとも私の仕事は軽微なものです。おのれの知るところを言葉に表明するのは、それほど難しい性格のものではないからです。しかし、あなたは私の論じたことに鋭意して思慮をめぐらさなければなりません。先ほど私の述べたような貴種に生まれ、ラケダイモン人の指導者であり、王と呼ばれ、またギリシアで最大の名声を馳せている人が、はたして全ギリシアの問題を等閑視してよいものか、それとも既往の事業は取るに足りないとみなし、一大雄図に着手すべきか。

一九　私の意見を申し上げれば、あなたは万事をなげうって二つのことのみに専心すべきです。一つは、ギリシアを現在の戦争ならびにその他の災厄から解放すること、もう一つは、ペルシアの横暴をやめさせ、彼らが不相応に所有している富を取り上げることであり、これが実現可能であり、あなたにも国家にもまた他のすべてのギリシア人にも益をもたらすことについて、それを説き明かすのは私の仕事で、(1)……………

(1) 以下は散佚。

訳者略歴

小池澄夫（こいけ　すみお）

滋賀大学教育学部教授

一九四九年　長野県生まれ

一九七九年　京都大学大学院文学研究科博士課程単位取得退学

一九八四年　滋賀大学教育学部講師を経て現職

主な著訳書

『コピー』現代哲学の冒険（共著、岩波書店）

『ソクラテス以前哲学者断片集』（共訳、岩波書店）

イソクラテス『弁論集1』（京都大学学術出版会）

イソクラテス　弁論集《べんろんしゅう》 2　西洋古典叢書　第Ⅱ期第21回配本

二〇〇二年六月十五日　初版第一刷発行

訳　者　小《こ》池《いけ》澄《すみ》夫《お》

発行者　佐藤文隆

発行所　京都大学学術出版会

606-8305　京都市左京区吉田河原町一五-九　京大会館内

電　話　〇七五-七六一-六一八二

FAX　〇七五-七六一-六一九〇

http://www.kyoto-up.gr.jp/

印刷・土山印刷／製本・兼文堂

ISBN4-87698-137-X

定価はカバーに表示してあります

索　引

1．この索引の項目はイソクラテス著作集の底本に現われる固有名詞を（若干の例を除いて）そのままカタカナ表記し、五十音順に網羅している。著作名は著作番号 I ～ XXII によって、『書簡一』から『書簡九』は Ep.I ～ Ep.IX の略号によって表わす。アラビア数字は節番号である。
2．『弁論集 1』『弁論集 2』において、代名詞等を固有名詞に置き換えて訳出した箇所はイタリック数字で記す。
3．原語から離れた呼称が慣用化している名称、また訳出した名称については、原語のカタカナ表記の項目の後に → で該当項目を別に指示した。
　例：ネイロス（Neilos）　→ナイル
　　　アンピクテュオニアイ（Amphiktyoniai）　→隣保同盟
4．［神］は神話に登場する神、英雄など。［地］は土地、海、水系、都市などの地理的名称、ならびに国、民族名。
5．索引作成にあたって、とくに F. Blass, *Isocratis Orationes*, vol. II の INDEX NOMINUM を参考にした。

ア　行

アイアコス（Aiakos）［神］　ゼウスとアイギナの子、テラモンとペレウスの父、テウクロス一族の祖　IX 14; *15, 16*. XII 205.
—一族（アイアキダイ）（Aiakides, Aiakidai）　III 42. IX 13.
アイアス（Aias）［神］　テラモンの子　IX 17, 18.
アイオリス（Aiolis）［地］　小アジア北西部　IV 144.
アイオロス（Aiolos）［神］　浮き島の風神　XI 7.
アイギナ（島）（Aigina）［地］　IX 15. XIX 24, 31.
—人（Aiginetai）　アイギナ市民　XIX 1, 13, 14, 34.　アイギナ（人）の法律　XIX 12.
アイギュプティオイ（Aigyptioi）　→エジプト人（の）
アイギュプトス（Aigyptos）　→エジプト
アイゲウス（Aigeus）［神］　テセウスの父　X 18.
アウトクラトル（Autokrator）　イソクラテスの弟子、友人　Ep.VII 10, 13; *11*.
アカイア（人）［地］　ペロポネソス北部地域　XII 42.
アカイダイ（Akhaidai）　→アカイア人
アガメムノン（Agamemnon）［神］　トロイア遠征軍の総帥　XII 72, 74, 84, 89; *79, 80, 82*.
アキレウス（Akhilleus）［神］　ペレウスとテティスの子、無双の戦士　IX 17, 18. X 52.
アギュリオス（Agyrrios）　アテナイの民衆指導者　XVII 31, 32.
アクロポリス（akropolis）
（アテナイの）V 146. VII 65. VIII 47, 126. XV 234, 307, 319. XVII 18, 20, 34.（テッサリアの）VIII 118.（その他のギリシア城市の）IV 123, 137.
アゲシラオス（Agesilaos）　スパルタ王　IV 144, 153. V 62, 86. Ep.IX 11.
アゲノル（Agenor）　ミュティレネの音楽理論家　Ep.VIII 1, 10.
アシア（Asia）　→アジア
アジア［地］
1）ヨーロッパに対して　IV 179. V 100, 104. X 51, 67. XII 47, 107.
—の軍勢、将兵、富、全住民　IV 82, 83, 88, 133, 146, 166, 187. V 132.

XIV 59.
—に君臨する　II 5. IV 126, 137, 178. V 66, 76, 111（トロイア）, 125. IX 68, 71. X 41, 43. Ep.II 7.
—の異民族（barbaroi の訳語として）　X *49, 68*. XII *42, 44, 45, 77, 80, 152, 189, 209, 213, 220, 257*.
2) クニドスからシノペに至る—（小アジア）　IV 162. V 120.
—の沿岸　IV 149. VI 27, 54, 84. XII 60. Ep.VIII 8.
—攻略、征服、遠征　IV 135, 186. V 9, 62, 83, 86, 89; *137*. IX 54, 65. Ep.III 2.
—のギリシア人都市、住民　V 123. XII 83, 103, 106. VIII 42. Ep.IX 8.
—の領主たち　VI 63. Ep.IV 7.
—の防衛　IV 142, 154.
アスペンドス（Aspendos）［地］　小アジア沿岸パンピュリア地方の都市　XVI 18.
アタルネウス（Atarneus）［地］　レスボス島対岸のミュシア地方の都市　IV 144.
アッティカ（Attika）［地］　IV 86, 93, 108. X 19. XIV *31*.
アテナ（Athena）　→アテネ
アテナイ（Athenai）［地］　VII *68*.
アテナイ（人）（Athenaioi）　IV 185; *16, 18, 21, 38, 41, 48, 135, 139, 142, 157, 178, 188*. V *2, 3, 5, 6, 9, 22, 23, 30, 34, 42—44, 56, 59, 82, 104, 129, 147*. VI 30, 41, 62, 83, 104; *44*. VII *6, 66, 80, 81, 84*. VIII 23; *96, 97, 108*. IX 68; *52, 54, 56*. X *25, 27, 28*. XII *35, 47, 61, 63, 66, 86, 102, 111, 116, 129, 158, 159, 162, 170, 231, 233, 236, 237, 239, 261*. XIV 1, 6, 15; *21, 28, 31, 63*. XV 300; *65, 70, 77, 78, 80, 107, 110, 114, 122, 123, 125, 127, 226, 234, 235, 283, 296, 299, 302*. XVI 29; *14, 17, 18, 24, 25, 27, 32*. XVII *4, 5, 9, 35, 37, 43, 44, 52, 57*. XVIII *31*. Ep.I *1*. Ep.II *14, 16, 17, 20, 22*. Ep.III *1*. Ep.IV *12*. Ep.V *2*. Ep.VI *3*.
アテネ（Athene）［神］　女神　X 41. XII 193. XV 2.
アテノドロス（Athenodoros）　アテナイの人、傭兵隊長　VIII 24.
アトス（山）（Athos）［地］　IV 89.
アドラストス（Adrastos）［神］　オイディプスの息子ポリュネイケスの岳父　IV 54. X 31. XII 168.
アドリア（海）（Adria）［地］　イタリアとギリシアの間　V 21.
アナクサゴラス（Anaxagoras）　哲学者　XV 235.
アニュトス（Anytos）　アテナイ民衆派の指導者　XVIII 23.
アパレウス（Aphareus）　イソクラテスの養嗣子　Ep.VIII 1.
アピドナ（区）（Aphidna）［地］　アテナイ北東部　X 19.
アブロコマス（Abrokomas）　ペルシア総督　IV 140.
アプロディテ（Aphrodite）［神］　美と愛の女神　X 42.
アマゾン族（Amazones）［神］　アレスの娘たち、女族　IV 68, 70. VI 42. VII 75. XII 193.
アマドコス（Amadokos）　トラキア西部の王　V 6.
アミュンタス（Amyntas）　マケドニア王　IV 126. VI 46.
アリステイデス（Aristeides）　アテナイの政治家　VIII 75.
アルカディア（人）（Arkadai）［地］　ペロポネソス北部アカイアの南隣　VI 99.
アルキダモス（Arkhidamos）　『アルキダモス』の語り手、『書簡九』の宛先人　Ep.IX 1.
アルキノス（Arkhinos）　アテナイの政治家　XVIII 2.
アルキビアデス（Alkibiades）
1) アテナイの政治家、将軍　V 58, 60, 67; *61*. XI 5. XVI *1, 7, 8, 11, 28, 46*.
2) その子。『競技戦車の四頭馬について』の語り手
3) その曾祖父　XVI 26.
アルクメオン（Alkmeon）
1) クロトンの哲学者　XV 268.
2) メガクレスの息子　XVI 25.
—一族（アルクメオニダイ）（Alkmeonidai）　XVI 25.

アルクメネ (Alkmene) [神]　ヘラクレスの母　X 16.
アルケストラトス (Arkhestratos)　アテナイの銀行家　XVII 43.
アルゴス (Argos) [地]　ペロポネソス東部の都市　IV 54, 61, 64. V 32. VI 18. X 68. XII 177, 253. XVI 9
—人 (の) (Argeioi)　IV 64, 65. V 30, 39, 51, 74. VI 99. VIII 100. XII 42, 46, 72, 80, 91, 159, 169, 173, 255, 256. XIV 53; *54*. XVI 1, 9. Ep.III 2.
アルテミシオン (岬) (Artemision) [地]　エウボイア島北端　IV 90.
アレイオス・パゴス (会議) (Areios pagos)　VII 37; *51*. XII 154.
アレオパゴス (Areopagos)　→アレイオス・パゴス
アレクサンドロス (Alexandros)
1) [神]　プリアモスの子、別名パリス　IV 186. X 41, 51; *42, 45, 47, 48*.
2) ピリッポスの子、後の大王、『書簡五』の宛先人
アレス (Ares) [神]　軍神　IV 68. XII 193.
アンティクレス (Antikles)　イソクラテスの弟子　XV 93.
アンティパトロス (Antipatros)　マケドニアの重臣、『書簡四』の宛先人　Ep.III 2.
アンピクテュオニアイ (Amphiktyoniai)　→隣保同盟
アンピクテュオネス (Amphiktyones)　→隣保同盟
アンピトリュオン (Amphitryo) [神]　アルクメネの夫　X 59.
アンピポリス Amphipolis [地]　北部ギリシアの要衝　V 1, 2, 5, 6. VI 53. VIII 22.
イアソン (Iason)　ペライの僭主　V 119, 120. Ep.VI 1.
イオニア (Ionia) [地]　小アジア沿岸地帯　IV 135, 165.
—人 (Iones)　IV 122, 156.
イオン (Ion)　キオスの哲学者　XV 268.
イストモス (Isthmos) [地]　コリントスに近い地峡　IV 93. XV 110.
イソクラテス (Isokrates)　III 11.
イタリア (Italia) [地]　IV 169. VIII 85, 99.
イドリエウス (Idrieus)　マウソロスの弟、カリア総督　V 103, 104.
イピクラテス (Iphikrates)　アテナイの将軍　XV 129.
イリュリア (人) (Illyrioi) [地]　マケドニア西隣　V 21.
エウアゴラス (Euagoras)　キュプロス島サラミスの王　III 28, 42. IV 141. IX 2, 4, 12, 19, 21, 24, 26, 33−35, 38, 43, 46, 48−52, 56, 57, 59, 61, 63−65, 69, 70, 72, 76; *22, 25, 27−32, 36, 37, 39−41, 47, 53, 54, 58, 60, 62, 66, 73*.
エウテュヌス (Euthynus)　『エウテュヌスを駁す』の被告　XXI 2, 3, 5, 6, 8−11, 13, 14, 16, 17, 19−21.
エウノモス (Eunomos)　イソクラテスの弟子　XV 93.
エウパトリダイ (Eupatridai)　アルキビアデスの祖先　XVI 25.
エウボイア (島) (Euboia) [地]　アッティカに隣接する島　IV 108. V 53.
エウモルピダイ (Eumolpidai) [神]　エウモルポス一族、エレウシスの祭司　IV 157.
エウモルポス (Eumolpos) [神]　ポセイドンの子　XII 193.
エウリュステウス (Eurystheus) [神]　アルゴスの王　IV 56, 58, 59, 65; *60*. V 34, 144. VI 17, 18, 42. X 24. XII 194.
エウリュビアデス (Eurybiades)　スパルタ軍司令官　XII 51.
エウロパ (Europa)　→ヨーロッパ
エオス (Eos) [神]　曙の女神　X 52.
エジプト (Aigyptos) [地]　IV 140, 161. V 101. VIII 86. X 68. XI 28; *11, 12*. XII 159.
— (人) の (Aigyptioi)　VI 63. XI 20, 30; *13, 14, 17−19, 22, 24, 25, 28, 35*.
エパポス (Ephapos) [神]　ゼウスとイオの子、リビュアの父　XI 10.
エピダウロス (人) (Epidaurioi) [地]　アルゴリス地方の都市　VI 91.

エポロイ (ephoroi) →監視官
エリクトニオス (Erikhthonios) [神] ヘパイストスとゲーの子、アテナイ王 XII 126.
エリス人 (Eleioi) [地] アカイア地方の都市 VIII 100.
エリュテイア (島) (Erytheia) [神・地] 「ヘラクレスの柱」の西方に位置 VI 19. X 24.
エレクテウス (Erekhteus) [神] アテナイ王 XII 193.
エンネアクルノス (Enneakrunos) [地] 九つの井戸 XV 287.
エンペドクレス (Empedokles) 哲学者 XV 268.
オイディプスの子 (Oedipou hyios) [神] XII 169.
オネトル (Onetor) イソクラテスの弟子 XV 93.
オリュントス人 (Olynthioi) [地] カルキディケ半島の都市 IV 126.
オリュンピア (Olympia) [地] 西ペロポネソスの都市
—祭典、競技 VI 95. XVI 32, 49; *25.*
オリュンポスの神々 (Olympioi) V 117.
オルコメノス人 (Orkhomenioi) [地] 北ボイオティアの都市 XIV 10.
オルペウス (Orpheus) [神] XI 7, 8, 39.
オロポス (Oropos) [地] アッティカ北西の都市 XIV 37.
—人 (Oropioi) XIV 20.

カ 行

カストル (Kastor) [神] ヘレネの兄弟 VI 18. X 19.
カドメイア (Kadmeia) [地] テーバイの要塞 XIV 19, 28, 53.
カドモス (Kadmos) [神] テーバイの創設者 IV 55. X 31, 68. XII 80.
カリア (Karia) [地] 小アジア南西部 IV 162.
—人 (Kares) X 68. XII 43.
カリクレス (Kharikles) 三十人政府の一員 XVI 42.
カリッポス (Kallippos) イソクラテスの弟子、政治家 XV 93.
カリマコス (Kallimakhos) 『カリマコスを駁す』裁判の原告 XVIII 4, 5, 13, 19, 21, 35, 47, 58, 65; *7, 8, 11, 14, 16, 17, 52—54, 57.*
カルキディケ連合 (Khalkideai) カルキディケ半島のオリュントスを盟主とする連合 XV 113.
カルキノス (Karkinos) アテナイの将軍 XVII 52.
カルケドン (Karkhedon) →カルタゴ
カルタゴ [地] 北アフリカの都市 VIII 85.
—人 (Karkhedonioi) III 24. VI 44, 45. Ep.I 8.
カルマンティデス (Kharmantides) イソクラテスの弟子 XV 93.
監視官 (エポロイ) 五名のスパルタ最高権力者 XII 181.
キオス (島) (Khios) [地] エーゲ海東部 IV 163. VI 53. VIII 16. XV 63.
—人 (Khioi) IV 139. XIV 28.
キステネ (Kisthene) [地] アイオリスの都市 IV 153.
キットス (Kittos) パシオンの召使 XVII 11, 21, 27, 51; *55.*
キュクノス (Kyknos) [神] ポセイドンの子 X 52.
キュクラデス (島嶼) (Kyklades) [地] エーゲ海南部 IV 136. XII 43.
キュテラ (Kythera) [地] ラコニア地方の都市 IV 119.
キュプロス (島) (Kypros) [地] IV 134, 153, 161; *135.* V 62, 102. VIII 86. IX 51, 53, 60, 62, 67; *58.*
—人 (の) (Kyprioi) XV 67.
キュレネ (Kyrene) [地] 北アフリカのスパルタ植民市 VI 73.
—人 (の) (Kyrenaioi) V 5.
キュロス (Kyros)
1) 大キュロス。カンビュセスの子、ペルシア大王 V 66, 67, 132. IX 37, 38.
2) 小キュロス。ダレイオスの子、アルタクセルクセスの弟 IV 145, 146. V 90, 92, 95. IX 58. XII 104. Ep.II 7, 8.
キリキア (Kilikia) [地] 小アジア南西部

ケルキュオン（Kerkyon）［神］ 盗賊 X 29.
ケルソネソス（半島）（Khersonesos）［地］ ヘレスポントスに位置 V 6. VIII 22. XV 112.
ケルソブレプテス（Kersobleptes） トラキア南東のオドリュサイの王 VIII 22.
ケルベロス（Kerberos）［神］ ハデス（冥府）の番犬 X 24.
ケロネソス →ケルソネソス
ケンタウロス族（Kentauroi）［神］ 半人半馬の異類 IX 16. X 26.
コイレ（区）（Koile）［地］ アテナイの区の一つ XVIII 22.
コノン（Konon） アテナイの海将 IV 142, 154. V 61, 67. VII 12, 65. IX 52, 56, 57; *53, 54*. XII 105. Ep.VIII 8.
コリントス（Korinthos）［地］ IV 142.
—人（の）（Korinthioi） VI 91. VIII 100.
コルキュラ（島）（Korkyra）［地］ イオニア海北東端 XV 108, 109.
コレー（Kore）［神］ ペルセポネの異名 IV 28. IX 15. X 20.
コロネイア（Koroneia）［地］ ボイオティア地方の都市 XVI 28.

サ 行

サテュロス（Satyros） ポントスの王 XVII 3, 5, 6, 8－11, 19, 20, 23, 25－27, 38, 47, 48, 51, 52, 57.
サモス（島）（Samos）［地］ ミレトス北西の島 IV 163. XV 108, 111; *112*.
—人（の）（Samios） ピュタゴラスを指して XI 28.
サラミス（の）（Salamis, Salaminios）［地］
1)アッティカの V 147. IX 18.
2)キュプロスの III 28. IX 18, 71. XV 40.
サルペドン（Sarpedon）［神］ ゼウスの子 X 52.
三十人政府（政権、僭主）（hoi triakonta） VII 62, 65, 66, 73; *63, 67*. VIII 108, 123. XVI 12, 40, 43, 46, 50. XVIII 5, 17, 18, 48. XXI 2.
シケリア（島）（Sikilia）［地］ III 23. IV 126, 169. V 65. VI 73. VIII 84－86, 99. XV 224. XVI 7, 15.
シドンの人（Sidonios）［神］ カドモスを指して。シドンはシリアの都市 X 68.
シノペ（Sinope）［地］ 黒海の南岸中央に位置 IV 162. V 120.
シプノス（島）（Siphnos）［地］ キュクラデス島嶼の一つ XIX 7.
—（人）の（Siphnioi） XIX 13, 15, 36.
シュラクサイ（Syrakusai）［地］ シケリアの主要都市 V 65.
—人（Syrakosioi） VI 53.
シュリア（Syria） →シリア
十参政官（デカルキアー） IV 110. V 95. XII *68*.
十人（hoi deka）
1)デカルキアーの XII 54.
2)三十人政府後の臨時的な十人支配体制の XVIII 5, 6.
シリア［地］ IV 161.
スキオネ（人）（Skionaioi）［地］ カルキディケ半島の都市 IV 100, 109. XII 63.
スキュタイ（Skythai） →スキュティア（人）
スキュティア（人）［地］ カスピ海東方 IV 67. XII 193.
スキロン（Skiron）［神］ テセウスに退治された賊 X 29.
ステシコロス（Stesikhoros） 詩人 X 64.
ストラトクレス（Stratokles） アテナイの人 XVII 35－37.
スパルタ（Sparta）［地］ IV 61. V 44. VI 25, 110. VIII 100. XII 111, 134, 255. →ラケダイモン
—（人）の（Spartiatai） III *24*. IV *16*. X 63; *39*. XI 18. XII 41, 47, 50, 56, 58, 65, 100, 109, 114, 152, 155, 159, 161, 166, 175, 176, 178, 182, 184, 187, 188, 204, 205, 220, 225, 239, 241, 243, 250, 259; *42, 51, 153, 206, 226, 227, 252, 261*. XIV *18*.
—流（lakonizein） IV 110.
—贔屓（lakonismos） XIV 30. XV 318.
セストス（Sestos）［地］ ヘレスポントスの要衝 XV 108, 112.

セリポス（Seriphos）［地］　キュクラデス島嶼の一つ　XIX 9.
ゼウクシス（Zeuxis）　著名な画家　XV 2.
ゼウス（Zeus）［神］　I 50. III 26, 42. IV 60, 179. IX 13, 14, 57, 81. X 16, 20, 23, 38, 43, 52, 53, 59; *17*. XI 10, 13, 35, 37. XII 72, 205. Ep.IX 3.
ゼノン（Zenon）　エレアの哲学者　X 3.
ソクラテス（Sokrates）　哲学者　XI 4－6.
ソパイオス（Sopaios）　ポントス王国の重臣、『銀行家』の原告の父　XVII 3.
ソポリス（Sopolis）　『アイギナ弁論』の遺言人の兄　XIX 9, 11, 17, 20, 38, 42, 47; *39, 40*.
ソロイ（Soloi）［地］　キリキア地方沿岸のアテナイ植民市　IX 27.
ソロン（Solon）　賢人　VII 16. XII 148. XV 231, 235, 313; *232*.

タ　行

タナグラ（人）（Tanagraioi）［地］　ボイオティア南東部　XIV 9.
タラオス（Talaos）　アドラストスの父　IV 54.
タンタロス（Tantalos）［神］　ゼウスの子　I 50. V 144.
ダトン（Daton）［地］　マケドニア東部　VIII 86.
ダナエ（Danae）［神］　ゼウスとの間にペルセウスを産む　X 59. XI 37.
ダナオス（Danaos）［神］　エジプトから逃れアルゴスを占領　X 68. XII 80.
ダモン（Damon）　アテナイの音楽家　XV 235.
ダレイオス（Dareios）　二世、ペルシア大王　IV 71, 85. XII 195.
ティッサペルネス（Tissaphernes）　ペルシア総督　IV 148. XVI 20.
ティトラウステス（Tithraustes）　ペルシア総督　IV 140.
ティモテオス（Timotheos）
1) アテナイの政治家・将軍、コノンの子　VII 12. XV 101, 103, 105－107, 115, 128－130; *102, 109, 111, 114, 116, 117, 120, 121, 123, 127*. Ep.VIII 8.
2) ヘラクレアの僭主クレアルコスの子、『書簡七』の宛先人
ティモデモス（Timodemos）　アテナイの恐喝屋　XXI 14.
テイシアス（Teisias）　『競技戦車の四頭馬について』の原告　XVI 1, 3, 45, 50.
テイリバゾス（Teiribazos）　ペルシア総督　IV 135.
テウクロス（Teukros）［神］　テラモンの子　III 28. IX 17－19.
—一族（テウクリダイ）（Teukridai）　IX 14.
テスピアイ（Thespiai）［地］　テーバイ西方のポリス　VI 27. VIII 17. XIV 13.
—人（Thespieai）　XIV 9.
テセウス（Theseus）［神］　ポセイドンの子、アテナイの英雄　I 8. V 144. X 18, 21, 23, 29, 38, 39; *19, 20, 22, 25, 27, 28, 31, 34, 36, 37*. XII 126, 127, 130, 169, 193, 205.
テッサリア（Thessalia）［地］　V 20, 53, 74.
—人（Thettaloi）　XV 298.
テティス（Thetis）［神］　海の女神、アキレウスの母　IX 16. X 52.
テバイ　→テーバイ
テーバイ（Thebai）［地］　中央ギリシアの主要都市　IV 55, 64. VI 47. X 68. XII 80, 168, 170, 171, 173, 174. XIV 9; *16, 18, 20, 26, 35*.
—人（Thebaioi）　IV 58, 64, 126. V 30, 32, 39, 43, 44, 48, 50, 53, 74. VI 8－10, 104. VII 10. VIII 17, 58, 59, 98, 115, 118. X 31. XIV 3, 4, 14, 17, 21, 24, 30－32, 34, 38, 42, 59－63. Ep.III 2
テミストクレス（Themistokles）　アテナイの政治家　VIII 75. XII 51. XV 233.
テュレア（Thyrea）［地］　もとアルゴリス地方の一部、スパルタとアルゴスの合戦場　VI 99.
テュロス（Tyros）［地］　フェニキアの都市　IV 161. IX 62.
テュンダレオス（Tyndareos）［神］　スパルタ王、ヘレネの父　VI 6. X 19.
テラプナイ（Therapnai）［地］　ラコニア地方、ヘラ神殿の置かれた所　X 63.

テラモン (Telamon) [神] アイアスとテウクロスの父 IX 16, 17.
テルモピュライ (Thermopylai) [地] 古戦場 IV 90. V 148. VI 99. XII 187.
ディオドトス (Diodotos) イソクラテスの弟子 Ep.IV 1, 7, 10; *3, 4, 8*.
ディオニュシア祭 (Dionysia) VIII 82. XII 168.
ディオニュシオス (Dionysios)
1) シュラクサイの僭主、『書簡一』の宛先人 IV 126. V 65, 81. VI 44, 46.
2) 二世 VI 63.
ディオパントス (Diophantos) アテナイの将軍 Ep.VIII 8.
ディパイア (Dipaia) [地] アルカディア地方の都市 VI 99.
デカルキアー (Dekarkhia) →十参政官
デケレイア (Dekeleia) [地] アッティカの要塞 VIII 84. XVI 10, 17.
—戦争 (Dekeliakos polemos) VIII 37. XIV 31.
デメテル (Demeter) [神] 穀物の女神 IV 28. X 20.
デモニコス (Demonikos) 『デモニコスに与う』の宛先人 I 1.
デルキュリダス (Derkylidas) スパルタのイオニア派遣司令官 IV 144.
デルポイ (Delphoi) [地] アポロンの聖地 V 54. VI 17, 31. XII 230.
デロス島人 (Delios) 無名氏 XVII 42.
トラキア (Thrakes) [地] マケドニアの東隣地域 V 21. VII 9. VIII 24. XV 108, 113.
—人 (Thrakes) IV 67, 68, 70. VI 42. VII 75. XII 193.
トラシュブロス (Trasybulos) 民衆派指導者 XVIII 23.
トラシュロコス (Trasylokhos) 『アイギナ弁論』の遺言人 XIX 1, 3, 9, 10, 13, 15－17, 23, 24, 34, 36, 37, 42－44, 47; *18, 20, 21, 29－32*.
トラシュロス (Trasyllos) 『アイギナ弁論』の遺言人の父 XIX 5, 6, 9, 42－45; *8, 44, 46, 47*.
トリバロイ (Triballoi) トラキア北方の部族 VIII 50. XII 227.
トロイア (Troia) [地] IV 83. V 111, 144. IX 18, 65. X 50, 52, 65. XII 71, 205.
—戦争、戦役 (Troikos polemos) IV 54, 158, 181. IX 6. X 67; *68*. XII 42, 189.
トロイゼン (Troizen) [地] サロニケ湾南沿岸の都市 XIX 21－23, 25, 31.
トロネ (Torone) [地] カルキディケの都市 XV 108.
— (人) の (Toronaioi) XII 63.
ドラコン (Drakon) スパルタのイオニア派遣軍司令官 IV 144.
ドリス (人) (Dorieis, Dorikos) XII 177, 190, 253. Ep.IX 3.

ナ 行

ナイル (川) (Neilos) [地] V 101. XI 12, 31.
ナウパクトス (Naupaktos) [地] コリントス湾沿いの都市 XII 94.
ニキアス (Nikias) 『エウテュヌスを駁す』の原告 XXI 1－6, 9－11, 13, 14, 19, 20; *8*.
ニコクレス (Nikokles) キュプロスのサラミス王 II 1. IX 1, 73. XV 40, 67, 71.
ニコマコス (Nikomakhos) 『カリマコスを駁す』の仲裁役 XVIII 10, 13, 14.
ネイロス (Neilos) →ナイル
ネストル (Nestor) [神] ネレウスの子、ピュロス王 VI 19. XII 89.
ネメシス (Nemesis) [神] 女神だが、白鳥伝説のレダと融合 X 59.
ネレウス (Neleus) [神] ポセイドンの子、ネストルの父 IV 35. VI 19.
ネレウス (Nereus) [神] 海の神、テティスの父 IX 16.

ハ 行

ハデス (Hades) →冥府
ハリュス (川) (Halys) [地] カッパドキアとプリュギアの境界 IV 144. VII 80. XII 59.
バテー (区) (Bate) [地] アテナイの区の一つ XVIII 10.

パイオニア (Paiones) [地] マケドニア北隣地域 V 21.
パシオン (Pasion) アテナイの銀行家 XVII 2, 4, 6, 8, 11, 14−16, 21, 24, 26, 30, 31, 33, 35, 37, 38, 41−48, 51, 53, 56, 58; *7, 9, 12, 17−19, 22, 23, 25, 27, 36, 39, 40, 49, 52, 55.*
パシノス (Pasinus) 不詳 (パロス島を占領) XIX 18.
パシパエ (Pasiphae) [神] ヘリオスの娘、クレタ王妃 X 27.
パセリス (Phaselis) [地] リュキア沿岸の港湾都市 VII 80.
パトロクレス (Patrokles) アテナイの名士 XVIII 5−8.
パラシオス (Parrhasios) 画家 XV 2.
パラディオン (Palladion) アテナイの法廷の一つ XVIII 52.
パルナバゾス (Pharnabazos) ペルシア総督 IV 140.
パルメニデス (Parmenides) エレアの哲学者 XV 268.
パロス (島) (Parum) [地] キュクラデス島嶼 XIX 18.
パンアテナイア祭 (Panathenaia) アテナイの祝祭 XII 17.
ヒッポニコス (Hipponikos)
1) デモニコスの父 I 2, 11.
2) アルキビアデスの岳父 XVI 31.
ヒッポライダス (Hippolaidas) 『銀行家』の原告の客友 XVII 38.
ヒッポリュテ (Hippolyte) [神] アマゾン族の女王 XII 193.
ヒュペルボロス (Hyperbolos) アテナイの民衆煽動家 VIII 75.
ビュザンティオン (Byzantion) [地] XVII 8.
—人 (Byzantioi) XIV 28.
ピュタゴラス (Pythagoras) 哲学者 XI 28, 29.
ピュティア (Pythia) デルポイの神託、巫女 IV 31. X 19.
ピュトドロス (Pythodoros) フェニキア商人 XVII 4, 33.
ピュレ (Phyle) [地] パルネス山麓の要塞 VIII 108.
ピュロン (Pyron) ペライの人 XVII 20, 23, 25.
ピリッポス (Philippos)
1)『銀行家』の原告の父の客人 XVII 43.
2) マケドニア王、『書簡二』『書簡三』の宛先人 V 1, 18; *19, 20, 73, 74.* VIII 22.
ピルルゴス (Philurgos) アテナイの盗人 XVIII 57.
ピロニデス (Philonides) イソクラテスの弟子 XV 93.
ピロメロス (Philomelos) イソクラテスの弟子 XV 93.
ピロン (Philon) アテナイ市民 XVIII 22.
ピンダロス (Pindaros) 詩人 XV 166.
フェニキア (Phoinike) [地] IV 161. V 102. IX 19, 62. XVI 18.
—人 (Phoinikes) III 28. XVII 4.
ブシリス (Busiris) [神] エジプト王 XI 4, 5, 10, 31, 34, 36, 37, 44; *6−8, 15, 21, 23, 26, 27, 32, 35, 45.*
ブラシダス (Brasidas) スパルタの軍事司令官 VI 53.
プニュタゴラス (Pnytagoras) エウアゴラスの子 IX 62.
プラタイア (Plataiai) [地] キタイロン北山麓の都市 IV 109. VI 27. VIII 17. XII 92−94. XIV 8, 12; *1, 25, 26.*
プリアモス (Priamos) [神] トロイア王、パリスの父 X 41.
プリュギア (Phrygia) [地] 小アジア中央地域 IV 163.
プリュティオン (Pulytion) その館で秘儀冒瀆がなされた XVI 6.
プリュノンダス (Phrynondas) 詐欺師 XVIII 57.
プルトン (Pluton) [神] 冥府の王 IX 15.
プレイウス (人) (Phleiasioi) [地] コリントス南西方の都市 VI 91. VIII 100.
プロタゴラス (Protagoras) ソフィスト X 2.
ヘシオドス (Hesiodos) 詩人 II 43. XII 18, 33.
ヘスペリデス (Hesperides) [神] 黄金の

林檎をまもる「夜の娘たち」 X 24.
ヘパイステイオン (Hephaisteion) ヘパイストスの神殿 XVII 15.
ヘパイストス (Hephaistos) [神] 鍛冶屋の神 XII 126.
ヘラ (Hera) [神] ゼウスの妃 X 41.
ヘラクレイダイ (Herakleidai) [神] ヘラクレス一族、後裔 VI 24. →ヘラクレスの子ら、後裔
ヘラクレス (Herakles) [神] I 8, 50. V 33, 109, 112, 114, 132, 144. VI 16−19. X 23, 24; *17, 30*. XI 36, 37. XII 194, 205. Ep.IX 3.
—の子ら IV 54, 56, 58, 61, 65. V ***34***. VI 32; ***17***. X 31. XII ***194***.
—の (後) 裔、血筋 IV 61, 62. V 76, 115, 127; ***33***. VI 8, 22; ***20, 24***.
「ヘラクレスの柱」[地] V 112, XII 250.
ヘラス (Hellas) →ギリシア
「—の柱石」 XV 166.
ヘリオス (Helios) [神] 太陽神 X 27.
ヘレスポントス (Hellespontos) [地] IV 89, 119. V 62. VII 64. VIII 86. XV 108. XVIII 59.
ヘレネス (の) (Hellenes, Hellenika, Hellenides) →ギリシア (人) の
ペイシストラトス (Peisistratos) アテナイの僭主 XII 148. XVI 25.
ペイディアス (Pheidias) 建築家・彫刻家 XV 2.
ペイト (Peitho) [神] 説得の女神 XV 249.
ペイライエウス (港) (Peiraieus) [地] アテナイの外港 IV 42. VII 67, 68. XV 307. XVI 13, 46. XVIII 2, 5, 7, 17, 38, 45, 49, 50, 59, 61.
ペイリトオス (Peirithoos) [神] ラピタイ族の王で、テセウスの友 X 20.
ペダリトス (Pedaritos) スパルタ軍司令官 VI 53.
ペライビア (Perrhaiboi) [地] 北テッサリア V 21.
ペライボイ (Perraiboi) →ペライビア
ペリクレス (Perikles) 政治家 VIII 126. XV 111, 234, 235. XVI 28.
ペルシア (Persai) [地]
—人 IV 67, 157. VI 26. IX 37.
—の III 23. IV 68, 140, 145, 146, 158, 161, 178; ***147, 149, 150***. V 66. VI 18, 42. VII 75. VIII 37, 88, 90. IX 37, 62. XI 37. XII 49. XIV 57. XV 233. (barbaros, barbaroi の訳語として) IV ***85, 125, 136, 163, 174, 175***. V ***16, 132, 139***. VII ***79***.
ペルシア戦争 (Persikos polemos) IV 68. VI 42. VII 75. VIII 37 (Persika), 88, 90. XII 49. XIV 57. XV 233. cf. IV 158 (ペルシア戦記).
ペルシア女 (Persis gyne) キュロス大王の母を指して V 66.
ペルセウス (Perseus) [神] ゼウスの子 XI 37.
—の後裔 (ペルセイダイ) (Perseidai) [神] VI 18.
ペレウス (Peleus) [神] アイアコスの子、アキレウスの父 IX 16, 17.
ペロプス (Pelops) [神] V 144. X 68. XII 80.
—の一族 (ペロピダイ) (Pelopidai) X 62.
ペロポネソス (半島) (Peloponnesos) [地] IV 94. V 53. VI 16, 43, 64, 68, 75. X 68. XII 46, 47, 70, 80, 166, 204, 253, 255. XIV 57. XVI 15. Ep.IX 3.
— (人) の (Peloponnesioi) V 49. XII 98.
—の軍勢、軍 IV 58, 97. V 44, 48. VI 42. X 31. XII 114, 194.
—諸国、諸都市 IV 65, 93. VI 75. VIII 58, 99, 118. XII 50, 69.
ホメリダイ (Homeridai) ホメロス語り X 65.
ホメロス (Homeros) 詩人 II 48. IV 159. XII 18, 33, 263. XIII 2.
ボイオティア (Boiotiai) [地] 中部ギリシア V 43. VIII 115. XIV 33.
—人 (Boiotoi) XII 93. XIV 35. XVIII 49.
ポイニキア (Phoinike) →フェニキア
ポイニケス (Phoinikes) →フェニキア人
ポカイア人 (Phokaeis) マッサリア、エレアを建国 VI 84.
ポキス (Phokis) [地] ボイオティア地方の都市 V 55.
—人 (Phokees) V 50, 54, 74.

ポキュリデス（Phokylides） 詩人 II 43.
ポセイドン（Poseidon）［神］ IV 68. X 18, 23, 25, 52. XI 10, 35. XII 193.
ポテイダイア（Poteidaia）［地］ トラキア地方の要衝 XV 108, 113.
ポリュアルケス（Polyalkes） イソクラテスの客人 Ep.VI 1.
ポリュクラテス（Polykrates） 弁論家 XI 1.
ポリュデウケス（Polydeukes）［神］ カストルの双子兄弟 X 19.
ポルミオン（Phormion） アテナイ軍司令官 XVI 29.
ポレマイネトス（Polemainetos） 占い師 XIX 45.
ポントス（Pontos）［地］ 黒海 XV 224. XVII 3, 5, 9, 19−21, 23, 35, 40, 45, 56.

マ　行

マグネシア（人）（Magnetes）［地］ マグネシアはテッサリアの沿岸の都市 V 21.
マケドニア（Makedonia）［地］ V 20, 67. VI 46. Ep.IV 1.
ー（人）（Makedones） IV 126. V 19, 80, 107, 154.
マッサリア（Massalia）［地］ 現在のマルセーユ VI 84.
マラトン（Marathon）［地］ 古戦場 IV 91. V 147. VIII 38. XII 195. XV 306.
マレア（岬）（Malea）［地］ ペロポネソス半島南東部 XV 110.
マンティネア（人）（Mantineis）［地］ ペロポネソス中部の都市 IV 126. VIII 100.
ミノス（Minos）［神］ クレタ王 XII 43, 205.
ミュシア（Mysia）［地］ リュディア北隣の地域 IV 144.
ミュティレネ（人）（Mytilenaioi）［地］ アテナイの主要同盟国 XIV 28.
ミルティアデス（Miltiades） マラトンの戦いにおけるアテナイ将軍 VIII 75.
ミレトス人（Milesios） パシオンの召使キットスを指して XVII 51.
民族祭典（panegyrikos） XII 263. XV 46.
『ー演説』 V 84. XII 172. Ep.III 6.
冥府（Hades）［神］ X 20, 24, 39. XI 8.
メガラ（人）（Megareis）［地］ アテナイの隣国 V 53. VIII 117, 118.
メガロポリス（人）（Megalopolitai）［地］ メッセニア地方の都市 V 74.
メッセネ（Messene）［地］ ペロポネソス南西部地方 IV 61. V *74*. VI 11, 13, 16, 19, 24−27, 29−31, 38, 58, 75, 86; *23, 33, 57*. XII 72, 177, 253; *94*.
ー人（Messenioi） V 74. VI 22, 23, 28, 33, 57, 70. XII 42, 91, 94, 255.
メテュムナ（Methymna）［地］ レスボス島北部の都市 Ep.VII 8.
メディア人（Medoi） IX 37.
メネクセノス（Menexenos） アテナイ人（不詳） XVII 9, 12, 13, 45.
メネステウス（Menestheus） 将軍イピクラテスの子 XV 129.
メネラオス（Menelaus）［神］ スパルタ王 X 51, 62. XII 72, 80, 89.
メムノン（Memnon）［神］ 曙の女神の子 X 52.
メリッソス（Melissos） 哲学者 X 3. XV 268.
メロス（島）（Melos）［地］ エーゲ海南西 XIX 21.
ー人（Melioi） IV 100, 110. XV 113. XII 63, 89. XIX 21.

ヤ　行

ヨーロッパ（Europa）［地］ IV 68, 117, 149, 176, 179, 187; *118*. V 132, 137, 152. VI 54. X 51, 67. XII 47.

ラ　行

ラオメドン（Laomedon）［神］ トロイア王 IX 16.
ラケダイモン（Lakedaimon）［地］ スパルタ IV 61, 64; *117, 123*. V *87*. VI 12, 16, 18, 90, 108; *24*. VIII 142; *98, 108, 144*. X 19, 39. XI *18, 19*. XII 72, 253;

61, 70, 94, 101, 107, 176, 215. XIV 29; *13, 14, 28*.
ー(人)の (Lakedaimonioi)　III 24. IV 16, 18, 61, 65, 73, 85, 90, 91, 122, 125, 129, 135, 137, 139, 142, 154, 175, 178, 185, 188; *123*. V 5, 30, 33, 39, 40, 42, 43, 46, 51, 59, 60, 63, 74, 80, 86, 95, 99, 104, 129, 147, 148. VI 52, 91; *95*. VII 6, 7, 61, 65, 68, 69. VIII 16, 58, 67, 68, 78, 84, 95, 104－107, 116. IX 54－56, 64, 68, 69. XI 17, 20. XII 24, 45, 52, 54, 55, 57, 59, 62, 66－68, 90, 93, 96, 98, 100, 103, 106, 109, 110, 112, 117, 158, 177, 189, 200, 201, 207, 209, 216, 228, 230, 232, 234, 235, 238, 249; *91, 92, 99, 102*. XIV 11, 12, 15－17, 19, 26, 27, 30, 32－34, 38, 40, 41, 44, 45, 62; *14, 29*. XV 57, 64, 77, 109, 110, 161, 298, 307, 318. XVI 9, 11, 15, 17－20, 40. XVII 36. XVIII 29, 47, 49. Ep.I 8. Ep.II 6. Ep.III 2. Ep.IX 18.
ラコニア (Lakonia)［地］　ペロポネソス最南地方　IV 119. X 63.
ラダマンテュス (Rhadamanthys)［神］　ミノスの弟　XII 205.
ラピタイ族 (Lapithai)［神］　テッサリアに住む。ケンタウロス族と戦う　X 26.
リノン (Rhinon)　アテナイの名望家　XVIII 6, 8.
リビュア (Libya)［神］　エジプト女王　XI 10.
リュキア (Lykia)［地］　小アジア南端地域　IV 161. XIX 40.
リュクルゴス (Lykurugos)　スパルタの立法者　XII 152, 153.
リュケイオン (Lukeion)［地］　アテナイ市郊外北西部に位置　XII 18, 33.
リュサンドロス (Lysandros)　スパルタ軍司令官　IV 111. XV 128. XVI 40. XVIII 16, 61. XXI 2.
リュシテイデス (Lysithides)　イソクラテスの弟子　XV 93.
リュシマコス (Lysimakhos)
1) カリマコスに訴えられた人物　XVIII 7.
2) イソクラテスの仮構した人物　XV 14, 16, 25, 102, 154, 164, 224, 238, 240, 257, 258.
リュディア (Lydia)［地］　小アジア中央地方　IV 163, 165.
隣保同盟 (Amphiktyoniai, Amphiktyones)　デルポイの聖地守護同盟　V 74. XV 232.
レウクトラ (Leuktra)［地］　ボイオティアの古戦場　V 47. VI 10. VIII 100. XV 110.
レオンティノイ人 (Leontinos)　ゴルギアスを指して　XV 155.
レダ (Leda)［神］　ヘレネの母　X 16, 59.
ロキテス (Lokhites)　アテナイ人　XX 1, 5, 22; *11*.
ロドス(島) (Rhodos)［地］　IV 142, 163. V 63.
ー人 (Rhodioi)　VIII 16. XV 63.